진리

철학의 견해들

TRUTH

PHILOSOPHICAL VIEWS

김동현

박영사

서문

이 책은 진리 이론을 항목별, 시대별로 정리하고 그 흐름과 쟁점을 전반적으로 개괄하는 것을 목적으로 한다. 책을 집필하기로 마음먹은 것은 필자가 지금까지 축적해 온 연구 성과를 일목요연하게 체계화하여 차후 연구의 발판으로 삼을 필요를 느꼈기 때문이다. 더불어 학부 또는 대학원에서 관련 주제를 연구하는 학문 후속 세대에게 유용한 참고자료로 활용되었으면 하는 동기도 있었다.

이 책에서 다루는 주제들은 대부분 필자가 발표했던 논문들에서 이미 다루었던 것들이다. 그러나 연구를 진행하면서 기존에 발표했던 논문에서 필자가 실수했거나 서술이 불분명했던 부분들을 뒤늦게 알아차렸으며, 이를 언젠가는 꼭 수정 보완해야겠다고 마음먹고 있었다. 발표한 논문의 서술도 가독성 면에서 아쉬운 점이 많았다. 학술논문은 같은 분야의 전문가인 동료 연구자를 독자로 상정하기 때문에 서술이 불친절하기 쉽다. 논문 수정 과정에서 동료 연구자들의 조언을 반영하고 미진한 곳을 보완하는 데 급급한 나머지 글이 매끄럽지 않게 흐트러지는 경우도 많았다. 더 나은 글쓰기로 고쳐야겠다는 마음 한켠의 아쉬움 또한 이 책을 집필하게 된 이유이다.

진리 이론을 넓고 깊게 조망하는 좋은 책들은 이미 많이 있지만 대부분이 해외에서 발행된 원서이다. 그 원서의 몇몇은 국내에 훌륭하게 번역되어 있으나 아무래도 다른 언어로 작성된 글을 한국어로 번역하는 과정에서 불가피하게 책이 어려워지는 경우가 있는 것 같다. 부끄럽게도 필자의 국어 실력은 형편없지만, 우리말을 모국어로 하는 한국인 철학자가 우리말로 쓴 책답게 문장을 써 보려고 나름 애썼다. 그리고 우리말 사용자의 시각에서 진리 이론의 문제들을 바라보고 이해하는 관점을 견지하려 노력했다. 책을 읽는 독자들은 어떻게 받아들일지 모르겠지만, 그런 의도가 있었다는 것만큼은 말씀드리고 싶다.

우리나라 분석철학자들은 학문의 깊이와 폭 모두 출중함에도 대체로 책을 내는 것을 무척 조심스러워 한다. 학문적 성실함과 엄밀함 때문이다. 공부가 턱없이 부족한 필자가 이렇게 경솔하게 책을 내는 것을 애써 변호하자면, 이 주제에 관심을 지닌 후배 연구자들에게는 적어도 아무것도 없는 상태에서 시작하는 것보다는 이런 책이나마 있는 편이 조금이라도 낫지 않을까라는 심적 위안 때문이다. 사유의 깊이를 갖춘 철학자의 글은 그만큼 후학들이 따라잡기 벅차다. 그에 비해 낮디낮은 필자의 눈높이가 어쩌면 입문자들이 까마득히 올라가야 할 계단의 첫 발짝으로는 더 알맞을지도 모른다는 일말의 기대를 품어 본다. 다만 2차 문헌은 어떤 면에서는 가공식품과도 같다. 가공식품이 몸에 나쁜 까닭은 원재료의 영양소가 파괴된 탓도 있고 가공 과정에서 방부제, 조미료, 색소 등 각종 첨가물이 추가되기 때문이다. 이 책은 어디까지나 가공식품이므로, 참고문헌에 나열된 원재료를 직접 섭취하는 것이 가장 좋다. 그럼에도 우리에게 가공식품이 필요한 이유는 간편함 때문이다. 조리할 여건이 되지 않을 때 가끔 먹는 가공식품은 확실히 편하다. 의사들은 가공식품을 너무 많이 먹지만 않으면 건강에 큰 해로움이 없다고 말한다. 이 책이 그와 같은 용도로 활용되었으면 하는 바람이다.

필자는 2010년에 박사학위를 받은 이후로 지금까지 계속 학위 심사가 진행 중이다. 물론 실제로 그렇다는 것은 아니고 필자 혼자 그렇게 느끼고 있다는 말이다. 공부를 할수록 아는 것이 늘어나기는커녕 도리어 모르는 것만 늘어나고 있다. 쓰고, 보여드리고, 고치고, 지적받고, 또 고치고, 과거에 잘못 알았던 부분을 뒤늦게 발견하고는 부끄러워하며 후회하기를 반복하는 것은 어째서인지 2025년 현재도 달라진 것이 하나도 없다. 단지 필자를 가르치는 분이 지도교수에서 학술지의 익명 심사자들로 바뀌었다는 점만 달라졌을 뿐이다. 책의 서문에 언제나 보이는 "~에게 감사드린다"는 문구와 함께 존함을 일일이 나열하지 못하는 것이 그 때문이다. 필자가 그동안 투고했던 학술논문을 정성들여 읽어주고 날카롭고 상세한 지적을 해 주신 수많은 분들이 모두 '익명'이다. 몇몇 분들은 정말로 눈물이 쏙 나올 정도로 필자를 호되게 꾸짖기도 하셨다. 지금도 필자를 가르치고, 혼내고, 도와주고 있는 학계의 모든 '익명' 학자들께 감사를 전한다. 그분들의 꾸짖음 하나하나가 모여 지금의 필자를 성장시켰다. 단 한 분의 예외가 있다. 필자의 지도교수이신 정인교 교수님이다. 필자가 가장 큰 감사를 올리는 분으로서 분명하게 존함을 밝힐 수 있어 영광스럽다.

모든 이들이 철학은 필요하다고 말하지만, 안타깝게도 깊이 있는 철학 전공 서적에 허락된 시장은 너무나도 작다. 그런 부족한 시장성을 무릅쓰고 이 책의 출판을 흔쾌히 허락해 주신 박영사의 결단과 배려에 진심으로 감사의 말씀을 드린다. 또한 필자가 근무하는 국립한국교통대학교의 모든 분에게도 책이 나오기까지의 번잡한 행정 절차를 도와주신 것에 깊은 사의를 표한다.

2025년 9월

김동현

목차

제3장 현대적 논의의 전개 49

제4장 현대적 논의의 발전 111

제1장

예비적 논의

1.1
일상 표현과 철학 용어

"진리"는 무겁게 들리는 단어이다. 일상생활에서 "진리"라는 단어를 들을 일은 많지 않은 것 같다. 그나마 들어볼 기회가 있는 자리는 주로 종교와 관련된 맥락에서이다. 여러 종교에서 "진리"라는 용어를 나름의 심오한 뜻으로 쓰곤 한다. 그렇지 않아도 심각하기 그지없는 단어에 경건함까지 더하니 더더욱 거리감이 느껴진다. 게다가 철학을 '진리의 탐구'라고 하지 않던가? 철학의 으뜸가는 주제라니, 낯설고 근엄한데다가 난해하기까지 할 것 같다. 그나마 최근에는 이 단어가 일상 속으로 조금은 비집고 들어온 듯하다. "걸그룹은 ○○○이 진리지!", "치맥은 진리다."와 같이 '매우 훌륭함', '최고임' 등의 뜻으로 변형된 "진리"라는 말이 통용된다. 하지만 이 용법을 제외하면 생활 속에서 좀처럼 마주치기 힘든 단어 중의 하나가 "진리"이다.

조금은 허탈할지도 모르지만, 철학에서 "진리"라는 용어는 일반인들이 상상하는 것보다 훨씬 단순한 뜻으로 쓰인다. 철학의 역사에서 용어 "진리"가 지닌 뜻은 크게 두 가지 범주로 나뉜다. 하나는 "사실"이라는 단어와 큰 틀에서 비슷한 뜻을 지니는 경우이고, 다른 하나는 술어 "… 는 참이다(is true)"의 명사형으로 쓰이는 경우이다. "진리(truth)"가

"… 는 참이다"의 명사형이라는 것은 영어와 달리 우리말에서는 곧바로 드러나지 않는다. 그래서 우리의 일상에서 자주 쓰는 단어인 "참"이라는 표현 속에 이미 "진리"라는 말이 담겨 있다는 사실을 우리는 자주 잊어 버리곤 한다. 어느 쪽이든, 철학자들이 말하는 "진리"에 대단한 무언가가 숨어있을 것이라 기대했던 일반인들에게는 이런 평이한 의미 범주가 다소 의외일지도 모르겠다. 그러나 이후의 논의에서 드러나겠지만 두 뜻 모두 보기와는 달리 얽힌 쟁점이 그리 만만하지 않다. 게다가 별것 아닌 것 같아 보이는 이 단순한 뜻 속에 과연 철학은 진리의 탐구라 할 만큼 흥미로우면서도 유익한 논의가 풍부히 담겨 있다는 것 또한 앞으로의 논의를 통해 드러날 것이다.

첫 번째 범주의 뜻을 나타내는 "진리"부터 간단히 살펴보자. 소크라테스는 진리 추구에 일생을 바쳤고 독배를 마시는 순간까지도 진리를 놓지 않았다고 한다. 그럼 그가 추구했던 진리란 무엇이었을까? 그 대답은 그의 제자인 플라톤의 철학을 통해서 엿볼 수 있다. 플라톤의 이른바 '동굴의 비유'는 너무나 유명하다. 쇠사슬에서 풀려나 동굴 바깥의 세상을 알게 된 철학자는 동굴로 다시 들어간다. 그리고 태어나서부터 줄곧 쇠사슬에 묶여 벽의 그림자만을 바라보고 살아서 그 그림자들이 실제 사물인 것으로, 세상의 전부인 것으로, 자신이 보고 듣는 것이 참된 것인 줄로 착각하고 살아가는 사람들에게 참된 지식(episteme)은 따로 있다는 것을 일깨워 주려 한다. 그 철학자가 사람들에게 전하고 싶어 하는 참된 지식이란, 간단히 말해서 동굴 바깥의 '사실'이다. 벽 위의 그림자는 '사실'이 아니기에 참된 지식의 기반이 될 수 없는 반면, 동굴 바깥의 새와 나무와 태양은 '사실'을 구성하기에 그것의 지각이 참된 지식으로 이어지는 것이다. 그래서 "진리"로 번역되는 그리스 철학의 용어 "alētheia"

는 '참임'이라는 뜻을 포함하지만 그에 더해 '실재(reality)', '진짜임(genui－neness)', 혹은 '존재(to be)'를 나타내기도 한다. 이러한 다의성은 그리스 철학에서 '진리'라는 개념이 '실재' 또는 '사실'의 개념과 중첩되어 있었음을 보여준다. "alētheia"라는 말은 '망각'을 의미하는 그리스어 "레테(lethe)"에 부정을 나타내는 접두어인 "a－"가 붙은 단어이다. 말하자면 '잊지 않음', '기억을 되살림', 다시 말해 '상기'를 뜻하는 것이다. 짐작했겠지만 이 용어의 배후에는 플라톤의 이른바 상기설(想起說)이 자리한다. 레테는 그리스 신화에서 이승과 저승을 나누는 강을 가리킨다. 죽은 사람은 저승으로 갈 때 이 강의 물을 마시면서 살아생전의 모든 기억을 지우게 된다고 한다. 플라톤은 이 신화를 독자적인 방식으로 각색한다. 인간의 영혼은 본래 이데아계에 속하지만 육신을 가지고 태어나면서 현상계에 오게 된다. 인간의 육체를 지니고 현상계에서 태어나는 순간, 우리는 이데아계에서 가지고 있었던 참된 지식을 망각한다. 하지만 완전히 사라지는 것은 아니다. 우리가 현상계의 억견(doxa)에 둘러싸여 살면서도 참된 아름다움, 참된 선 등의 진리를 갈구하는 마음을 지니며 또 판별할 수 있는 것은, 이데아계에서 가지고 있었던 참된 지식에 대한 기억을 되살리기 때문이라는 것이다. 그래서 플라톤에 따르면 참된 지식을 배운다는 것은 새로운 무언가를 발견하는 것이 아니라 이미 알고 있었던 것을 다시 떠올리는 것이 된다. 그것이 진리의 파악이다.

그리스어 "alētheia"에서 파생된 영어 단어 "alethic"은 "true"나 "truth"에 비해 생소한 단어이지만 뜻밖에도 오늘날 사용되고 있다. 특히 진리 이론에 관한 영어 문헌에서 이 단어가 자주 보인다. 영어사전에도 없는 이 단어를 우리말로 의역하면 "진리의", "진리에 관한" 정도가 되겠다. 명사 "진리(truth)"의 형용사형은 "참된(true)"이지만, "참인"과 "진리에 관한"은 전혀 다른 뜻이다. 이는 "역사적인(historic)"과 "역사에 관한(historical)"의 관계와 비슷하다. 후자를 나타낼 용어를 철학자들은 필요로 하였지만 그렇다고 이미 있는 형용사인 "true"를 쓰게 되면 의미의 혼란이 올 것이 뻔하다. "진리에 관한 이론"을 "true theory", 그러니까 "참인 이론"이라고 쓸 수는 없지 않은가? 그래서 현대의 철학자들은 "alethic"이라는 단어를 유용하게 쓰고 있다. 예를 들어 진리 실재주의는 "alethic realism"이라고 하며, 4.2에서 살펴볼 진리 다원주의는 원어로는 "alethic pluralism of truth"라고 쓴다.

이번에는 두 번째 범주의 뜻을 나타내는 "진리" 즉 "… 는 참이다"의 명사형으로서의 뜻을 살펴보자. "붉음이란 무엇인가?"라는 질문은, 붉지 않은 다른 사물들과 달리 붉은 장미, 붉은 사과 등 붉은 사물들에 공통된 것이 무언가를 묻는 질문이다. 다른 말로 하면, "이 장미는 붉다.", "그 사과는 붉다."에서 공통된 술어인 "는 붉다"가 가리키는 것이 무엇이냐는 질문이다. 철학자들의 질문 "진리란 무엇인가?"도 마찬가지이다. "금성의 공전 궤도의 평균 반지름은 지구의 공전 궤도의 평균 반지름보다 작다.", "미국은 공화국이다.", "살인은 나쁘다.", "1 더하기 1은 2이다."는 모두 참이다. 이 문장들은 내용도 주제도 다양하다. 어떤 문장은 물체에 대해서 말하고 있는 반면, 또 어떤 문장은 눈에 보이지도 않는 무언가에 대해서 말하고 있다. 그런데도 이 문장들에는 모두 '참임'이라는 속성이 깃들어 있다. 그렇다면 이 문장들에는 모두 있지만 거짓인 문장들에는 없는 그 속성이란 대체 무엇일까? "진리"는 바로 그 '무언가'를 가리키는 용어이다. 이것이 철학에서 통용되는 용어 "진리"의 두 번째 뜻이다.

이 대목에서 우리말과 영어의 용어법에서 공통으로 나타나는 한

가지 미묘함에 관해 말해두는 것이 좋겠다. 우리말에서 "붉다"의 명사형은 "붉음"인 것처럼, "참이다"의 명사형은 "참임"이어야 할 것 같다. 그런데 "참임"과 "진리"는 우리말에서 뉘앙스가 다르다. 이는 영어에서도 마찬가지이다. "being true"(참임)와 "truth"(진리)는 동의어가 아니다. 이러한 차이는 붉음에 관한 형이상학적 논의에서 "붉은색임(being red)"과 "붉음(redness)"을 구분하여 이야기하는 것과 병치시켜 생각하면 이해가 쉽다. "being red"는 붉음이라는 속성을 가짐이라는, 대상이 존재하는 방식으로서의 특정한 양상을 나타내는 반면, "redness"는 붉음이라는 속성 자체를 물화(物化) 혹은 대상화하여 이름처럼 지칭하기 위해 사용되는 표현이다. 그래서 "붉음(redness)은 색깔의 한 종류이다."는 자연스럽지만, "붉은색임(being red)은 색깔의 한 종류이다."는 어색한 말이 된다. 이와 비슷하게 "being true" 또한 참임이라는 속성을 가짐을, "truth"는 그 속성 자체를 대상처럼 가리키기 위해 사용되는 용어라고 보면 크게 틀리지 않는다. 이미 "true"와 "truth"만으로도 벅차겠지만 토막지식 하나만 더. "trueness"는 정확성(accuracy)과 비슷한 용어로서 진리에 관한 철학적 논의와는 별 관련이 없다.

철학 용어 "진리"가 가지는 이러한 두 가지 주된 쓰임새는 이 책에서 다룰 여러 논의들을 관통하는 큰 줄기이다. 첫 번째 뜻은 사실과 밀접하게 관련되고, 두 번째 뜻은 언어와 밀접하게 관련된다. 이후 살펴보겠지만 어떤 이론은 "진리"에 첫 번째의 뜻을 중심에 놓고 이를 바탕으로 두 번째의 뜻을 해명하려고 하는 반면, 또 다른 이론은 거꾸로 두 번째의 뜻을 중심에 놓고 첫 번째의 뜻을 부수적인 것으로 취급한다. 두 가지 뜻 사이의 관계를 단절시키려는 견해도 있고 거꾸로 밀착시키려는 견해도 있다. 따라서 진리에 관한 철학의 구구한 이론들은 "진리"의 두 가지 주된 개념 사이의 관계를 어떻게 이해하는가에 대한 견해차이라고 큰 흐름을 요약할 수 있다.

> 모든 진리는 세 단계를 거친다.
> 첫째, 비웃음을 당한다.
> 둘째, 완강한 반대를 받는다.
> 셋째, 마치 자명한 것인 양 수용된다.
>
> \- 아르투르 쇼펜하우어

1.2
진리와 진실

용어 "진리"는 앞서 서술한 두 가지 뜻 외에도 또 하나의 중요한 용법이 있다. 참인 개별 문장이나 명제, 혹은 그것들의 집합을 가리키는 용법이 그것이다. 특히 철학자들은 논문이나 책에서 "진리"라는 단어를 이 용법으로 쓰는 경우가 대단히 많기 때문에 주의할 필요가 있다. 이 용법의 쉬운 예를 들어 보자. 오래된 영화 〈어 퓨 굿맨(A Few Good Man)〉의 법정 다툼에서 다음과 같은 대화가 오간다.

> 캐피 변호사: 나는 진실을 원합니다. (I want the truth.)
> 제셉 대령: 너는 진실을 감당하지 못해. (You can't handle the truth.)

이 대화에서 오가는 단어 "truth"는 미 해병대 사병이 살해된 특정 사건의 진상을 가리킨다. 즉, 캐피 변호사는 그 사건에 관한 '참인 문장'을 알기를 원한다고 말하고 있다. 이런 용법에서의 "진리"는 "참인 문장"이나 "참인 명제"라는 용어로 바꿔 쓰는 것이 가능하다. 부산이 광역시라는 것도 진리이고, 지구가 태양 주위를 공전한다는 것도, 1 더하기 1이 2와 같다는 것도 진리이다. 혹은 참인 문장들을 여럿 모아놓은 집합을 가리키기도 한다. "세상의 모든 진리가 이 책에 담겨 있다."가 의미하는 바는, 세상의 모든 참인 문장이 그 책에 적혀있다는 것이다. 그래서 "진리"는 철학에서 때때로 참인 명제들의 총체 혹은 그러한 총체가 산출되거나 환원될 수 있는 근본 원리를 가리키기도 한다.

〈어 퓨 굿맨〉의 위 대사 가운데 "truth"는 "진리"가 아닌 "진실"로 번역하는 것이 우리말에서 더 자연스럽다. 우리말에서 "진실"은 사실과 부합함으로써 참인 말이라는 속뜻을 가지면서 "사실관계"와 유사한 말로 통하기 때문이다. 그에 비해 "진리"는 사변적인 측면에 더 치우친 뉘앙스를 지닌다. 예를 들어 "한국전쟁이 1950년에 발발한 것은 진실이다."는 자연스럽지만, "한국전쟁이 1950년에 발발한 것은 진리이다."는 어색하다. 거꾸로 "1 더하기 1이 2라는 것은 진리이다."는 자연스럽지만, "1 더하기 1이 2라는 것은 진실이다."는 어색하다. 그래서 역사를 바라보는 두 관점을 비교한 대중서인 『랑케 & 카: 역사의 진실을 찾아서』에서는 책의 제목부터 본문까지 시종일관 "진실"이라는 용어를 사용한다. 이 책에서 역사적 참을 의미하는 용어인 "진실"을 모두 "진리"로 교체한다면 전혀 다른 뜻이 되어버리고 말 것이다. "역사의 진실을 찾아서"는 개별적인 역사적 사안들의 사실관계를 규명한다는 뜻으로, "역사의 진리를 찾아서"는 역사 그 자체에 대한 메타적인 원리를 탐구한다는 뜻으로 읽히기 때문이다. 같은 이유에서 우리 시대 뜨거운 화제가 되었던 탈진실(post-truth)은 "탈진리"가 아닌 "탈진실"로 번역되는 것이 더 적절하다. 우리가 탈진실 현상에서 관심을 가지는 쟁점은 사실관계에 기반하지 않은 정보가 어떻게 형성, 전파되어 사회에 영향을 미치는가의 쟁점이기 때문이다. 하지만 "진리"와 "진실" 둘 다 영어로는 "truth"로 같다. 우리말과 영어 사이의 이 의미상 차이는 철학자들이 "진리"라는 용어를 대할 때 적잖이 주의를 기울여야 하는 부분이다.

이 책은 진리에 관한 철학적 견해들을 다루므로 되도록 “참”, “진리”라는 용어를 쓰고자 한다. 그러나 “진실”을 쓰는 것이 우리말에서 더 자연스러운 맥락에서는 제한적으로 “진실”이라는 번역어를 병용할 것이다.

진실은 태양과 같다. 잠깐은 가릴 수 있지만 사라지지 않는다.

– 엘비스 프레슬리

1.3
진리 개념과 진리 속성

속성과 개념은 구별된다. 개념은 일종의 심적 개체이다. 포더의 정의에 따르면 예를 들어 “개”의 개념은 우리가 개를 포함하는 사고를 할 때마다 품게 되는 심적 언어의 기호이다. (Fodor, 1998) 그래서 개념은 많은 철학적 논의에서 ‘의미’와 비슷한 뜻으로 통용된다. 반면에 어떤 대상이 지니는 속성은 그 대상을 지향하는 사고의 주체나 언어 표현이 품는 것이 아니라, 바로 그 대상 자체가 담지하는 것이다. 돌이가 학생이라고 하자. 돌이는 학생임이라는 속성을 담지하지만 돌이가 “학생”이라는 말의 의미를 담지하는 것은 아니다. 마찬가지로 진리 속성에 관한 이론과 진리 개념에 관한 이론은 그 주제가 다르다. 진리 속성에 관한 이론은 참인 진리 담지자들이 모두 가지는 그리고 오직 그것들만이 가지는 속성이 무엇인지를 연구한다. 진리 속성을 탐구하는 이론에서 묻는 질문은 다시 두꺼운 질문과 얇은 질문으로 구분할 수 있다. 두꺼운 질문은 진리 담지자가 지니는 ‘참임’이라는 속성의 정체를 묻는다. 반면 얇은 질문은 진리 담지자가 어떤 조건 하에서 참이 되는가를 묻는다. 얇은 질문은 두꺼운 질문과 달리 진리에 대한 명시적 정의를 제시할 압박에서 자유롭다. 즉, 얇은 질문은 진리란 이러이러한 속성과 같다는 정의 형태의 답변을 요구하는 것이 아니라, 이를테면 명제가 참이 된다는 것은 무엇인가에 대한 조작적 답변을 제시할 것을 요구한다. 반면 진리 개념에 관한 이론은 우리가 용어 "참"을 포함하는 사고를 할 때 무엇을 심적으로 담지하는지에, 더 좁게는 "참"이라는 용어의 의미를 해명하는 것에 관심을 가진다. 후자의 이론은 용어 "참"의 의미를 보다 원초적인 개념들을 통해 만족스럽게 정의하는 것을 목표로 할 수도 있고, 진리의 개념이 가장 원초적이며 그것을 정의할 수 있는 더 원초적인 다른 개념은 없다는 것을 논증하는 쪽을 택할 수도 있다.

이처럼 진리 속성에 관한 이론과 진리 개념에 관한 이론은 원칙적으로는 서로 다르지만, 철학자들이 펼치는 진리 논의는 아무래도 그 둘을 넘나들게 마련이다. 실은 이러한 중첩은 진리 말고도 선, 정의, 마음 등에 대한 철학의 논의에서 광범위하게 나타난다. 그도 그럴 것이, 해당 속성을 해명하려면 그 속성을 나타내기 위해 사용하는 언어적 표현에 대한 분석을 통할 수밖에 없고, 또 거꾸로 그 언어적 표현의 의미를 분석하려면 그 표현이 무엇을 지칭하는가에 관한 논의를 피해 갈 수 없기 때문이다. 그렇기에 표현 "참"의 역할을 오로지 화용론적 장치로만 제한하는 일부 견해들을 제외한다면, 진리 개념에 관한 이론과 진리 속성에 관한 이론을 일일이 날카롭게 구분하는 것은 무리이다. 그러므로 이 책의 서술 또한 진리 개념에 관한 논의와 진리 속성에 관한 논의 둘 다를 포괄할 수밖에 없다.

진실을 말하는 사람은 아무것도 기억하지 않아도 된다.

- 마크 트웨인

1.4
진리 담지자

"진리 담지자란 무엇인가?"라는 질문은 술어 "… 는 참이다"의 주어가 가리키는 것으로 보기에 적합한 언어적 개체가 무엇인가의 질문에 해당한다. 진리에 관한 철학자들의 문헌에서 진리 담지자는 명제, 문장, 진술, 주장, 판단 등 제각각으로 나타난다. 일일이 헤아려 보지는 않았지만 필자의 주관적인 느낌으로는 그 가운데서 명제가 가장 많은 지지를 받는 것으로 보인다.

명제를 진리의 담지자로 보는 데는 비교적 안정된 공감대가 있다. 참 또는 거짓이 귀속되는 것은 종이 위의 잉크 자국인 글자도 아니고 공기의 떨림인 음성도 아니다. 참/거짓은 객관적이므로 개인의 심리적 상태에 귀속될 수도 없다. 참/거짓을 담지하는 것은 추상적이면서도 공적으로 파악되는, 문장의 구성요소들의 뜻의 구조적 복합체인 사상(thought)이라고 여기는 것이 가장 합당하다. (Frege, 1918) 중세의 보편자 옹호 논증 등 여러 분야에서 널리 사용되는 이른바 '일대다(one over many)' 논증도 진리 담지자로서의 명제를 지지하기 위해 흔히 인용된다. "눈은 희다."와 "Snow is white."라는, 구문론적으로 아무런 공통점이 없는 두 문자열이 모두 참일 뿐 아니라 참이 되는 조건까지 정확히 일치한다는 것은 그 둘이 같은 명제를 공유한다는 것에 의해 가장 매끄럽게 설명된다.

반면 명제를 불편해 하는 철학자들도 있다. 콰인이 대표적인데, 그에 따르면 무언가를 존재론적으로 시인하기 위한 필요조건의 하나는 그것이 개별화될 수 있어야 한다는 것이다. 예를 들어 집합은 원소들 사이의 일치라는 기준에 의해서 개별화할 수 있기에 집합은 존재론적으로 시인된다. 반면에 명제는 이를테면 주어진 두 명제가 하나의 명제인지 두 개의 명제인지를 결정할 기준을 제시하는 것이 불가능하다. 따라서 그 존재를 거부해야 한다는 것이다. (Quine, 1960) 명제에 반대하는 철학자들은 주로 문장을 대안으로 택하는 경향이 있다. 문장에는 여러 장점이 있다. 가장 큰 장점은 기호논리학의 체계와 잘 조화된다는 점이다. 기호논리학에서 참/거짓이 귀속되는 것은 닫힌 문장 즉 자유변항을 가지지 않으면서 그 언어의 기호들이 구문론에 맞게 나열된 적형식이다. 이와 같은 방식의 분석은 완결된 의미론적 개체인 명제 단위로는 행해지기가 버겁다. 또한 문장은 그것의 동류인 진술, 발화, 주장 등과 마찬가지로 우리의 언어 실행과 곧바로 연결된다는 장점도 있다. 뿐만 아니라 명제는 존재론적 지위가 의심스러운 반면에 문장 토큰은 확실히 존재한다. 나아가 문장을 진리 담지자로 간주하는 것은 모든 진리가 만족해야 하는 성질인 탈인용과도 잘 조화된다. 문장의 언급과 사용은 다르다. 문법적으로 "… 는 참이다"라는 술어의 주어가 문장 자체가 될 수는 없고 주어 자리에는 문장의 이름이 들어와야 하는데, 문장의 이름을 만드는 장치가 바로 인용부호이다. 인용부호를 활용하여 만든 문장의 이름 "p"에 "… 는 참이다"를 부가했을 때, 다음의 탈인용 도식이 성립한다.

(DS) "p"가 참이라면 그리고 오직 그 경우에만 p이다.

동치 도식과 달리 탈인용 도식은 명제 <p> 대신 문장의 이름인 "p"가 등장하며 문장의 이름에 포함된 인용부호를 제거한 문장 자체가 우변에 나타난다고 하여 "탈인용"이라는 이름으로 불린다.

하지만 문장을 진리 담지자로 채택하는 것에는 한 가지 중요한 비판이 따른다. 지금까지 그 누구에 의해서도 발화된 적도 착상된 적도 없으며 앞으로도 영원히 그럴 일이 없는 수많은 잠재적인 표현이나 발화들이 참 또는 거짓이다. 하지만 문장은 근본적으로 문자나 음성과 같은 물리적 토큰으로 나타나기 때문에 '표현되지 않은 참'을 설명하기 어렵다는 문제가 있다. 또 다른 비판은 발화나 표기 자체가 참 또는 거짓이 될 수 없다는 것이다. 극단적으로 말해서 문장 토큰은 종이 위의 잉크자국과 같은 물리적 상태이다. 어떤 물리적 대상이나 상태가 참/거짓이라는 것은 "이 인형은 참이다."와 같이 받아들이기 힘든 생각이다.

어떤 철학자들은 문장의 대안으로 믿음이나 판단을 진리 담지자로 채택한다. 여기서 말하는 믿음은 특정한 인물이 소유하는 실재하는 심적 내용을 가리키는 것이 아니라, 누군가에 의해 잠재적으로 품어질 수 있는 추상적 내용을 가리킨다. 이는 위에서 문장의 진리 담지를 반박하는 잠재적 참의 문제에는 대처할 수 있지만 진리의 문제를 심리적인 것과 결부한다는 우려에서 자유롭기 어렵다. 참/거짓은 믿음과 같은 심적 작용으로부터 독립적인 사안이기 때문이다. '믿음'을 모든 인식으로부터 초월적인 주체에 호소하여 취급하는 대안도 있지만, 그러한 초월적 인식 주체를 가정하느니 차라리 추상적 존재자로서의 명제를 인정하는 편이 더 그럴듯한 가정이다.

필자는 이 책에서 다수 의견을 따라 진리의 일차적인 담지자를 명제라고 가정할 것이다. 다만, 개별 철학자들의 견해를 소개하는 부분에서는 필요한 경우 그 학자가 채택하는 진리 담지자를 그대로 서술에 반영할 것이다. 그리고 인용 부호를 사용하여 표기하는 문장과 구별하기 위해 명제는 꺾쇠 기호(<, >)로 표기할 것이다.

진리 담지자 문제와 관련하여 추가로 언급할 사안이 있다. 진리 담지자가 무엇인가의 문제는 (문장 단위의)의미를 설명하는 문제와 대체로 연동한다. 진리 담지자를 명제로 보는 철학자는 대체로 문장의 의미도 명제로 취급한다. 명제는 문장의 의미이기에 명제에 진리를 귀속시킨다는 것은 곧 문장이 의미하는 바에 참 또는 거짓을 귀속시키는 것이다. 반면 진리 담지자를 문장으로 보는 철학자는 명제와 같은 추상적인 매개물을 끌어들이지 않으면서 문장의 발화와 같은 화자의 언어 사용 행위 등에 호소하여 의미를 설명하려 드는 경향이 있다. 이러한 연동은 진리와 의미 사이의 긴밀한 철학적 연관을 암시한다. 그 관계를 바라보는 관점은 설명의 방향에 따라 두 갈래로 나뉜다. 한 관점에서는 진리에 의해 의미가 설명된다고 본다. 데이빗슨의 진리 조건적 의미론이 가장 대표적이다. 이 관점에서는 아직 의미가 전제되지 않은 상태에서 화자의 진리 귀속을 바탕으로 의미를 찾아 나가는 방향으로 설명이 이루어지기 때문에, 의미를 전제하지 않는 진리 담지자인 문장이나 발화에 진리를 귀속시킨다. 반면 그와 대립하는 축소주의, 그중에서도 4.1에서 서술할 호리치의 최소주의에서는 거꾸로 의미에 의해 진리가 설명된다고 본다. 호리치는 사용 등에 의해서 언어 표현의 의미가 이미 주어졌다는 가정하에서 진리를 해명하는 설명 방향을 취한다. “참”이라는 단어의 의미도 다른 단어들에 비해 특별할 것 없이 여타의 단어들과 똑같은 방식으로 설명되며 그렇게 제공된 "참"의 의미가 곧바로 진리란 무엇인가에 대한 답에 해당한다는 것이다. 그래서 최소주의에서는 선행적으로 의미가 확보된 진리 담지자인 명제에 진리가 귀속된다.

> 모든 진리는 발견되기만 하면 이해하기 쉽다.
> 발견하는 것이 문제일 뿐이다.
>
> \- 갈릴레오 갈릴레이

1.5
'주의'와 '론'

이 책에서 다루는 견해들 가운데 어떤 것은 명칭에 '주의(ism)'가, 또 어떤 것은 명칭에 '론(theory)'이 포함된다. 예를 들어 축소주의(deflati-onism)는 '주의'이고 동일론(identity theory)은 '론'이다. 둘의 차이는 무엇일까? 아기의 이름이나 배의 이름처럼, 견해의 이름은 일차적으로는 그 견해를 지닌 철학자가 임의로 정하는 사안이다. 전혀 생뚱맞은 이름을 명명해서는 당연히 안 되겠지만 철학자 본인의 재량이 제법 넓게 허용되는 것은 맞다. 본인이 자신의 견해를 '론'이라고 칭했다면 구태여 시비를 걸 이유는 없으며 그렇게 불러주어야 마땅하다. '주의'로 칭한 경우도 마찬가지이다.

그러나 차이는 있다. '론'과 '주의' 사이의 차이를 단순하게 도식화하면, '문제를 보는가'와 '세상을 보는가'의 차이로 정리할 수 있겠다. 이론은 특정한 문제에 대한 해결에 다다르기 위한 주장들로 이루어진 논리적 체계이다. 그러므로 이론에는 그 문제에 대한 답변으로서의 주요 주장이 있다. 주요 주장을 이끌어내기 위한 보조 결론들이 있으며 그 각각에 대한 소규모 논변들이 이론에 포함된다. 반면에 주의는 '마르크스주의'나 '물리주의' 등과 같이 세상을 바라보는 더 폭넓은 시야의 세계관 혹은 관점을 나타낸다. 마르크스주의를 받아들이는 사람은 단지 경제 사안에 관한 특정한 주장만을 받아들이는 것이 아니라 마르크스주의의 구도를 통해서 역사와 경제를 포함하는 인간 활동 전반을 바라보며 세상에서 벌어지는 모든 현안들을 그 구도로 환원하기를 목표한다. 물리주의를 받아들이는 철학자는 마음의 존재론적 문제에만 국소적으로 관심을 가지는 것이 아니다. 그는 존재론적으로 수용될 수 있는 것은 오직 물질적인 것뿐이라는 보다 넓은 구도하에서 심리철학에만 국한되지 않는 철학의 다양한 문제들을 통일성 있게 구성할 것을 시도한다.

진리를 바라보는 철학적 견해에서도 비슷한 양상이 나타난다. 호리치의 최소'주의'는 비단 진리에 관한 쟁점에만 국한되지 않으며 의미와 인식, 나아가 실재론과 반실재론 구도까지 포함하는 철학의 거의 모든 주제에 걸쳐 응용된다. (Horwich, 1995, 2005, 2006) 반면 잉여'론'이나 대문장'이론'은 "진리 표현은 잉여적이다.", "진리 표현은 선행 사용된 문장을 가리키는 대명사이다."와 같이 논리적인 사안으로 범위를 좁힌 국지적인 주장을 내세운다. 다원주의 또한 진리의 본성에 관한 주장을 넘어 합리성, 토론, 그리고 민주주의에 이르는 폭넓은 주제를 아우르는 철학 체계를 꾸려 나간다. (예를 들면, Lynch, 2014) 이와는 대조적으로 대응론이나 정합론을 "대응주의", "정합주의"라는 명칭으로 부르면 어색하게 들린다. 진리를 사실과의 대응이나 믿음 사이의 정합으로 정의하는 것이 진리 이외의 철학의 다른 영역의 문제에까지 폭넓게 응용될 여지는 많지 않아 보인다. 진리 정합론이라는 국소적인 주장은 세계를 바라보는 훨씬 광역적인 철학 견해인 논리실증주의로부터 파생된 것이다.

그러나 말했듯이 명명은 작명자의 자유로운 선택이며, 필자가 서술한 '론'과 '주의' 사이의 구별 기준은 어디까지나 원칙에 불과하다. "우람이"라는 이름을 가진 소년의 체격이 그다지 우람하지 않더라도 그 소년의 이름은 여전히 우람이이고 그 이름으로 소년을 기억하고 부르는 데 아무런 불편함이 없다. 그러니까 이 책에 소개되는 갖가지 견해들의 이름을 보고서 왜 어떤 견해는 이론이고 어떤 견해는 론인지를 놓고 너무 심각해 할 필요는 없다.

> 오랫동안 숨길 수 없는 세 가지가 있다.
> 태양, 달, 그리고 진리이다.
>
> – 석가모니

제2장

전통적 논의

2.1
고대 그리스의 진리: 아리스토텔레스

형이상학, 윤리학 등 철학의 거의 모든 분야에서 고대 철학과 현대 철학 사이의 연결은 어느 부분에서는 가깝고 또 어느 부분에서는 멀다. 진리 이론도 마찬가지이다. 아리스토텔레스의 유명한 진리 정의는 오늘날에도 널리 인용되지만, 고대 그리스 철학자들이 쓰던 "진리"라는 용어의 뜻이 오늘날 현대 분석 철학에서 쓰는 것과 똑같을 것 같지는 않다. 예를 들어, 신약성경에 따르면 빌라도는 예수에게 "진리가 무엇이오?"라고 묻는다. 예수를 십자가에 못박을 것인가를 결정하는 긴장된 심문 과정에서 이런 철학적인 질문이 나오는 것이 퍽 뜬금없이 보이지만 한 가지 분명한 것은, 빌라도의 질문에서도, 그 직전의 예수의 발언("나는 진리를 증언하려고 태어났으며, 진리를 증언하려고 세상에 왔다. 진리에 속한 사람은 누구나 내 목소리를 듣는다.")에서도, "진리"라는 용어가 "명제를 비롯한 진리 담지자가 참이 된다는 것이 무엇인가?"에서의 "진리"와 같은 용법으로 쓰이지 않는다는 점이다. 예수와 빌라도는, 예를 들어 〈이 꽃은 붉다〉가 참이고, 〈저 나비는 투명하다〉는 거짓일 때, 앞의 명제는 가지지만 뒤의 명제는 가지지 않는 것은 무엇인지를 놓고 대화하고 있는 것이 아니다. 신약성경의 저자들이 당시의 그리스 철학에 직간접적으로 많은 영향을 받았으며 그 영향이 성경 곳곳에 반영되어 있다는 것은 잘 알려진 사실이다. 따라서 고대 그리스 철학에서의 용어 "진리"와 오늘날 철학에서 통용되는 용어 "진리" 사이에는 아마도 일정한 개념적 격차가 있을 것이라고 추측해 볼 수 있다. 그러므로 우리의 논의는 현대의 진리 이론이 고대 그리스 철학의 통찰의 어느 부분을 계승하고 또 어느 부분을 변형 발전 시켰는가를 이해하는 데 중점을 두어야 한다.

앞서 언급했듯, 그리스 철학의 진리 정의 중에서 가장 잘 알려진 것은 단연 아리스토텔레스의 정의이다.

> "그러한 것에 대해 그렇지 않다고 말하는 것과 그러하지 않은 것에 그렇다고 말하는 것은 거짓이고, 그러한 것에 대해 그렇다고 말하고 그러하지 않은 것에 대해 그러하지 않다고 말하는 것은 참이다."
>
> "To say of what is that it is not, or of what is not that it is, is false, while to say of what is that it is, and of what is not that it is not, is true."
>
> -『형이상학』, 4권 1011b

이 정의는 상식적으로도 직관적으로도 지당해 보인다. 실제로 p인데 "p이다."라고 말하는 것은 참이다. 실제로 ~p인데 "p가 아니다."라고 말하는 것도 참이다. 반면에 실제로 p인데 "p가 아니다."라고 말하는 것은 거짓이다. 실제로 ~p인데 "p이다."라고 말하는 것 역시 거짓이다 (여기서 "p"는 임의의 명제를 나타내는, 그리고 "~"는 '아니다'를 나타내는 기호이다).

이 정의를 오늘날의 표기법으로 요약하면 다음과 같다.

(ES) ⟨p⟩가 참이라면 그리고 오직 그 경우에만 p이다.

이 도식은 현대의 모든 진리 견해에서 공통적으로 받아들이는 자명한 원리인 동치 도식을 나타낸다. 동치 도식의 범용성은 아리스토텔레스의 진리 정의가 오늘날에 이르기까지 다양한 진리 논의에서 인용되는 바탕이 된다. "상선약수(上善若水)"라는 말처럼, 물처럼 유연하고 무색무취한 통찰은 어디에나 적용될 수 있고 또 가장 오래 간다. 그러나 앞으로 드러나겠지만, 아리스토텔레스의 진리 정의를 그저 동치 도식으로만 이해하는 것은 옳지 않다. 동치 도식은 모든 진리 이론에서 받아들이는 공통분모에 지니지 않으며 그것에 무언가를 더할 것인지, 만약 더한다면 무엇을 더할 것인지에 따라서 진리를 바라보는 철학적 견해들이 다양하게 나뉜다. 그러므로 우리가 주목해야 할 것은 아리스토텔레스가 동치 도식에 또 무엇을 더하는가이다.

우선 그의 철학에서는 존재의 문제와 인식의 문제가 진리라는 공통의 지향점을 향한다는 점을 주목할 필요가 있다. 현대의 철학에서는 존재의 문제와 인식의 문제를 철저히 분리하여 생각하며 이는 진리 이론에서도 다르지 않다. 반면에 아리스토텔레스의 진리 이론은 그 둘 사이의 합일을 추구한다. 이는 아리스토텔레스가 존재와 인식을 오늘날만큼 날카롭게 구별하지 못했던 탓이 아니다. 오히려 그는 그 구별을 직시하면서 그 사이의 간극을 극복하는 것을 목표로 했다. 라파엘로의 유명한 그림 「아테네 학당」에서 아리스토텔레스는 하늘을 가리키는 플라톤의 옆에서 손으로 땅을 가리킨다. 플라톤에게 진정으로 존재하는 것은 오직 인식을 초월한 이데아뿐이었으며 진리 탐구의 도구로서의 우리의 인식은 한계를 지닌다. 그의 철학에서는 존재와 인식 사이에 뚜렷한 경계선이 있었던 것이다. 반면 아리스토텔레스는 진리가 우리의 인식 활동으로부터 단절되지 않는다고 보았다. 물론 우리가 경험을 통해서 인식하는 것은 세상 안에서 성립하는 사태, 형상이 질료와 결합한 결과인 것이지 초월적인 형상 그 자체는 아니다. 그럼에도 아리스토텔레스는 보편 자체에 대한 사유는 가능하다고 보았다. 그에 따르면 존재하는 모든 것은 감각대상이거나 사유대상이며 그 가운데 사유대상은 보편, 즉 질료와 분리된 사물의 본질로서의 형상이다. 이러한 구분에 따라서 우리의 인식은 대상을 개별로서 인지하는 지각, 그리고 대상을 보편으로서 인지하는 지성으로 나뉜다. 그런데 형상은 개별 안에 내재하므로, 사유대상은 개념뿐 아니라 개별 대상도 아우른다. 예를 들어, 붉음이라는 보편을 지성을 통해 사유하는 경우, 그 사유는 붉은 꽃, 붉은 과일 등과 같이 그 보편을 내재한 개별 대상들에 대한 지각과 분리될 수 없다.

이러한 아리스토텔레스 철학의 지향은 진리와 어떻게 연결되는가? 앞서 1.4에서 서술한 것처럼 진리의 담지자가 무엇인가를 놓고 현대의 철학자들은 명제, 문장, 진술 등 여러 가지로 의견이 갈리지만, 그것들은 모두 문법적으로 완결된 사고를 나타내는 (혹은 형식적으로는 '닫힌') 평서문 또는 그 평서문이 나타내는 의미라는 공통점을 지닌다. 마찬가지로 아리스토텔레스는 진리 담지자를 진술 또는 판단 등으로 본다. 예컨대 그의 정언 논리에 등장하는 네 가지 명제 형식인 A, E, I, O는 원문에서는 "진술"이라고 명명된다. 그런데 아리스토텔레스는 "진리", "참"이라는 용어를 진술이나 판단뿐 아니라 개별 대상에도 적용한다. 오늘날의 시각에서 보면 이는 부적절한 용법으로 취급된다. 이를테면 "그가 설계한 이 집은 참되게 지어졌다.", "이 꽃의 붉음은 참이다."와 같이 말하는 것은 일상적으로는 말이 될지 몰라도 현대 언어철학의 시각에서는 어색하게 들린다. 그러나 실은 진리 개념을 존재에 적용되는 것과 판단에 적용되는 것의 두 부류로 나누어 다의적으로 취하는 것은 아리스토텔레스뿐 아니라 그리스 철학에서 보편적으로 나타나는 양상이다. 예를 들어, 파르메니데스는 진리란 한편으로는 존재하는 것들의 단일하고 영원한 집합체(unity)로서 변화가 불가능하다고 정의하지만, 다른 한편으로는 존재의 상태(is) 또는 있음(being)에 관해 지성을 지닌 주체가 아는 바에 적용된다고도 정의한다. (Szaif, 2018) 이는 얼핏 보면 이론적 교통정리가 아직 되지 않은 말의 혼란에 불과한 것처럼 보일지도 모른다. 하지만 곰곰이 생각하면 도리어 이러한 이중적 용법이 일상적인 상식에는 더 가까이 다가서 있다. 예를 들어 누군가가 "이 꽃이 붉다는 것은 참이다."라고 말한다고 하자. 철학자들은 이 문장 자체와 이 문장이 담지하는 내용을 구분한 후, 그 가운데 후자를 영어의 that-절 이후에 등장할 수 있는 표현이 나타내는 의미로 대상화한 다음에, 다시 그 추상적 대상에 진리 속성을 귀속시키는 제법 복잡한 과정을 거친다. 하지만 이러한 현대적 언어 분석과 다른 방식으로 "이 꽃이 붉다는 것은 참이다."를 이해하는 방법이 있다. "이 꽃이 붉다는 것은 참이다."가 말하는 바는, 어떤 특정한 색깔을 실제로 띤 꽃이 존재한다는 것이다. 다시 말해, 이 꽃이 붉음이라는 색깔을 띤다는 것을 주어와 술어로 이루어진 형태의 명제로 분석할 수도 있지만 다른 한편으로는 '붉음이라는 속성을 담지하는 꽃'이라는 형태로 독해하는 것도 가능하다. 술어가 소거되고 주어만 남았을 때, 그것에 참을 귀속시키는 방법은 그 대상의 존재를 주장하는 것이다. 아리스토텔레스의 철학에서 '이 꽃의 붉음'은 그 꽃과 떼어서 생각할 수 없다. 붉음은 그 꽃 안에 존재하는 것이고, 붉음을 상실하면 그 꽃이 존재하는 방식이 아니며 붉은 꽃으로서의 그 대상은 더 이상 존재하지 않게 된다. "이 꽃이 붉다는 것은 참이다."는 "붉은 이 꽃이 존재한다."는 존재 진술로 변환될 수 있는 것이다. "진리"라는 용어가 아주 오랫동안 "사실"과 비슷한 뜻으로 혼용되어 온 용어였다는 점을 감안하면, 용어 "진리"를 이러한 방식으로 독해하는 것은 철학적으로나 상식적으로나 큰 무리는 없어 보인다.

이처럼 진리 안에 존재와 인식이 공존하는 모습, 그리고 그를 반영한 용어 "진리"의 다의적 사용은 비교적 현대의 철학자인 브렌타노(F. Brentano)의 이중 판단 이론에서도 비슷하게 나타난다. 그에 따르면 참이라고 판단하는 행위에는 두 가지 판단이 복합되어 있다. 우선 판단의 대상을 지각하는 비-명제적 판단이 선행하고, 그로부터 그 대상에 대한 수용 또는 거부가 판단된다. 가령 "이 꽃은 붉다."가 참이라는 판단은 꽃이라는 대상에 대한 판단 그리고 그 대상이 "붉은 꽃"으로서 수용될 만한가에 대한 판단이라는 이중 구조로 이루어진다. 그렇기에 브렌타노는 다음과 같이 네 가지 정언 진술이 존재 명제로 환원될 수 있다고 주장한다. (Brandl, 2018)

모든 S는 P이다.	⇨	P가 아닌 S는 존재하지 않는다.
어떠한 S도 P가 아니다.	⇨	P인 S는 존재하지 않는다.
어떤 S는 P이다.	⇨	P인 S가 존재한다.
어떤 S는 P가 아니다.	⇨	P가 아닌 S가 존재한다.

이처럼 우리의 인식에 기초한 판단과 그 인식의 대상으로서의 존재 모두에 진리가 귀속된다는 착상은, 아리스토텔레스의 진리 정의가 왜 그의 논리학을 대표하는 『범주론』이나 『명제론』이 아니라 존재론을 다루는 책인 『형이상학』에 등장하는지를 설명한다. 앞서 보았던 그의

유명한 진리 정의는 『형이상학』에서 모순율과 배중률에 관해 헤라클레이토스와 아낙사고라스를 비판하는 맥락에서 등장한다. 그 맥락의 서술에서 모순율과 배중률은 존재의 변화에 관한 원리로서 나타난다. 변화는 대상이 어떤 속성을 지니거나 상실하는 과정이며 이러한 변화에는 대상의 생성과 소멸도 물론 포함된다. 아리스토텔레스는 같은 대상이 존재하면서 존재하지 않는다는 것도, 존재함과 존재하지 않음 사이에 어떤 중간 상태가 있다는 것도 받아들일 수 없다고 주장한다. 그 주장의 근거로서 제시하는 것이 바로 위의 진리 정의이다. 모든 것이 s라는 상태이면서 동시에 s가 아닌 상태라는 헤라클레이토스의 주장에 따르면 모든 '대상'이 참이 될 것이며, s라는 상태와 s가 아닌 상태 사이에 중간의 상태가 있다는 아낙사고라스의 주장에 따르면 모든 '대상'이 거짓이 될 것이므로, 그들의 주장은 둘 다 받아들일 수 없는 귀결로 이어진다는 비판이다. 즉, 모순율과 배중률은 판단이 올바르기 위한 규범일 뿐 아니라 존재함의 올바른 원리이기도 하다. 아리스토텔레스 진리 정의에 등장하는 "그러한 것", "그러하지 않은 것" 등이 번역에 따라서 "존재하는 것", "존재하지 않는다고" 등으로 서술되는 것도 이와 같은 연유이다.

아리스토텔레스의 진리 정의에서 나타나는 이러한 "진리"의 다의적 특징은 앞서 서술했던 인식과 존재의 합일이라는 지향과 곧바로 연결된다. "그러한 것"은 우리의 판단 내용이고 "존재하는 것"은 세계 내의 존재자이다. 그 둘이 "진리"의 다의적 개념을 각각 구성한다는 것은, 진리 개념 내에 존재의 문제와 인식의 문제가 혼재되어 있음을 의미한다. 앞서 언급했듯 오늘날에는 진리의 문제에서 인식적 측면을 배제하려는 경향이 있다. 간단히 말해서, 우리가 어떻게 인식하든 상관없이 명제는 참이거나 거짓이라는 것이다. 하지만 플라톤이 생각했던 것처럼 그 둘이 완전히 분리된 두 세계인 이데아계와 현상계에 각각 속한 것이라면, 그리고 진정한 존재는 이데아뿐이며 우리의 인식은 현상계 안에만 갇혀 있을 뿐이라면, 우리는 영영 진리에 다다를 수 없을 것이다. 「아테네 학당」에서 땅을 가리키고 있는 아리스토텔레스는 이렇게 말한다.

> "거짓"과 "참"은 대상 안에 있는 것이 아니다. 좋음과 나쁨이 대상 안에 있지 않은 것과 마찬가지이다. 그것들은 사유 안에 있는 것이다.
>
> for "falsity" and "truth" are not in things —the good, for example, being true, and the bad false—but in thought.
>
> -『형이상학』, 6권, 1027b

붉은 꽃이라는 대상이 붉음이라는 형상을 포함한다는 것만으로 진리가 되는 것은 아니다. 하긴 흙 위에 덩그러니 존재하는 물리적 물체 자체가 참이 될 턱은 없을 것이다. 그것이 붉은 꽃이라는 우리의 판단이 가해져야 비로소 진리가 달성되는 것이다. 아리스토텔레스가 진리 담지자를 진술 내지는 판단으로 보았다는 것은, 그가 진리를 무언가에 대한 긍정 혹은 부정을 주장하는 행위와 결부했음을 보여준다. 다만 그렇다고 해서 아리스토텔레스가 진리가 각자의 주관에 의존한다는 상대주의적 진리관을 택했다고 오해해서는 안 된다. 아리스토텔레스에게 진리 담지자로서의 진술은 한 개인의 진술과 같은 사적 발화 행위가 아니라 로고스 즉 보편타당하게 적용되는 공적인 말을 가리킨다는 점을 잊지 말아야 한다.

그러므로 사물에 진리를 귀속시킨다는 것은 진술 내지는 판단이 진리 담지자라는 것과 충돌을 일으키지 않는다. 앞서 말했듯 아리스토텔레스는 진술 또는 판단이라는 용어를 선호하지만, 오늘날의 용어법에 따라 명제라고 호칭해도 무방하겠다. 개념과 대상은 명제의 구성 요소이지만 또한 사태의 구성 요소이기도 하다. 그러므로 명제를 판단한다는 것은 개별 안에 내재하는 형상을 사유하는 것이기도 하다. 예를 들어 "이 꽃은 붉다."는 진술은 이 꽃과 붉음이 결합하여 구성되는 사태를 표현하며 그 명제를 판단한다는 것은 이 꽃이라는 개별 안에 내재하는 붉음이라는 형상을 사유하는 것이 된다. 개념과 대상 사이의 가능한 조합들을 표현한 것이 바로 A, E, I, O의 네 가지 형태의 진술이다. "Com"을 결합, "Sep"을 분리를 나타내는 연산자라고 하자. 이 연산자를 활용하면 A, E, I, O 역시 결합과 분리를 통해 다음과 같이 분석될 수 있다.

모든 S는 P이다.	Com⟨S/P⟩	P가 아닌 S는 존재하지 않는다.
어떤 S도 P가 아니다.	~Com⟨S/P⟩	"S와 P는 결합하지 않는 관계이다."
어떤 S는 P이다.	~Sep⟨S/P⟩	"S와 P는 분리하지 않는 관계이다."
어떤 S는 P가 아니다.	Sep⟨S/P⟩	"S와 P는 분리의 관계이다."

이러한 네 종류의 진술에는 "~이다(is)"라는 계사가 포함된다. 그리스어에서 계사는 "성립한다(to obtain)"와 "속한다(belong to)"의 두 의미를 모두 지닌다. 가령 "모든 학생은 사람이다."라는 진술은 학생이 사람이라는 유(類)에 속한다고도, 모든 학생이 사람이라는 사태가 성립한다고도 읽을 수 있다. 그러나 이를 두고 아리스토텔레스에게 "P는 참이다."가 "P라는 사태가 존재한다."로 치환된다고 단정하는 것은 성급하다. 사태가 성립한다고 말하기 위해서 반드시 사태에 대한 존재론적 시인이 전제되어야 하는 것은 아니기 때문이다. 이는 형식 논리학에서 명

제의 진리 조건을 그 구성 요소인 이름, 술어, 함수 등의 지칭과 만족에 의해 규정하는 것과 유사하다. 형식 논리의 규정은 그 명제가 나타내는 사태에 대한 존재론에 대해서는 어떤 것도 말하지 않는다. 아리스토텔레스의 진리 이론이 이 대목에서 현대적 아이디어와 유사점을 공유한다는 점이 흥미롭다. 앞서 언급한 것처럼 '속한다'와 '성립한다'는 그리스어에서 같은 단어로 표시되기에, 대상과 종 사이에 결합 또는 분리가 이루어진다는 것은 그 대상과 종이 결합 혹은 분리되는 사태가 성립한다는 것으로도 읽힐 수 있다. 사태 그리고 그 각각에 대한 수용과 거부라는 판단 사이에는 다음의 네 가지 조합이 있다.

(C1) 성립하는 것을 성립하지 않는다고 판단
(C2) 성립하지 않는 것을 성립한다고 판단
(C3) 성립하는 것을 성립한다고 판단
(C4) 성립하지 않는 것을 성립하지 않는다고 판단

진리 정의로부터, C1, C2는 거짓, C3, C4는 참이라는 것이 도출된다. S가 P일 때 "S는 P이다."라는 판단은 참을 산출하고 "S는 P가 아니다."라는 판단은 거짓을 산출한다. S가 P가 아닐 때 "S는 P이다."라는 판단은 거짓을 산출하고 "S는 P가 아니다."라는 판단은 참을 산출한다. 중요한 것은, 이러한 산출 과정에서 사태에 대한 존재론적 시인은 전제할 필요가 없다는 점이다. 필요한 것은 그저 대상과 종 사이의 결합과 분리의 관계뿐이다. 이러한 검약성은 진리 대응론과 비교하여 더 나은 점이라고 평가할 수 있다. 대응론에서는 사실과 명제라는 서로 이질적인 개체들 사이의 대응 관계를 해명하는 것이 난제로 남는 반면, 사태 또는 사실과 같은 개체를 개입시키지 않는 아리스토텔레스의 진리 정의는 그러한 설명적 부담에서 면제된다.

이는 아리스토텔레스의 진리 정의를 대응론으로 분류하는 일부 해석이 실수임을 보여준다. 3.1에서 서술하듯 대응론은 진리 담지자와 진리 실현자 그리고 둘 사이의 대응 관계를 모두 존재론적으로 받아들이는 견해인 반면, 아리스토텔레스의 진리 정의는 사실 혹은 사태에 대한 존재론적 긍정을 전제하지 않을 뿐 아니라 대응 관계에 대한 명시적 시인도 포함하지 않기 때문이다. 존재와 인식의 합일이 진리를 실현한다는 생각은 얼핏 소박한 대응론적 구도를 연상시키지만, 합일이 성립하기 위해서는 동질성이 전제되어야 한다. "이순신은 의지와 합일한다."라든가, "목성은 사랑과 합일하지 않는다." 등의 진술은 거짓이기 이전에 무의미하다. 두 대상이 이질적인 존재론적 범주에 속하기 때문이다. 그렇다면 아리스토텔레스의 진리 이론은 진리 담지자와 진리 실현자 사이의 동질성을 전제하고 있다고 볼 수 있다. 이 대목에서 그의 진리 정의는 4.3에서 살펴볼 진리 동일론과 중요한 핵심을 공유한다. 아리스토텔레스의 진리 정의 안에서 존재론과 인식론은 단순히 병립하는 것에 그치지 않기 때문에 그의 이론에서 진리 실현자(truthmaker)와 진리 담지자(truth bearer)가 상호 호환될 수 있다는 것은 어쩌면 당연한 귀결이다. 진리 실현자는 거칠게 규정하자면 진리 담지자를 참이게끔 만드는 세상 안의 어떤 존재이다. 진리 실현자는 오늘날 철학자들 사이에서 논란이 많은 개념이지만, 진리가 세상 생긴 모습에 의존해서 참이 된다는 직관만큼은 부인하기 어렵다. 물론 아리스토텔레스는 "진리 실현자", "진리 담지자"와 같은 용어를 쓴 적이 없다. 그와 같은 용어들은 용어들은 현대에 와서 도입된 것이다. 오늘날의 용어 틀에 맞춘다면, 아리스토텔레스에게 진리 담지자는 판단 내지는 진술, 즉 로고스적 판단의 어떤 결과물이 된다. 한편 그에게 진리 실현자는, 진리 담지자에 비해 다소 불분명하지만, 대상과 유 사이의 결합과 분리라는 사태 혹은 현실적 존재(veridical being)라고 볼 수 있다. 아리스토텔레스에 따르면 예를 들어, S와 P 사이의 결합체(unity)로서의 현실적 존재인 Com<S/P>가 가지는 대상적 진리(objectual truth), 그리고 “S는 P이다.”라는 참인 판단이 가지는 의미론적 진리(semantic truth)는 서로 다른 두 진리가 아니라 단일한 진리이다. (Szaif, 2018) 예를 들어 “이 꽃은 붉다.”라는 진리 담지자가 참이라는 것과 그것의 진리 실현자인 이 꽃이 붉다는 것은 서로 호환된다. 이러한 관계는 오늘날 동치 도식을 통해 표현된다. 일부 해설가들에 의해 아리스토텔레스의 진리 정의가 축소주의적이라고 해석되는 까닭은, 동치 도식이 축소주의의 주장을 나타내는 도식으로 쓰이는 것에서 기인한다. 하지만 동치 도식의 수용은 실은 축소주의 뿐 아니라 모든 진리 견해에 의해 공유되는 최소 공통분모의 하나에 불과하다. 3.1에서 살펴볼 대응론과 4.3에서 살펴볼 동일론을 비롯한 모든 진리 이론에서 동치 도식은 자명한 원칙으로 받아들여진다. 아리스토텔레스의 정의가 축소주의로 해석되는 것이 옳지 않은 이유는, 축소주의는 동치 도식이 진리에 대해 알아야 할 모든 것을 나타낸다고 보는 반면, 아리스토텔레스의 진리 정의는 동치 도식을 포함하여 그보다 더 많은 것 다시 말해 존재와 인식의 합일까지 담고 있기 때문이다. 그러므로 아리스토텔레스의 진리 이론에 관한 한 동치 도식은 축소주의가 아닌 동일론과 흡사한 견해를 나타내는 도식으로 해석하는 것이 옳다.

정리하면, 아리스토텔레스로 대표되는 그리스 철학자들이 진리에 관해 답을 모색했던 질문은 현대 분석철학자들의 견해와 이론적으로 연결되어 있으며 같은 문제 의식을 공유한다. 다만, 그 시대의 용어 “진리"의 개념은 상세한 개념 세분화를 동반하는 현대의 시각에서 보기에는 다의적이고 약간은 혼란스러운 측면도 있는 것이 사실이다. 그러나 그러한 개념적 다의성은 이론적 미성숙함에서 비롯한 것이 아니라 모든 분야를 하나의 철학 체계로 종합하는 과정에서 동반되는 개념 심화로 보는 것이 공정하다. 즉, 진리에 관한 문제 의식과 마찬가지로 아리스토텔레스의 진리 개념 또한 현대적 견해와 다층적으로 연결되어 있다고 평가할 수 있다. 따라서 진리에 관한 철학자들의 관심과 질문은 고대부터 오늘날까지 그 근간을 보존하며 면면히 이어지고 있다고 총평할 수 있다.

클래식 음악 팬들 사이에서는 실명을 거론하지 않고 그저 "그분"이라고만 해도 누구나 모차르트를 가리킴을 알아차린다고 한다. 비슷하게 중세 학자들은 아리스토텔레스를 "그 철학자"라고 칭했다고 전해진다. 아리스토텔레스는 그만한 영예를 누려야 마땅하다. 진리 이론에 관한 한, 그가 닦아놓은 길 위로 지금도 철학자들이 오가고 있다.

내 살은 참된(true/real) 양식이고 내 피는 참된(true/real) 음료다.

– 「요한복음」, 6:55

2.2 중세의 진리: 토마스 아퀴나스

2.1에서 필자는 아리스토텔레스의 진리 정의는 대응론이 아닌 동일론으로 이해하는 것이 적절하다고 주장했다. 그러나 대응 관계가 됐든 동일성 관계가 됐든, 그런 관계들에 대한 엄밀한 정의가 이루어진 것은 현대에 들어서의 일이다. 진리를 명제와 사실에 정초시키는 그전까지의 논의는 사변적인 수준을 벗어나지 못했으며 지금과 같은 수준의 논리적 엄밀성을 갖출 수도 없었다. 그렇기에 당시의 진리 논의에서 대응론과 동일론의 견해가 중첩된 형태로 나타나는 것은 어떻게 보면 당연한 일이다. 이는 많은 현대의 연구자들이 아리스토텔레스의 이론을 대응론으로 잘못 규정짓는 까닭이기도 하며, 동시에 그러한 규정을 틀린 생각이라고 단순하게 단정하는 것이 공정하지 않은 까닭도 된다. 3장 이후에서 서술하겠지만 동일론은 대응론에 대한 반발로서의 측면과 발전으로서의 측면을 둘 다 지니고 있다. 그렇게 볼 때, 아리스토텔레스 또한 대응론의 '빅텐트'에 속한다고 하겠다. 실로 대응론적 진리 견해는 당대의 그리스 철학자들이 대체로 공유하였던 진리 견해였다. 예를 들어 플라톤의 철학에서 진리는 진술을 구성하는 명사와 동사가 나타내는 것 사이의 연결이 존재 혹은 부존재한다는 것과 그것이 존재한다고 언표되는 것

혹은 부존재한다고 언표되는 것 사이의 일치 혹은 불일치에 의해서 정의된다. 그러므로 참 또는 거짓인 진술이 주장하는 것은 궁극적으로는 존재이다. 말하자면 플라톤에게 진리란 존재와 지성 사이의 부합, 혹은 '은폐된 존재를 드러내는' 것이었다. (권대중, 2003) 존재와 인식 간의 일치에 근거하여 진리를 정의하는 플라톤의 견해는 아리스토텔레스에게 일정 부분 계승되었던 것으로 보인다. 진리 담지자는 승인 또는 거부를 담은 판단 내지는 주장이며, 그 승인 또는 거부는 진술의 주어와 술어가 각각 가리키는 것들 사이의 결합 혹은 분리로 말미암아 참 또는 거짓이 된다는 점에서 플라톤의 진리 정의는 아리스토텔레스의 것과 큰 줄기에서 일치하기 때문이다. 그러나 결합 또는 분리는 존재하는 것들 사이에서 성립하는 것이자 동시에 인식적 판단을 이루는 개념들 사이의 결합 또는 분리이기도 하다고 본 아리스토텔레스와 달리, 플라톤은 존재의 영역과 이성의 영역을 엄격히 분리했다. 그렇기에 플라톤의 진리 정의는 아리스토텔레스와는 대조적으로 견고한 대응론의 구도를 취할 수밖에 없는데 이는 진리에 대한 회의주의의 위협을 허용하는 한 가지 원인이 된다. 요컨대 아리스토텔레스는 스승 플라톤의 진리 대응론을 독자적인 진리 동일론으로 변형 발전시켰다고 평가할 수 있다. 플라톤과 아리스토텔레스 외에도 진리를 바라보는 그리스의 철학자들은 상식적 대응론에 가까운 견해를 대체로 공유하고 있었다. 그렇기에 그들에게 진리라는 주제는 존재의 영역과 이성의 영역을 어떻게 관계 맺을 것인가를 탐구하는 주제였다. 그 두 영역을 긴장적 관계로 볼 것인지 혹은 불가분의 관계로 볼 것인지에 따라 진리를 바라보는 세부 의견이 나뉘었는데, 플라톤은 전자, 아리스토텔레스는 후자 쪽으로 기울었던 셈이다.

진리를 바라보는 그리스의 대응론적 전통은 중세로 계승되었다. 중세를 대표하는 진리 이론은 토마스 아퀴나스의 것이다. 그는 진리에 대한 정의를 세 종류로 분류한다. 첫째, 진리를 대상의 존재를 통해 정의하는 방식이다. 둘째, 진리를 사고의 형식적 적절성으로 정의하는 방식이다. 셋째, 진리를 그것의 결과인 지식을 통해서 정의하는 방식이다. 이 가운데 "사물과 지성의 일치"라는 표제로 널리 알려진 첫 번째 정의가 가장 유명한데, 이 정의는 정확히는 "지성에 대한 사물의 일치"와 "사물에 대한 지성의 일치"라는 두 정의를 합친 것이다. 그는 앞서 살펴본 그리스 철학자들과 마찬가지로 판단뿐 아니라 사물에 대해서도 진리를 적용한다. 그렇다면 사물이 참되다는 것은 무엇인가? 아퀴나스에 따르면 사물은 그 사물이 만들어진 지성에 부합할 때 참이 된다. 집을 예로 들어 보자. 집이라는 인공물은 저절로 존재하지 않는다. 그것은 집을 설계하고 건설하는 실천적 지성을 지닌 주체인 인간의 손을 거쳐 존재하게 된다. 설계자의 의도가 제대로 구현되어 존재하게 되었을 때, 다시 말해 그 '존재하게 됨'이 그것을 만든 인간의 실천적 지성에 부합할 때, 그 존재는 진리를 담지하며 참된 집이라 불리게 된다. 또 다른 예는 "시계공의 유비"이다. 페일리 주교의 이 유명한 사고 실험에 아퀴나스의 이론을 적용하면, 풍화작용과 우연에 의해 생겨난 시계는 참된 시계가 아니지만, 시계공의 설계에 따라서 존재하게 된 시계는 '사물과 지성이 일치'하므로 참된 시계일 것이다. 그러나 모든 존재가 인간의 실천적 지성에 의해 만들어지는 것은 아니다. 인간의 손길이 가미된 인공물과 달리 자연물은 신의 온전한 창조물이다. 그러므로 자연물은 신의 지성에 부합하여 존재할 때 비로소 참된 존재가 될 것이다. 하지만 집이나 시계와 같은 인공물도 그 근원을 따지고 보면 결국 모두 신의 창조물로 귀결된다. 인간이 아무리 실천적 지성을 발휘하더라도 완전한 무로부터 무언가를 존재하게끔 할 수는 없으며 자연에 이미 존재하는 재료를 활용해야만 하기 때문이다. 그렇기에 사물의 진리와 관련한 인간의 지성은 능동적인 신의 지성과 달리 수동적이다. 비록 인공물이 지니는 진리가 인간 지성에 대한 일치에 의해 결정되지만, 그 진리의 최종 근원은 신에게까지 거슬러 올라가는 것이다. 따라서 "지성에 대한 사물의 일치"는 사물들의 진리에 관련하여 적용되는 진리 정의이고, 여기서 말하는 지성이란 인간의 지성을 포함하되 궁극적으로는 신의 지성으로 환원된다고 정리할 수 있다. (권대중, 2003) 한편 "사물에 대한 지성의 일치"는 인간의 이론적 지성, 혹은 다르게 말하면 인간이 판단하는 명제의 참/거짓과 관련하여 적용되는 진리 정의이다. 이 정의에서의 "지성"은 인간의 지성으로서, 집을 짓는 것이나 시계를 만드는 데 동원되는 실천적 지성과 구별되는 명제에 대한 판단 활동으로서의 이론적 지성을 나타낸다. 그리고 "사물"은 우리가 승인 또는 거부의 판단을 내리는 대상인 결합과 분리라는 사태를 지칭한다. 그러므로 아퀴나스의 두 번째 진리 정의인 "사물에 대한 지성의 일치"는 사물과 지성을 구별했다는 점, 그리고 그 사물을 세계 내에서 성립하는 사태로 상정했다는 점에서 뚜렷한 대응론적 구도를 보인다.

오늘날의 시각에서 보면 아퀴나스의 이러한 이중적인 진리 정의는 약간 혼란스럽게 보일 수 있다. 진리는 큰 틀에서 대응으로 정의된다면 "사물에 대한 지성의 일치"로 충분했을 것이다. 그렇다면 그는 왜 "지성에 대한 사물의 일치"를 더 추가해야 했을까? 필자의 견해로는 여기에는 두 가지 이유가 있다. 가장 중요한 이유인 첫째는 2.1에서 살펴본 아리스토텔레스의 진리 이론에서 확인되듯 고대 그리스 이래로 철학자들은 진리의 문제를 존재의 문제와 분리하지 않았기 때문이다. 당시 철학자들도 진리는 우리의 판단'만'으로는 성립할 수 없다는 현대 분석철학의 통찰을 비슷하게 공유했던 것으로 추측된다. 현대적으로 말하자면, 진리는 의미와 세계 조건이라는 두 논항으로부터 산출되는 함수의 값이다. 따라서 우리의 판단과 독립적인 또 하나의 논항인 세계 즉 존재가 진리의 본질이라는 생각을 아퀴나스 그리고 그 이전의 철학자들은 진리 이론 안에 나름의 방식으로 녹여냈던 것이 아닌가 한다. 신학과 철학이 상보적 관계에 있었던 당시의 시대 상황에서 존재의 문제가 신의 창조 활동으로 귀결되는 것은 지극히 자연스럽다. 둘째로, 아리스토텔레스 철학의 재발견을 둘러싼 역사적 맥락이다. 잘 알려진 것처럼, 아리스토텔레스를 포함한 그리스 철학은 9세기에 이슬람 세계에서 먼저 연구된 이후에 유럽으로 유입되었다. 이슬람 세계에서 아리스토텔레스 철학은 '신학과 이성의 조화'라는 논쟁에 직면한다. 예를 들어 세계의 영원성 문제와 같은 익숙한 쟁점들은 유럽에서 논란이 되기 훨씬 이전에 이슬람 학자들 사이에서 종교의 가르침과 대립하지는 않는지의 논쟁을 불러일으켰다. 아리스토텔레스 철학의 "주석가(the commentator)"라고 불렸던 아베로에스(이븐 루시드)는 12세기에 이른바 이중진리론을 제시한 것으로 유명하다. 이중진리론이란 신학의 진리와 철학의 진리가 모순되더라도 그 둘이 각각 진리가 될 수 있다는 견해이다. 따라서 철학이 종교와 충돌하는 면이 있더라도 철학은 독자적인 정당성을 부여받을 수 있다는 것이다. 이후 아리스토텔레스 철학이 유럽에 유입되면서 이슬람 세계에서와 비슷한 통과의례를 겪게 된다. 13세기 파리의 주교 탕피에는 아리스토텔레스 철학이 종교적 가르침과 위배된다고 선언했던 반면, 유럽에서 아베로에스의 이중진리론을 받아들이는 학파인 이른바 라틴 아베로에스주의자들은 철학 특히 아리스토텔레스 철학과 신학은 각자 독자적인 영역에서 정당성을 지닌다고 보았다. 아퀴나스의 철학은 이러한 이중진리론에 대항하는 견해였다. 아퀴나스는 '신앙의 빛'은 '이성의 빛'과 모순되지 않으며 '이성의 빛'은 '신앙에 빛'에 미치지는 못하더라도 '신앙의 빛'이 '이성의 빛'을 완성하는 위치에 있다고 논변하면서, 진리는 둘이 아닌 하나라고 결론 내린다. 흥미로운 점은, 라틴 아베로에스주의자들과 아퀴나스 모두 아리스토텔레스 철학에 대한 긍정과 수용이라는 같은 종착점에서 만난다는 점이다. 다만 라틴 아베로에스주의는 이중진리론에 입각하여 모순된 진리가 공존할 수 있다고 본 반면 아퀴나스는 두 진리가 모순되지 않는다고 보면서 아리스토텔레스 철학을 '신앙의 빛'에 흡수시키려 시도했다는 점이 차이이다. 그러나 아베로에스에 정통한 연구자인 이재경은 아베로에스의 원문에 근거할 때 그의 견해를 이중진리론으로 해석하는 것은 적절하지 않다고 지적한다. 그는 실상 우리가 이중진리론이라 부르는 견해를 적극 제시한 것은 라틴 아베로에스주의자들이었으며, 정작 아베로에스 자신은 진리는 하나라는 확고한 입장을 가지고 있었다고 해설한다. (이재경, 2005) 이러한 맥락에서 주목해야 할 부분은 아퀴나스가 신의 이성의 영역에 논리적 추론이나 사실관계에 기초한 이성적 진리를 '포함'시키는 구도를 제시했다는 점이다. 그러므로 신학적 진리의 개념은 대응적 진리의 개념보다 그 내포가 더 풍부해야 한다. 이것이 아퀴나스가 진리를 곧바로 대응적 진리로 정의하지 않고 이중적 구조를 지닌 복합적 개념으로 정의한 철학사적 배경이라고 필자는 진단한다.

고대 그리스부터 중세까지 주류적 견해였던 대응론은 근대에 들어서면서 위협을 받게 된다. 소박하게 이해된 대응적 구도에서, 주체는 자기 자신과 객체 즉 자기 바깥이 서로 합치하는지를 비교함으로써 진리를 판단한다. 그런데 근대 이후의 철학자들은 주체와 객체를 날카롭게 분리하기 시작했다. 이는 소박한 대응적 구도에서 전제하는 주체와 객체 사이의 합치 비교 가능성이 과연 그럴듯한 전제인가에 대한 의구심으로 이어졌다. 데카르트의 방법적 회의는 아마도 가장 널리 알려진 의문 제기일 것이다. 그와 더불어 전통적 진리 견해의 또 하나의 구도인, 존재론과 인식론의 혼재 또한 위협을 받게 되었다. 주체의 영역과 객체의 영역 사이에서 설령 대응이라는 관계가 성립한다 한들, 우리는 그것을 어떻게 알 수 있는가? 존재가 인식이 공변(共變)한다는 보장은 또 어디에 있는가? 근대 철학자들은 이러한 우려를 다음과 같은 논증으로 정교화하였다. 만약 진리가 대응을 통해서 얻어지며, 대응은 주체가 수행하는 판단과 세계 안의 인식 독립적 존재라는 두 요소 사이에서 성립하는 관계라면, 그 둘 사이의 대응은 일종의 무한 퇴행에 빠져 진리의 성립은 영영 불가능하게 될 것이다. 왜냐하면 둘 사이의 대응이 성립하는지를 알려면 '인식 독립적 존재'가 이미 인식되었다는 것이 전제되어야 하기 때문이다. 그러나 그것이 이미 인식되었다면 그것은 '인식 독립적 존재'가 아니라 주체의 판단에 속한다. 따라서 대응적 구도를 견지하면서 진리를 설명하려면 제3의 '인식 독립적 존재'를 다시 상정해야 한다. 이는 무한 퇴행으로 이어진다는 것이다. 이와 같은 논증은 우리가 우리 자신의 판단을 또 다른 판단과 비교할 수 있을 뿐 결코 물자체와는 비교할 수는 없다는 칸트의 지적으로 귀결된다. (권대중, 2003)

전통적 진리 개념을 뒤흔든 근대 철학의 이러한 비판은 파괴적인 성격만 지닌 것은 아니다. 그것은 이후 진리 이론의 전개에서 새로운 돌파구를 여는 촉매가 되었으며, 무엇보다도 현대의 분석적 논의를 포함한 풍부한 이론적 다양성이 자라나는 토양이 되었다. 그 연결은 이후의 서술에서 지속적으로 나타날 것이다.

우리는 의심에 의해 질문에 다다르고,
질문에 의해 진리에 다다른다.

– 피에르 아벨라르

2.3
근대 이후의 진리: 대륙철학

근대 이후 대륙에서 진리를 바라보는 시각은 크게 두 방향으로 전개된다. 하나는 건설적 방향이고 다른 하나는 파괴적 방향이다. 건설적 방향의 배경에 해당하는 철학자는 칸트이다. 칸트의 이른바 '코페르니쿠스적 전환'은 주체–객체 이원론이라는 근대적 구도를 전복한다. 그에 따르면 주관성은 회의주의적 결론으로 이어지는 결함이 아니다. 오히려 주관성이 있기에 비로소 대상과 진리에 대한 구성이 가능한 것이며, 거꾸로 경험을 가능하게 하는 것이 바로 그것을 촉발하는 질료로부터의 현상이기도 하다. 주체로부터 독립된 객체라는 것도, 객체를 결여한 주관이라는 것도, 있을 수 없다. 칸트의 이론은 상식적인 진리 개념을 최대한 훼손하지 않으면서 독단주의와 회의주의 양측의 위협을 모두 극복할 탁월한 철학적 대안으로 평가된다. 그렇기에 오늘날 대륙철학 진영에서 객관적이고 고정적인 진리 개념을 구제하려는 방향의 시도는 대부분 어떤 식으로든 칸트 철학과 이론적으로 연계된다. 그러나 하이데거는 칸트가 아닌 니체의 영향하에서 건설적 방향으로의 선회를 시도했다는 점에서 예외라 할 수 있다. 그의 전략은 그리스 철학 이래로 철학자들이 당연하게 여겨온 말 혹은 언명과 진리 사이의 얽힘을 떼어놓는 것이었다. 진리는 '존재에 대한 폭로'이지만 언명은 실존을 조명하는 한 가지 방법에 지나지 않는다. 따라서 하이데거는 언명과 존재 사이의 일치에서 진리를 모색하는 대신에 존재함의 양식으로부터 진리를 찾을 것을 주장하였다.

파괴적 방향은 전통적인 대응적 구도를 근본적으로 부정한다. 니체를 경유하여 포스트모더니즘으로 이어져 내려오는 사조가 대표적이다. 포스트모더니즘은 대체로 극단적인 진리 상대주의를 보인다. 포스트모더니즘은 관점이나 맥락에 따라 진리가 달라진다는 견해로 흔히 오해되곤 하는데, 실은 그런 견해가 아니라 진리 그 자체가 액체화되어 있다는 견해이다. 액체는 모양을 특정할 수 없으며 어느 시점에 어느 위치에 정확히 자리한다고 말할 수 없다. 마찬가지로 '특정 맥락에서 특정 주체가 지닌 관점에서의 참'이라는 것 또한 어느 한 기준점에서는 고정된 값을 가지지만 포스트모더니즘은 바로 그 점을 부정하는 것이다. 포스트모더니즘에 대한 또 하나의 오해는 포스트모더니스트들이 "진리는 없다."고 주장한다는 생각이다. 그러나 없다는 것과 끝없이 유동한다는 것은 전혀 다른 이야기이다. 포스트모더니즘은 비록 일부 철학계에서는 "포모"라는 경멸을 담은 약어로 불리면서 조롱의 대상이 되기도 하지만 진리의 문제에서만큼은 부정 일변도로만 평가하는 것은 공정하지 않다. 먼저 부정적인 측면을 지적하자면, 진리를 향한 철학적 탐구의 추동력을 저해한다는 점을 들 수 있다. 이를 날씨 예보와 유비해 보자. 기상 상황은 끝없이 유동하며, 정확한 예측이 사실상 불가능할 뿐만 아니라, 불변하는 보편 원칙이 있는지조차 의문스럽다. 그럼에도 기상학자들은 기상에 대해 무언가를 발견하려고 끊임없이 애쓴다. 그러한 노력은 쏟을 가치가 있을 뿐 아니라, 쏟아야 마땅하다. 그러한 추구가 우리에게 도움을 가져다주기 때문이다. 마찬가지로, 설령 진리가 포스트모더니스트들이 생각하듯 끝없이 유동적이라 하더라도, 진리를 추구는 여전히 우리의 사유와 실천에 유익하다는 점을 부인하기는 어렵다. 그런 점에서 포스트모더니즘 철학이 철학자들이 진리를 탐구해야 할 학문적 추동력을 어떻게 제공할 수 있을지 의문스럽다. 다른 한편으로 철학자들이 도외시해 온 진리의 역동성에 새롭게 주의를 환기했다는 점은 포스트모더니즘 진리관의 긍정적인 측면이다. 진리는 세계에 대한 것이며, 세계는 끊임없이 변화한다. 그러므로 진리가 유동적이라는 것은 어쩌면 진리가 지닌 당연한 본성이다. 반면 철학의 목표는 불변하는, 고정된, 어디에서나 성립하는, 가장 보편적인 원리를 찾는 것이기에 철학자들은 그러한 유동성에 상대적으로 덜 주목해 온 것이 사실이다. 진리를 바라보는 포스트모더니즘의 관점은 그런 면에서 철학자들이 오랫동안 도외시해 왔던 지평을 향해 시야를 넓혀 주었다고 평가할 수 있다.

진실이 순수한 경우는 매우 드물며, 단순한 경우는 전혀 없다.

– 오스카 와일드

제3장

현대적 논의의 전개

3.1 대응론(Correspondence Theory of Truth)

역사적 흐름을 따라 진리 이론을 소개하는 책에서 "대응론", "정합론", 그리고 "실용론"을 언급할 때는 주로 20세기 초에 활동했던 일군의 철학자들의 견해를 가리킨다. 하지만 세 이론을 바라보는 시야를 20세기 초로 좁혀야 하는 것은 아니다. 2장에서 살펴본 것처럼 진리를 대응으로 바라보는 견해는 고대 그리스부터 근대에 이르기까지의 장구한 기간 동안 지배적인 견해였다. 또한 오늘날 대응론을 명시적으로 표방하지 않는 유력한 견해들 속에서도 대응론적 요소들을 자주 찾아볼 수 있다. 정합론과 실용론에 대해서도 사정은 비슷하다. 말하자면 그 세 견해는 고대 그리스 이래의 전통적 논의들과 4장에서 살펴볼 최근의 논의들을 연결하는 가교와 같다. 하지만 그 연결은 도로처럼 쭉 뻗은 연결이 아니라 오래 입어서 보풀이 엉킨 낡은 옷을 지은 실과 같은 연결이다. 어떤 부분에선 실이 매끄럽게 이어지는 것처럼 보이다가도 정작 끝단에 가서는 어디서 시작되고 어디서 끝나는지 찾기 어려울 정도로 뒤죽박죽이다. 때로는 엉킨 부분을 기껏 풀어놓았더니 엉뚱한 부분에서 도로 묶여 있는 일도 벌어진다. 엉킨 올들의 입구와 출구는 한 가닥의 실로 이어지지는 않는다는 것을 염두에 두어야 한다.

진리 대응론이 어떤 견해인지를 역사적인 맥락에서 규정하는 것은 지난한 일이다. 언급했듯이 고대 그리스부터 근대에 이르기까지 제시된 다양한 견해들이 모두 대응론이라는 큰 범주로 묶일 수 있을 정도로 대응론은 포괄적이면서도 불분명한 논제이기 때문이다. 그러나 현대의 이론 틀 안에서 진리 대응론은 나름의 분명한 한 가지 식별 기준을 가진다. 진리 실현자, 진리 담지자, 그리고 둘 사이의 대응 관계에 대한 존재론적 시인이 바로 그것이다. 이 셋 가운데 어느 하나라도 존재론적으로 수용하지 않는 견해는 진리 대응론으로 취급되기 어렵다. 그 세 구성 요소를 바탕으로 하여, 대응론자들은 진리를 대략 다음과 같이 정의한다.

(CT) 진리 담지자 p가 참이라면 그리고 오직 그 경우에만 p는 진리 실현자 f와 대응한다.

하지만 CT는 대응론의 대략적인 방향을 표현한 것에 지나지 않는다. CT가 말하는 대응 관계란 정확히 무엇인지, 진리 실현자와 진리 담지자는 무엇인지 등에 따라 대응론은 다양한 모습을 취할 수 있다.

대응론의 위상은 이중적이다. 오늘날 일반인들뿐 아니라 심지어 철학자들조차도 진리의 대응적 성격을 완전히 떨쳐내지는 못한다. 그럼에도 오늘날 자신을 대응론자라고 칭하는 철학자는 좀처럼 찾아보기 어렵다. 이러한 이중적 위상은 대응론이 직관적으로는 매우 강력한 힘을 가지는 동시에 이론적으로는 여러 난제에 직면한다는 사실에 기인한다. 대응론이 가지는 그 강력한 직관을 흔히 '대응 직관'이라고 부른다. 철학자들은 그럴듯한 진리 이론이라면 마땅히 대응 직관을 보존해야 한다는 암묵적인 공감대를 지닌다. 대응 직관은 말 그대로 직관이므로 정해진 형식화가 있는 것은 아니지만, 다음과 같은 조건문으로 거칠게 표현될 수 있다.

(CI) 만일 명제 p가 어떤 사실과 대응한다면, p는 참이다.

CI는 진리의 본성을 어떻게 받아들이든 상관없이, 부인할 수 없는 너무나 자명한 논제로 보인다. 물론 특정한 견해에서 바라보면 "명제 p가 어떤 사실과 대응한다면"이라는 CI의 전건이 도대체 성립할 수 있는지 혹은 그러한 조건을 만족스럽게 규정할 수 있는지에 대해 의구심을 가질지도 모른다. 대응론을 고까운 시선으로 바라보는 철학자들은 애당초 진리 담지자가 특정한 사실과 대응한다는 진술 자체가 불가해하다고 불평할 수도 있다. 그러나 설령 그렇다고 치더라도, 조건문인 CI의 전건이 성립한다면 후건은 반드시 성립한다는 것까지 부인할 길은 없다. 바로 그러한 이유 때문에 대응 직관은 진리의 본성을 바라보는 모든 견해를 아우르는 공통의 공감대로 자리할 수 있는 것이다. 반면에 CI를 변형한 다음의 쌍조건문을 받아들이는 견해는 진리 대응론에 해당한다.

(CI-B) 만일 명제 p가 어떤 사실과 대응한다면, p는 참이다. 그리고 그 역도 성립한다.

CI에 반영된 직관의 강력함은, 참과 사실 사이에는 어떤 긴밀한 관계가 있다는, 철학적 사유보다 더 근본적인 상식으로부터 기인한다. 수사적으로 말하면, 무언가가 참이 된다는 것은 세상이 실제로 생긴 모습에 어떤 식으로든 발을 딛고 있어야 한다는 것이다. 그러므로 CI가 강력한 직관을 나타낸다는 것은, 그것의 확장인 CI-B도 받아들일 좋은 동기부여가 된다.

하지만 진리 대응론은 많은 난관에 직면한다. 우선 잘 알려진 비판으로, 비-경험적 명제의 명제의 참을 설명하는 문제가 있다. <1 더하기 1은 2이다>, <살인은 나쁘다>와 같은 수학적·윤리적 명제는 참이기는 하지만 과연 그러한 명제와 대응하는 '사실'이라는 것이 존재하기나 하는지 의심스럽다. 어쩌면 적절한 이론적 조작을 통해 비-경험적 명제가 표상하는 내용들을 존재론의 영역 안으로 포괄할 수 있다면 이 비판에 어느 정도 대처할 수 있을지도 모르겠다. 하지만 그런다고 해서 문제가 말끔히 해결되는 것은 아니다. 사실을 어떻게 개별화할 것인가의 문제가 여전히 남기 때문이다. 테이블 위에 고양이 한 마리가 있다. 혹은, 테이블 표면에 고양이의 발바닥이 접촉해 있다. 혹은, 붉은색 테이블 위에 흰색 고양이가 있다. 이 사실들은 하나의 사실인가, 아니면 여러 개의 사실인가? 사실들 사이의 동일성 기준을 만족스럽게 제시할 수 없는 한, 특정한 참인 명제가 특정한 사실과 대응한다고 말하는 것은 임의적 연결에 지나지 않는 듯 보인다. 설령 명제 개별화의 임의성을 극복했다고 치더라도, 대응론은 3.6에서 이야기할 이른바 '새총 논증'에서 보듯 모든 참인 문장은 단일한 사실에 대응한다는 받아들일 수 없는 결론으로 붕괴되어 버리고 만다.

대응론을 위협하는 가장 근본적인 의문은, 언어적 개체인 진리 담지자와 세계 내의 존재인 진리 실현자라는 서로 이질적인 범주에 속하는 두 개체 사이에 성립하는 '대응'이라는 불가해한 관계가 무엇인지를 해명하는 것이다. 아마도 가장 단순한 대답은 구조적 동형 관계에 호소하는 것이다. 예를 들어, <이 테이블 위에 고양이가 있다>는 명제는 테이블 위에 고양이가 있는 그 사실과 구조적으로 동형이라는 것이다. 하지만 이는 한눈에 보더라도 납득하기 힘든 대답이다. 단적으로 말해서, "이 테이블 위에 고양이가 있다."는 '말'은 테이블 위에 고양이가 있는 '사실'과 조금도 닮지 않았다. 주어, 술어, 계사, 전치사 등으로 어우러진 명제의 구문론적 구조가 세계 내 사물이 존재하는 방식을 거울처럼 모사한다고 여기는 것은 우리의 언어적 틀 안에 존재를 끼워 맞추려는 터무니없는 욕심에 지나지 않는다.

초기 러셀의 명제 이론은 이에 대한 한 가지 대안을 제안한다. 그 이론에 따르면 명제는 이름, 술어 등으로 구성되는 것이 아니라 대상, 속성, 관계 등으로 구성된다. 그러므로 명제의 구성 요소는 사실의 구성 요소와 일치하며, 명제는 그 명제가 말하는 대로의 바로 그 사실이라는 것이다. 하지만 예를 들어 <유니콘은 뿔이 달렸다>와 같이 그것의 구성 요소가 현실에서 존재하지 않는 명제의 경우는 어떻게 보아야 하는가? 당시 러셀의 대답은, 유니콘에게 뿔이 달렸다는 사실이 현실에서는 존재하지 않는 것과 마찬가지로, 현실 세계에서 <유니콘은 뿔이 달렸다>라는 명제는 존재하지 않는다는 것이다. (Russell, 1912) 이와 같은 이론은 여러 측면에서 우리의 직관과 어긋나지만, 어쨌든 명제와 사실 사이의 동형 관계는 설명되는 것 같다. 그러나 문제는 여전히 남는다. 가장 심각한 것은 부정 명제의 문제이다. 명제는 그 명제가 말하는 대로의 바로 그 사실이라면, 가령 <이 테이블 위에 고양이가 있지 않다>가 말하는 대로의 사실이란 대체 무엇인가? 그것은 테이블 위에 먼지만이 있는 사실일 수도 있고, 혹은 고양이가 테이블이 아닌 바닥 위에 있는 사실일 수도 있다. 두 사실이 모두 <이 테이블 위에 고양이가 있지 않다>는 명제와 같다면, 우리는 그 두 사실 또한 같은 사실이라고 말해야 한다. 그러나 이는 부적절한 귀결이다. 이에 대해 러셀은, 각 명제를 참 또는 거짓으로 만드는 하나의 사실이 있으며, 명제는 그 사실과 '참으로 대응'하는지 혹은 '거짓으로 대응'하는지에 따라서 참 또는 거짓이 된다고 답변한다. 이러한 답변은 이른바 '부정적 사실'의 존재를 긍정하는 것이다. 예를 들어 <이 테이블 위에 고양이가 있다>가 거짓이라고 하자. 이 명제는 이 테이블 위에 고양이가 있지 않음이라는 부정적 사실과 '거짓으로 대응'하므로 거짓이 된다. 반면 <이 테이블 위에 고양이가 있지 않다>는 똑같은 부정적 사실과 '참으로 대응'하므로 참이 된다. (송하석, 2017) 초기 러셀과 같이 명제를 그 명제가 말하는 대로의 사실이라고 정의하는 한, 부정적 사실의 존재를 시인하는 것은 자연스러운 수순이다.

고전적인 대응론이 시도했던 또 다른 방안은 사실이 아닌 개체 혹은 대상이 진리 실현자라고 규정하는 것이었다. 이를테면 지금 우리 눈앞에서 살아 움직이고 있는 바로 저 고양이가 <이 테이블 위에 고양이가 있다>의 진리 실현자라는 것이다. 이는 부정 명제의 문제에는 어느 정도 대처할 수 있는 듯 보인다. <이 테이블 위에 고양이가 있지 않다>의 진리 실현자는 테이블 위가 아닌 다른 장소 예컨대 바닥 위에서 뒹굴고 있는 고양이가 될 것이다. 하지만 문제는 진리 실현자로서의 대상 자체가 세계 내에 존재하지 않는 경우에도 그 대상을 지향하는 명제가 참이 되는 경우가 있다는 것이다. 예를 들어 <유니콘은 존재하지 않는다>가 존재하지도 않는 유니콘이라는 대상에 의해서 참이 된다고 하는 것은 아무래도 이상하게 들린다.

이에 몇몇 대응론자들은 진리 실현자를 대상도 사실도 아닌 사태로 볼 것을 제안했다. 암스트롱은 모든 참인 명제는 무언가에 의해 참이게끔 되어야(made true by) 한다고 주장한다. 여기서 그 '무언가'가 진리 실현자에 해당한다. 그는 진리 실현자를 그것의 있음이 진리 담지자의 참을 필연화하는 존재론적 기반으로서의 역할을 하는 개체라고 정의한다. 진리 실현자 a가 명제 p를 필연화한다는 것은, a가 존재하면서 p가 거짓인 것은 불가능하다는 것이다. 여기서의 필연화는 논리적 필함 관계이므로, 진리 실현자 a와 명제 p에 대해서, <a가 존재한다>가 <p는 참이다>를 필함하는 관계로 이를 다시 정리할 수 있다. 암스트롱에 따르면 진리 실현자 a는 개별 대상이 아닌 사태이다. 사태란 어떤 대상이 어떤 속성을 예화하는 '세계의 한 부분'이다. 이 대목에서 사태와 트롭(trope)을 구별하는 것이 이해에 도움이 될 것이다. 사태는 속성을 가지는 개별자이다. 예를 들면 '장미가 붉음(rose's being red)'과 같다. 반면 트롭은 개별자처럼 취급되는 속성이다. 예를 들면 '장미의 붉음(redness of the rose)'이 그러한 예이다. 암스트롱은 그의 철학에서 속성이 아닌 대상을 '세계의 한 부분'으로 취급하기 때문에, 그에 발맞추어 트롭이 아닌 사태를 진리 실현자로 받아들인다. 여기서 우리는 암스트롱의 용어법 '사태'가 '존립하는 사태'를 가리킨다는 것을 알 수 있다. 가령 <개는 날아다닌다>와 같은 것은 사태가 될 수 없다. 날아다니는 개라는 개별자는 세계의 한 부분이 아니기 때문이다. 그렇게 본다면, 암스트롱의 '사태'는 일상적인 뜻에서의 '사실'과 매우 가까이 다가가 있지만, 그의 사실 혹은 사태는 궁극적으로는 개별자라는 점에 주의해야 한다.

따라서 암스트롱은 사실은 존재론적으로 긍정하지만 부정적 사실은 존재론적으로 거부한다. 이 점에서 암스트롱의 이론은 부정적 사실을 받아들이는 러셀의 견해와 차이를 보인다. 그에 따르면 사실은 개별자와 속성으로 이루어진 복합체가 아니라, 더 작은 부분들로 쪼개질 수 없는 단일체이다. 예를 들어, '개'라는 개별자와 '날아다닌다'라는 속성은 조합될 수 있다. 그렇게 조합된 결과는 <개는 날아다닌다>라는 복합체가 될 것이다. 하지만 그러한 복합체는 사실 혹은 사태로서 존재하지 않는다. 따라서 사실은 개별자와 속성의 '부분－전체론적 혼합'으로 환원될 수 없다는 것이다. 그는 오히려 속성이나 관계가 사실 및 사태로부터 거꾸로 추상되는 것이라고 설명한다. (송하석, 2017) 그렇다면 <유니콘은 존재하지 않는다>와 같은 부정 명제, 특히 비존재를 주장하는 명제의 참은 어떻게 설명되는가? 암스트롱은 총체적 사태(totality state of affair)라는 개념을 도입한다. 총체적 사태는 모든 존재하는 1차 사태들로 구성되는 2차 사태로서 단 하나만 존재한다. 그리고 이 총체적 사태가 <유니콘은 존재하지 않는다>와 같이 비존재를 주장하면서 참인 모든 부정 명제의 진리 실현자가 된다는 것이다. (Asay, 2025) 사태는 개별자와 속성의 부분–전체론적 혼합이 아니므로, 사태와 명제 사이의 진리 실현 관계 또한 그것들의 구성 요소 부분들끼리 대응하는 것이 아니라 사태와 명제 단위로 성립한다. 또한 언어적 개체와 속성의 예화 사이의 관계가 반드시 일대일 관계는 아닌 것과 마찬가지로, 사태와 명제 사이의 대응도 일대일 관계가 아니다. 하나의 명제가 여러 진리 실현자에 의해 참이 될 수도, 혹은 여러 명제가 하나의 진리 실현자에 의해 참이 될 수도 있다는 것이다. 예를 들어, 이성계가 이방원의 아버지라는 사태는 <이성계는 이방원의 아버지이다>의 진리 실현자가 될 수도 있고 <이방원은 이성계의 아들이다>의 진리 실현자가 될 수도 있다. (Armstrong, 2001)

이러한 암스트롱의 대응론은 사실의 개별화 문제라든가 비존재를 주장하는 참인 명제를 설명하는 문제 등에는 대처할 수 있는 듯 보이지만, 대신 다른 문제들을 불러일으킨다. 예를 들어 필연적 참의 진리 실현자를 설명하는 문제가 있다. <이성계는 이성계와 동일하다>는 필연적 참이므로 어떤 사태를 임의적으로 택하더라도 그 사태가 존재하는 모든 세계에서 <이성계는 이성계와 동일하다>는 참이다. 그러므로 진리 실현 관계를 필함 관계로 보는 한, 임의의 사태가 무차별적으로 이 명제의 진리 실현자가 된다는 받아들일 수 없는 귀결에 도달하고 만다. 또 다른 비판은 필함 관계가 실로 성립하는가에 대한 의문이다. 개별자가 속성을 예화한다는 것 즉 사태는, 예를 들면, <x는 장미이고 그리고 x는 붉다>를 어떤 특정한 대상 o가 만족한다는 것과 같다. 하지만 o가 이 속성을 예화한다는 것은 필연적이지 않다. 다른 가능세계에서 o는 이 속성을 예화하지 않을 수도 있기 때문이다. 다시 말해, o라는 장미는 우연히 붉지만 o가 존재하는 어떤 가능세계에서 그것은 붉지 않다. 그러므로 o가 그러한 속성을 예화하는 사태가 그 세계에 존재한다는 것이 <이 장미는 붉다>를 필함한다고 말할 수는 없다는 것이다. (Beebee and Dodd, 2008)

다른 것은 제쳐두고라도 대응론자들은 근본적인 질문인 "대응이란 도대체 무슨 관계인가?"의 질문에 답해야 할 책임을 진다. 진리 실현 혹은 존재론적 기반에 호소하는 설명은 한 가지 답변을 제공하기는 한다. 하지만 앞서 소개한 여러 비판들에서 보듯이 그 답변이 완전히 만족스러운 것은 아니다. 필자가 생각하는 또 하나의 심각한 문제는 대응론자들도 동치 도식을 거부할 수 없다는 점에서 비롯한다. 동치 도식은 <p>가 참이라는 것과 p라는 것이 논리적으로 동치라고 말한다. 논리적으로 동치인 두 명제가 어떻게 진리 실현 혹은 존재론적 기반을 포괄할 수 있는가? 동치는 양방향 관계이지만 기반은 일방향 관계이다. 동치 도식이 암시하는 것은 진리 실현이나 기반 관계가 아니라 p라는 것과 <p>가 참이라는 것이 실상 다르지 않다는 관계인 듯 보인다. 동치 도식이 말하는 관계가 p와 <p> 사이의 동치 관계이고 그것이 전부인 한, 그 관계 위에 사실과 명제 사이의 대응이라는 관계를 어떻게든 얹으려 드는 시도는 결국 난센스로 귀착될 뿐이다.

그래서인지 오늘날 명시적으로 대응론을 표방하는 철학자는 드물다. 그러나 앞서 강조했듯 대응론의 위상은 이중적이다. 어쩌면 철학자들 사이에 대응론자의 비중은 상상 이상으로 클지도 모른다. 예를 들어 데이빗슨은 그의 논문에서 과거에 자신의 이론을 대응 이론이라고 불렀던 것을 실수였다고 고백한다. 3.6에서 살펴보겠지만 그는 오히려 대응론에 반대하는 입장이었다. 그럼에도 그가 자신의 견해를 대응 이론으로 호칭했던 까닭은 타르스키 진리 이론을 자연 언어의 의미론으로 활용하려면 지칭과 만족을 언어와 세계 사이의 관계로 이해해야만 했기 때문이라고 그는 해명한다. (Davidson, 1988) 한편 그는 다른 논문에서 "진리는 세계가 있는 방식과 대응한다. 이를 서술하는 직설적이면서도 오도적이지 않은 어떠한 방법도 없다"고 단언한다. (Davidson, 1983, p. 140) 글랜즈버그가 '현대적 대응 이론'이라고 부르는 견해는 데이빗슨이 받아들이는 구도와 맥을 같이 한다. 현대적 대응론은 전통적인 대응론과 마찬가지로 진리를 언어와 세계 사이의 관계에 호소하여 정의하지만, 전통적 대응론과는 달리 대응 관계를 명제와 사실 사이에서 성립하는 것으로 보지 않는다. 그 대신 현대적 대응론은 명사와 대상 사이의 지칭 관계, 속성과 술어 사이의 만족 관계 등을 통해 언어－세계 관계를 확보하려 시도함으로써 전통적 대응론을 괴롭혔던 난제를 비껴간다. 현대적 대응론의 장치는 3.5에서 살펴볼 타르스키의 의미론적 진리 정의 즉 지칭과 만족에 의해 단순 명제의 진리를 정의하고 그것에 의해 복합 명제의 진리를 회귀적으로 정의하는 방식을 바탕으로 세계와 언어 사이를 연결을 확보한다. 그래서 타르스키의 의미론적 정의와 마찬가지로 현대적 대응론은 형이상학적 부담을 짊어지지 않는다는 장점을 지닌다. 현대적 대응론은 '사실', '대응' 등에 대한 어떠한 존재론적 시인도 할 필요가 없는 것이다. (Glanzberg, 2015) 또한 현대적 대응론은 4.3에서 살펴볼 진리 동일론과 비교하여도 장점을 가지는데, 그것은 부정문의 참을 무리 없이 처리할 수 있다는 점이다.

키처가 스스로 온건한(modest) 대응론이라고 칭하는 견해는, 지칭과 만족을 포함하는 타르스키의 장치에 기반하며 참인 명제가 대응하는 존재자나 사실이 있다고 가정하지 않다는 점에서 현대적 대응론과 유사성을 공유한다. 이에 더해서, 키처의 대응론은 의미론적 개념을 물리주의적으로 환원하는 것에 반대한다는 주장을 포함한다. 대신에 그는 지칭 관계를 심성–독립적인 대상들과 언어적 토큰 사이의 인과적 관계로 간주한다. 키처가 이와 같은 구도를 '대응'이라고 부르는 핵심이 바로 존재의 심성–독립성에 있다. 키처는 대응을 거부하는 형태의 과학적 설명은 "얕은 수준"에서 멈추며 성공적인 과학적 설명은 성공적인 과학적 설명은 대응적 진리의 설명적 역할을 필요로 한다고 주장한다. 그는 다음과 같은 예를 든다. 오필리아가 지도를 보고 시내에 가고 싶어 한다고 하자. 그녀는 시내로 가는 길은 버드나무를 지나가는 길이라고 믿으며, 실제로도 그 경로가 옳다고 하자. 키처가 대응을 배제하는 설명의 전형적인 예로 꼽는 것이 호리치의 축소주의적 설명이다. 축소주의적 설명에 따르면 오필리아의 성공은 다음과 같은 추론을 통해 설명된다.

① 오필리아는 〈오필리아는 시내에 도착한다〉를 원한다.
② 오필리아는 〈오필리아는 버드나무를 지나가는 길을 따라간다 → 오필리아는 시내에 도착한다〉를 믿는다.
③ (오필리아는 〈오필리아는 시내에 도착한다〉를 원한다 & 오필리아는 〈오필리아는 버드나무를 지나가는 길을 따라간다 → 오필리아는 시내에 도착한다〉를 믿는다) → 오필리아는 버드나무를 지나가는 길을 따라간다.
④ 오필리아는 버드나무를 지나가는 길을 따라간다. (①, ②, ③으로부터)

⑤ 오필리아는 버드나무를 지나가는 길을 따라간다 → 오필리아는 시내에 도착한다.

⑥ 오필리아는 시내에 도착한다. (④, ⑤로부터)

이 추론 자체는 기초적이며 타당하다. 키처가 제기하는 질문은 ②와 ③이 왜 성립하는가이다. 키처에 따르면 그 대답은, 능숙한 지도 사용자인 오필리아가 그렇게 써진 지도를 보았기 때문이다. 즉, 오필리아는 지도의 어느 공간적 관계가 그 지역의 공간적 관계에 '대응'하는지를 알기 때문이다. 이러한 믿음 형성이 어떻게 버드나무를 지나가는 길을 따라간다는 오필리아의 특정 행위로 이어지는가? 그에 대한 올바른 설명은 심성－독립적인 대상과 언어적 토큰 사이의 인과적 관계에 의해 제공된다고 키처는 논증한다. 대응을 배제하면, 믿음과 행위 사이의 관계에 대한 전제인 ③이 왜 성립하는가를 "설명적 신비"로 남겨두게 된다는 것이다. 키처는 과학철학자답게 오필리아가 지도에 대한 믿음에 기반한 시도가 그 이후에도 지속적인 성공을 낳는다는 사실에 큰 가중치를 부여한다. 이처럼 그는 자신의 온건한 대응론이 어떤 심오한 철학이나 과도한 형이상학을 요구하는 것이 아니며 일상적 실천(everyday practice)에 의해 정당화될 수 있다고 주장한다. (Kitcher, 2002)

그러나 현대적 대응론 또한 여러 한계를 지닌다. 우선, 타르스키의 정의와 마찬가지로, 현대적 대응론도 진리 개념을 암묵적으로 전제한다는 점을 들 수 있다. 즉, 각각의 명제가 어떤 조건하에서 '참이 되는가'가 진리 개념의 정의항이 되는 것이다. 타르스키의 의미론적 정의가 그렇듯, 이는 진정한 의미에서의 진리 정의는 아니다. 타르스키의 정의는 한 인공 언어에서의 용어 "참"을 정의하는 방식으로서, 우리가 기대하는 것과 같은 "진리란 무엇인가?"에 대한 답을 제공하지는 않는다. 그렇다면 이러한 순환적 정의가 비록 악성 순환은 아니더라도 과연 올바른 의미에서의 '대응론'이라고 불릴 수 있는지는 의문스럽다. 기껏해야 그것은 용어 "참"에 대한 의미론에 지나지 않을 수도 있다. 그런 면에서 현대적 대응론은 진리를 대응으로 환원하는 정의라기보다는, 언어-세계 관계에 호소하여 진리 개념을 해명하는 이론이라고 보는 편이 더 적절할 것이다. 현대적 대응론에 대한 또 다른 비판으로 지칭과 만족, 그리고 회귀적 정의만으로 참이 설명되지 않는 문장들은 여전히 많다는 점을 들 수 있다. 대표적인 예가 "때문에"와 같은 비-진리함수적 표현들이다. "도덕적으로 나쁘다."와 같은 술어들은 분명 만족 관계는 가지지만 그러한 만족 관계를 세계와의 대응이라는 구도로 이해하는 것이 적절한지는 매우 의문스럽다. 뿐만 아니라, 수 10과 같은 추상적 대상은 그것을 가리키는 이름의 의미를 지칭으로 처리할 수 있을지도 의아하다. 형식 언어에서는 수 10과 같은 추상적 대상이 문제가 되지 않겠지만 세계와 관련된 참을 설명할 때에도 똑같은 장치에 기대는 것은 논란의 여지가 있다. (Wrenn, 2015) 이처럼 현대적 대응론은 비록 완벽한 대안이라고 할 수는 없지만, 철학자들 사이에서 이와 비슷한 아이디어가 암묵적으로 널리 공유되고 있는 것 또한 사실이다. 이는 대응론이 오늘날에 이르기까지 여전히 그 매력을 잃지 않았음을 보여준다.

대응론이 종국에는 세계와 언어 사이의 연결에 기대야 한다면, 그리고 그 연결이 규약적이라면, 대응론은 일상 언어의 언어적 규약에 호소할 수밖에 없다. 그러한 고전적인 시도의 하나가 3.4에서 살펴볼 오스틴의 대응론이지만, 보다 최근에는 호건의 간접적 진리 대응론에서 이러한 호소가 나타난다. 그는 참인 명제들은 일부 특수한 경우를 제외하면 모두 간접적 대응에 의해 참이 된다고 보는데, 간접적 대응이란 의미론적으로 올바른 주장가능성(semantically correct assertibility)으로 정의된다. 그의 핵심 아이디어는 명제와 세계 내의 존재 사이의 대응은 정도의 문제라는 것이다. 명제를 구성하는 이름, 술어 등의 각각에 상응하는 대상이나 속성이 세계 안에 존재하고 명제가 그것들과 대응하는 정도가 높은 경우 명제는 세계 내의 대상과 직접 대응한다. 하지만 그러한 경우는 일부 특수한 경우들로 제한되며, 대부분은 간접적으로 대응이 이루어진다. 호건이 주장하는 간접적 대응의 매개물은 화자의 사고이다. 예를 들어 '베토벤 5번 교향곡'이라는 대상은 강경한 뜻에서는 세계 내에 존재하지 않는다. 또한 <베토벤 5번 교향곡은 4악장으로 구성된다>라는 명제는 참이지만, 이 명제의 주어뿐 아니라 술어에 상응하는 속성도 세계 안에 존재한다고 말하기 어렵다. 호건에 따르면 이러한 경우, 명제는 간접적 대응을 통해 참이 된다. 5번 교향곡은 존재하지 않지만, 그것을 작곡한 베토벤이라는 인물은 존재하며, 그가 악보 위에 음표를 써 내려가는 등의 창작 행위 또한 존재한다. 그러한 것들은 모두 5번 교향곡에 유관한 근연(proximal) 요소들이다. 그러한 근연 요소들은 "베토벤 5번 교향곡"이라는 표현을 포함하는 명제를 세계와 간접적으로 연결하는 고리가 된다. 그러한 간접적 연결이 우리의 사고를 매개로 이루어진다는 것은 무슨 뜻인가? 우리는 어떤 면에서는 세계 내에 명확히 존재하는 것들로부터 우리의 사고를 구성하는 그리고 덜 명확한 존재들을 끄집어낸다. 앞서 예로 든 베토벤 5번 교향곡과 같은 추상적 대상이 한 예이다. 그러한 선별은 임의적으로 이루어지는 것이 아니라 맥락적 의미론이라는 장치를 통해 이루어진다. 즉, 우리가 어떤 맥락에서 그 표현으로 어떤 것을 가리키느냐에 따라서 간접적 연결 고리가 달라진다. 예를 들어, <베토벤 5번 교향곡은 4악장으로 구성된다>는 베토벤이라는 인물과 그 곡을 4악장으로 구성했던 그의 창작 활동 등과 같은 근연 요소를 경유하여 간접적으로 세계와 연결됨으로써 참이 되는 반면에, <베토벤 5번 교향곡은 사람들에게 가장 잘 알려진 교향곡의 하나이다>는 그 곡이 알려진 역사적 과정과 사람들의 반응 등과 같은 근연 요소를 경유하여 세계와 연결된다. 그 연결의 차이는 명제들의 의미와 관련한 맥락적 요소들에 따라 결정된다는 것이다. (Horgan, 2001) 이와 같이 호건은 대응론의 구도를 기반으로 하되, 진리를 대응이 아닌 주장가능성이라는 인식적 개념을 통해 정의하고, 또 그러면서도 언어 표현과 대응 대상 사이의 관계는 화용론적으로 분석한다. 호건이 동원하는 이런 치렁치렁한 장치들은 전통적 형태의 대응론이 혼자만의 힘으로는 두 다리로 설 수 없음을 보여주는 동시에, 설득력 있는 진리 이론은 어떻게든 세계와 언어 사이의 연결에 의존할 수밖에 없다는 것 또한 보여준다. 그 연결이 무엇인가를 해명하는 것은 난해한 철학적 작업이지만, 데이빗슨의 말마따나 그 연결을 더 잘 표현할 수 있는 철학 용어는 "대응" 외에는 아직은 없다.

끝으로 대응론과 관련하여 한 가지 주의할 점이 있다. 많은 맥락에서 진리 이론가들은 진리의 객관성을 나타내기 위한 의도로 "대응"이라는 용어를 차용한다. 고대로부터 철학자들은 진리를 '합의된 의견'과 같은 사이비 개념들로부터 구별하기 위해 노력해 왔다. 거의 모든 철학자들은 사람들이 어떻게 판단하고 합의하는가에 따라서 좌지우지되는 것은 진리가 아니며, 무엇이 참이고 거짓인지는 '세상 생긴 모습'에 따라 결정된다고 여긴다. 진리가 지니는 이러한 객관성은 진리의 당연한 본성의 하나라고 보편적으로 받아들여진다. 하지만 객관성이 반드시 대응을 함축하는 것은 아니다. 그 둘은 전혀 다른 개념이다. 그럼에도 철학자들은 진리가 지닌 객관성을 나타내기 위해 가끔 “대응”이라는 표현을 쓸 때가 있으므로 문헌을 읽는 독자들은 “대응”이라는 단어가 어떤 의도를 담고 있는지 주의 깊게 파악해야 한다. “대응”이라는 용어가 등장했다고 해서 무턱대고 고전적 형태의 대응론을 떠올려서는 곤란하다.

진실은 언제나 하나!

– 명탐정 코난

3.2 정합론(Coherence Theory of Truth)

교과서에서 소개되는 정합론은 주로 20세기 초 논리실증주의 진영에서 유행하던 견해를 가리키는데, 그 견해는 다시 진리 이론에서의 정합론과 인식론에서의 정합론으로 나뉜다. 진리 이론에서의 정합론은 참인 믿음을 정합에 의해 정의하고, 인식론에서의 정합론은 정당화된 믿음을 정합에 의해 정의한다. 인식론에서의 정합론은 토대론에 대항하는 형태의 지식 정당화 이론의 하나로서, 철학사적으로는 논리실증주의 진영 내에서 토대론과 정합론이 서로 대립한 바 있다. 비록 '참임'과 '정당화됨'이 똑같은 것은 아니지만, 그 둘이 밀접히 연관된다는 것만큼은 분명하다. 문제는 그 밀접함의 정도가 어디까지인가이다. 몇몇 논리실증주의자들은 참임과 정당화됨을 아예 같은 것으로 취급했지만, 오늘날 그러한 견해를 소박하게 받아들이는 철학자는 찾아보기 어렵다. 참과 정당화 사이의 이러한 분리는, 인식론에서 정합론이 여전히 영향력이 있는 견해로 간주되는 반면, 진리 분야에서는 고전적인 형태의 정합론이 오늘날 시장에서 더 이상 통용되지 않는 차이로 이어졌다. 그렇다고 해서 오늘날 진리론에서 고전적인 형태의 정합론 아이디어가 완전히 사라진 것은 아니다. 예를 들어, 푸코의 사회구성주의적 진리 이론은 주로 대륙철학을 중심으로 여전히 막강한 영향력을 행사하고 있다.

논리실증주의자들이 받아들였던 고전적 정합론은, '실제란 우리가 지닌 믿음의 총체'라는 19세기 말 유행하던 관념론을 응용하여, 참을 다음과 같이 정의한다.

(CT-1) 믿음이 참이라면 그리고 오직 그 경우에만, 그 믿음은 기존의 믿음 체계 내에 일관적으로 포함된다. (단, 여기서 기존의 믿음 체계는 이상적으로 정합적인 체계이다.)

그들이 이러한 진리 정의를 들고 나왔던 핵심 동기는, 우리의 믿음이 객관적인 사실과 대응한다는 어떠한 보장도 찾을 수 없다는 것이었다. 즉, 정합론은 대응론에 대한 일종의 안티테제였던 셈이다. 초기 정합론자들은 우리의 믿음이 정당화되더라도 그 정당화된 믿음이 사실과 대응하는가의 여부는 여전히 알 수 없다는 점에 주목하였다. 그런데 믿음의 정당화란 다른 것이 아니라 믿음의 진리 즉 참에 대한 정당화이다. 따라서 진리는 대응이 아니라 믿음에 대한 정당화로 정의되어야 한다는 것이다. 이러한 동기는 우리는 믿음 체계 바깥으로 나가서 믿음을 검증할 수 없다는, 혹은 바다 위에서 망가진 배를 항구에서 수리할 수는 없다는, 노이라트의 유명한 유비 논증을 통해서 흔히 표현되기도 한다. 그러나 영은 이 동기가 추진력이 약했다고 지적한다. 정합론을 제시할 충분한 동기가 있으려면 명제가 사실과 대응한다는 것이 알려질 수 없다는 것만으로는 충분하지 않고 명제가 사실과 대응할 수 없다는 것까지 보여야 한다. (Young, 2018) 더 심각한 문제는, 정합론이 정당화에 대한 정합에서 진리에 대한 정합으로 무리하게 도약한다는 점이다. 이 쟁점은 잠시 뒤에 살펴보기로 한다.

정의 CT-1에서 "일관적으로 포함된다"가 무엇을 의미하는지는 썩 명확하지 않다. 기존의 믿음들과 무모순적이라는 것을 뜻하는 것으로 보기는 곤란하다. 그 경우, 참인지 거짓인지를 결정할 수 없거나, 혹은 참도 거짓도 아닌 명제들까지도 정합론에서는 무차별적으로 참이라고 해야 할 것이기 때문이다. 게다가 그 독해에 따르면 기존의 믿음과 내용면에서 무관할수록 그 명제가 참일 확률이 더 높아지는 반직관적인 결과가 얻어진다. 반면 "일관적으로 포함된다"를 기존의 믿음 체계로부터 함축된다는 뜻으로 읽는 것도 부적절하다. 이 경우에는 거꾸로, 지나치게 적은 수의 명제만이 참으로 인정될 것이기 때문이다. (김기현, 2003) 따라서 정합론자들의 의도를 반영하여 자비롭게 독해한다면 '기존의 믿음 체계와 유관하면서 충돌을 일으키지 않는' 정도로 느슨하게 이해하는 것이 적절할 것이다.

CT－1에 부가된 괄호 안의 단서 조항은 기존의 믿음 체계가 우리의 실제적인 인식 범위 바깥에 놓일 수도 있다는 것을 나타낸다. 이 지점에서 정합론은 관념론과 차이를 보인다. 관념론과 달리 정합론자들은 실재를 최대한으로 정합적인 판단들의 이상화된 체계로 간주한다. 즉, CT－1은 특정한 개인이나 집단이 실제로 향유하는 믿음 집합과는 무관하다. 그런 면에서 교과서에서 제시되는 고전적 정합론에 대한 비판들은 허수아비 공격인 것이 많다. 가령 진리의 상대화 우려가 그러하다. 정합론의 진리 정의에 따르면 믿음 체계의 주체를 누구로 잡느냐에 따라서 참인 명제들의 외연이 달라진다는 것이다. 혹은 동전을 영원히 보이지 않는 곳으로 던지고 나서의 <이 동전은 앞면을 향하고 있다>의 참과 같이 어떤 참은 실제적인 믿음 체계 바깥에 놓일 수도 있다는 비판도 있으며, 과학사적으로 볼 때 우리의 특히 과학자 사회의 믿음 체계는 끊임없이 변해 왔으며 앞으로도 변할 것이지만 과학적 진리는 불변한다는 비판도 있다. 정합론을 겨냥한 이 모든 진부한 비판들은 실은 고전적 정합론을 지나치게 소박한 형태로 이해하기에 제기되는 것들이다.

고전적 정합론을 좀 더 자세히 알아보기 위해서는 그것을 겨냥한 데이빗슨의 비판을 살펴보는 것이 도움이 된다. 그의 통찰은 고전적 정합론의 명과 암을 둘 다 짚어내기 때문이다. 우선 위 정의에서 '기존의 믿음 체계'를 생각해 보자. 이 말은 어떤 믿음이 참이기 위해서는 이미 참인 믿음들의 체계가 주어져 있어야 함을 전제한다. 그런 체계는 어디에서 유래하는가? 슐릭은 관찰 또는 경험을 보고하거나 그것에 기초하는 문장들인 프로토콜 문장이 믿음 체계의 토대를 구성한다고 생각했지만, 노이라트는 프로토콜과 다른 문장들 사이에 근본적인 차이가 있다는 생각을 거부했다. 헴펠도 노이라트에 대체로 동의했는데, 그는 어떤 문장이 토대에 해당하는가는 규약적 결정의 문제라고 보았다. 하지만 그러한 생각은 과학자들이 하나의 공유된 정합 체계로 수렴하는 합의에 실제로 도달하고 있나는 현실과는 맞아떨어지지 않는다. 과학자들은 아무 정합적인 이론이나 임의로 선택하지는 않으며 특정한 믿음 체계만을 선별적으로 받아들이기 때문이다. 그러나 데이빗슨에 따르면 그들 사이의 논쟁은 실상 진리에 관한 것이 아니라 확증에 관한 것이었다. 슐릭은 프로토콜 문장이 최종적으로 확증될 수 있다고 보았던 반면, 노이라트는 그것에 반대했던 것이다. 이 지점에서 데이빗슨은 정합 이론을 두 가지로 구분한다. 하나는 위에서 정의한 것과 같은 진리에 관한 정합 이론이고, 다른 하나는 지식에 관한 정합 이론이다. 지식이 되는 믿음은 참이라는 것에 더해서 그 믿음이 정당화 혹은 확증되어야 한다는 조건이 추가되므로, 후자의 이론은 정당화 내지는 확증에 관한 정합 이론이라고 볼 수 있다. 확증에 관한 정합 이론은 진리가 아닌 인식에 관한 이론으로서 다음과 같이 정의된다.

(CT-2) 믿음이 인식적 정당성을 가진다면 그리고 오직 그 경우에만, 그 믿음은 기존의 믿음 체계 내에 일관적으로 포함된다.

데이빗슨에 따르면, 논리실증주의자들은 이 두 개의 정합 이론을 동일시하는 실수를 범했다. 그들은 믿음이 정당화된다는 것으로부터 그 믿음이 참임의 속성을 가진다는 것으로 성급하게 도약했던 것이다. 하지만 믿음이 참이라면 그것을 믿는 것은 정당하고, 또 그것을 믿는 것이 정당하다면 그 믿음은 참이 아닐까? 그 둘을 동일시하는 것이 왜 문제가 될까? 지식을 가진다는 것은 증거에 기초한 믿음을 가진다는 것이다. 즉, 그런 믿음을 받아들일 이유가 있어야 한다. 하지만 "여기에 검은 까마귀가 있다."라는 지식을 가질 이유가 또 다른 믿음이라면 무한 퇴행에 빠질 수밖에 없다. 그러므로 CT−2는 거부되어야 한다고 데이빗슨은 비판한다. 그렇다고 해서 그 이유를 논리실증주의자들이 말하는 프로토콜 문장이 나타내는 직접 경험에서 찾는 것 또한, 회의주의자들이 제시한 수많은 논변에서 보듯, 전망이 그리 밝은 선택은 아니다. 데이빗슨이 내놓는 대안은, 그러한 믿음을 인과적으로 야기한 세계 내의 지향점에 더해서 상대방의 믿음에 대한 해석, 그리고 그 세계 내의 대상에 대한 나 자신의 믿음에 대한 앎이 모두 합쳐져서 외부 세계에 대한 지식이 확보된다는 설명이다. 한마디로 지식은 주관적이면서 동시에 객관적이라는 것이다. 지식의 정당성의 원천을 찾는 여정은 논리실증주의자들 사이의 논쟁에서 드러난 실수에서처럼 그 지향점인 대상에만 집중해서도 안 되며 믿음과 다른 믿음 사이의 관계에만 집중해서도 안 된다는 것이다. (Davidson, 1988)

그렇다면 데이빗슨은 CT−1에는 동의하는가? 반은 맞고 반은 틀리다. 3.6에서 서술하겠지만 데이빗슨은 진리를 환원적으로 정의하는 것에 반대한다. 그러면서도 그는 참된 믿음의 체계는 마땅히 정합적이어야 한다는 데에는 동의한다. 만약 상대방이 지닌 믿음들의 대다수가 거짓이거나 정합적이지 않다면 우리는 상대방의 발화를 해석할 수조차 없을 것이지만, 우리는 실제로 해석과 의사소통에 성공하고 있다. 그러므로 참된 믿음의 체계는 정합적일 수밖에 없을 것이다. 데이빗슨은 진리에 대한 모든 환원적 정의를 반대하면서도 진리의 본성에 정합이 포함된다고 인정하는 것이다. 고전적 정합론은 비록 중요한 부분에서 오류를 범했지만, 진리에 관한 정확한 한 가지 통찰을 담고 있다. 이것이 데이빗슨이 진리에 대한 자신의 견해를 개진한 논문의 제목을 「진리와 지식의 한 가지 정합 이론(A Coherence Theory of Truth and Knowledge)」이라고 지은 이유이다. 해당 논문에서 데이빗슨은, 비록 진리를 정합으로도 대응으로도 정의하는 것을 거부하지만, 그럼에도 진리가 지닌 대응적 성격을 수긍한다. 단, 대응은 믿음과 실제 사이의 대조를 통해서 이루어진다는 생각에는 반대한다. 대응은 대조가 아니라 정합적인 믿음 체계로부터 주어진다는 것이다. "정합은 대응의 기초"(배식한, 2016)라는 중요한 철학적 통찰이 이 교훈을 요약한다. 여기서 정합적인 믿음 체계란 그 안에 속한 대부분의 믿음들이 참인 체계를 뜻한다. 그러나 데이빗슨은 앞서 서술한 근거에서 한 믿음에 대한 정당화가 다른 믿음들에 의해 이루어진다는 전통적인 정합론의 생각에 반대한다. 또한 그는 외부로부터의 감각이 우리 믿음 정당화의 원천이라는 생각도, 믿음 체계의 정당화는 토대 문장의 참에 기초한다는 생각도, 모두 거부되어야 한다고 논증했다. 그렇다면 대안은 무엇인가?

> "나의 논증은 두 부분으로 나뉜다. 우선, 나는 한 사람의 발화, 믿음, 욕구, 의도, 그리고 다른 명제적 태도에 대한 옳은 이해는 한 사람의 믿음들의 대부분은 참일 수밖에 없다는 결론으로 이어지며, 그래서 그 믿음들의 어느 하나도, 만약 그것이 나머지 대부분과 정합한다면, 참이라는 합당한 선행 가정이 있다고 주장할 것이다. 그러고 나서 나는 다음의 주장으로 나아갈 것이다. 사고를 가진 주체는 누구라도, 그래서 특별히 그가 그의 환경의 본성에 관해서 대체로 옳다고 여길 어떠한 이유를 그가 가지는지의 여부를 궁금해하는 누구라도, 믿음이 무엇이며 일반적으로 믿음은 어떻게 발견되고 해석되어야 하는가를 알아야 한다. 만약 이것들이, 우리가 다른 이들과 의사소통을 할 때 혹은 우리가 다른 이들과 의사소통을 하려 시도할 때 혹은 심지어 우리가 다른 이들과 의사소통을 하고 있다고 그저 우리가 생각할 때, 우리가 사용하지 않을 수 없는 완벽하게 보편적인 사실들이라면, 우리 자신의 믿음을 포함해서 모두의 믿음의 전반적인 참을 지지하는 선행 가정이 있다는 것을 우리는 안다고 말할 수 있다는 꽤 강력한 생각이 있다."
>
> – Davidson, 1983, p. 146.

위 인용문의 취지는 3.6에서 다룰 그의 의미 이론과 연계하여 이해해야 한다. 자기 믿음에 대한 지식, 타인의 믿음에 대한 지식, 그리고 외부 세계에 대한 지식, 이 세 가지 지식이 서로 환원불가능하게 지탱하고 있다는 것은 그의 철학 체계의 중요한 근간이다. 타인의 발화를 해석한다는 것, 다시 말해 타인의 믿음 내용에 대한 지식을 획득한다는 것은 동시에 자기 지식과 외부 세계에 대한 객관적 지식을 획득하는 것과 같다.

그 과정에서 중요한 선행 가정이 있다. 그것은 나와 타인의 믿음 체계가 대체로 참이라는 가정이다. 만약 이 가정이 성립하지 않는다면 우리는 어떠한 의사소통도 불가능할 것이며 외부 세계에 대해 어떠한 지식도 획득하지 못할 것이다. 하지만 우리가 실제로 의사소통에 성공하고 있다는 것은 언어 공동체에 속한 화자들이 지닌 믿음들이 대체로 참이라는 것을 뒷받침한다. 이러한 구도는 참이 외부 세계의 객관적 모습에 의존한다는 생각을 긍정하며, 동시에 참이 정합적인 믿음 체계에 의존한다는 생각 또한 긍정한다. 가장 중요한 것은 데이빗슨의 철학 체계에서 그 두 생각이 서로 의존한다는 점이다. 그는 다음과 같이 부연한다.

"내가 논증하는 중요한 논제는 믿음은 본래적으로 진실하다는 것이다. 이것이, 진리는 인식적 개념이 아닌 반면에, 그것은 믿음으로부터 완전히 단절되지도 않는다고 내가 주장하는 근거이다. (마치 서로 다른 방식으로 대응 이론이면서 정합 이론인 것처럼.) [...] 진리를 (퍼트넘의 용어로는) '근본적으로 비-인식적'이게 되는 것을 방지하는 것은, 진리가 인식적이라는 것이 아니라, 믿음은 의미와의 결속에 힘입어 본래적으로 진실하다는 것이다."

- Davidson, 1983, p. 155, 156.

데이빗슨의 견해가 이와 같음에도 그의 견해를 정합론이라고 부르는 것은 부적절하다. 무엇보다도 그는 진리를 정합으로 '정의'하지 않기 때문이다. 그런 면에서 그의 논문 제목은 분명 오도적이라는 질타를 피하기 어려울 것이다. 그는 『주관, 상호주관, 객관 (Subjective, Intersubjective,

Objective)』의 서문에서 "내가 지금까지 쓴 논문들 가운데 이 논문보다 더 고쳐 쓰고 싶었던 논문은 없었다."고 고백한다. (Davidson, 2001, xv.) 그 논문에서 자신이 정합을 강조한 동기는, 세계와 믿음 사이의 관계 자체를 부정하는 데 있는 것이 아니라 그 관계를 인식적 매개라는 구도로 보는 것에 반대하는 데 있었다고 해명하지만, 결과적으로는 "진리 정합론은 틀렸지만, 진리는 정합이다."라는 자신의 주장이 오해의 소지가 다분했음은 시인한 셈이다.

누차 강조했듯 데이빗슨의 진리 견해는 정합론이 아니지만, 오늘날의 진리 정합론은 데이빗슨 철학과 직간접적으로 연결된다. 예를 들어 대응론의 현대적 개선을 시도하는 워커는 믿음의 집합을 무차별적인 믿음들의 묶음으로 보는 것이 아니라 실제로 성립(is)하거나 혹은 성립할 것인(would be held) 명제들이라는 특정한 조건을 만족하는 '어떤' 믿음들의 집합으로 제한한다. (Walker, 1989) 이러한 조정은 고전적인 정합론을 겨냥한 많은 비판들을 회피할 수 있게 하지만, 그가 제시하는 믿음 집합 포함 조건에 대한 경험적인 수준에서의 검증에 대한 설명은 종국에는 주관과 객관이 환원불가능하게 서로를 지탱하는 데이빗슨의 구도로 회귀하고 만다. 그런 면에서 데이빗슨의 이론과 마찬가지로 워커의 이론을 과연 온전히 정합론이라고 칭할 수 있을지는 여전히 의문이다.

지식의 정당화에 대한 정합론과 진리에 대한 정합론 사이의 구별이 뚜렷하게 드러나는 중요한 철학적 사례를 한 가지 짚어둔다. 그것은 바로 추론주의 의미론이다. 추론주의자들은 믿음의 정당성 혹은 인식적 문제에 관해서는 대체로 정합론적 구도를 받아들인다. 그러면서도 그들은 의미의 설명 기반이 되는 것은 추론이라는 사회적 실천인데, 공적인 정합성은 그러한 사회적 실천의 핵심적인 본질이라고 주장한다. 진리에 기초한 의미 설명을 거부하는 것이다. 이처럼 추론주의자들은 믿음에 대해서는 정합론을 받아들이지만, 진리에 대해서는 정합론이 아닌 축소주의적 견해를 택한다. 4.1에서 살펴볼 대문장이론과 대용어이론이 추론주의자들이 선호하는 종류의 축소주의적 진리 이론이다.

> 진실의 가장 큰 적은 고의적이고, 작위적이며, 부정직한 거짓말이 아니라, 끈질기고 설득력 있고 비현실적인 신화인 경우가 많다.
>
> \- 존 F. 케네디

3.3 실용론(Pragmatic Theory of Truth)

진리 실용론은 19세기 말에서 20세기 초에 걸쳐 퍼스, 제임스, 듀이 등 일군의 미국 철학자들이 제시했던 진리 견해를 통칭한다. 그러나 이러한 분류는 무리한 면이 없지 않다. 진리를 바라보는 세 철학자의 견해 사이에는 여러 중요한 측면에서 차이점이 존재하기 때문이다. 심지어 진리 실재론과 반실재론이 "실용론"이라는 간판 아래 동거할 정도이다. 그도 그럴 것이, "진리는 실재를 기술하지 않는다."와 "진리란 참을 어떻게 쓰는가에 대한 우리의 실천적 관심으로 정의된다."는 서로 독립적인 논제이다. 실용론이라는 분류가 가져오는 또 하나의 혼란은, "실용론"과 "도구주의"가 같은 용어로 자주 오해받는다는 점이다. 그러나 진리가 삶의 유용한 도구라는 표어로 진리 실용론이라는 사조를 특징짓는 것은 적절하지 않다. 왜냐하면 진리가 실천의 유용한 도구라는 주장은 실용론자들만의 전유물이 아니기 때문이다. 고대 그리스의 철학자들부터 프랜시스 베이컨을 비롯한 근대 계몽주의 철학자에 이르기까지 진리가 지닌 도구적 유용성은 일종의 철학적 상식과도 같은 것이었다. 비록 일부 실용론자들이 도구주의적 시각을 가지고 있었음은 사실이나, 그러한 시각을 실용론을 관통하는 핵심이라고 단순하게 받아들이는 것은 실수이다.

흔히 실용론에 속한 견해들은 다음과 같은 조악한 논제로 뭉뚱그려 제시되곤 한다.

> (PT) 믿음이 참이라면 그리고 오직 그 경우에만, 그 믿음에 기초한 실천은 실용적으로 좋다.

하지만 PT는 수많은 반론에 직면하는 엉성한 논제이다. 한편으로, '실용적으로 좋음'의 기준이 상이할 수 있다. "우리는 유일신에게 선택된 민족이다."라는 믿음은 유대 민족에게는 실용적 유용성을 지니지만 다른 민족들의 관점에서 보면 아무런 의미도 없는 믿음이다. 무엇보다도 우리에게 실용적으로 유용함을 가져다주는 믿음들은 무슨 까닭에서 그러한 유용성을 지니는가? 실용적 유용성이 순전히 우연에 의해 결정된다고 생각하기는 어렵다. 그보다는 그 믿음이 세계에 대한 올바른 그림을 그리기 때문에 다시 말해 그 믿음이 참이기 때문에 그 믿음에 기초한 실천이 실용적 성공을 가져다준다고 보는 것이 더 개연적인 설명이다. 만약 그렇다면, PT는 순환적 정의라는 비판을 피하기 어렵다. 거꾸로, 세계를 정확하게 표상하지 않더라도 실용적으로 도움이 되는 견해들도 있다는 것은 문제를 더 복잡하게 만든다. 예를 들어 프톨레마이오스 천동설은 거짓인 믿음으로 구성된 체계였지만 2000년 이상 천문 예측 등에서 실용적으로 유용했다. 하지만 프톨레마이오스 천동설은 엄연한 거짓이다. 프톨레마이오스 천동설이 태양계에 대한 사실을 올바르게 표상하지 않기 때문이다. 다시 말해, 만약 어떤 믿음이 세계를 정확히 표상한다면 그 믿음에 기초한 실천이 실용적 성공으로 이어질 수 있지만, 그 역이 언제나 성립하는 것은 아니다. 비록 모든 진리가 세계에 대한 표상으로 정의될 수는 없어도, 진리의 상당히 많은 부분이 세계에 대한 표상에 기초한다는 것은 부인하기 어렵다. PT는 애당초 받아들일 수 없는 논제에 불과한 것이다. 이렇듯 진리 실용론은 PT라는 논제로 단순화될 수 없는 견해이다.

그렇다면 실용론의 주장은 무엇인가? 필자는 실용론의 공통 논제를 다음의 셋으로 규정한다. 첫째, 진리는 우리의 사고 혹은 더 일반적으로는 인식적 활동에 기반한다. 둘째, 우리의 사고를 구성하는 개념은 오직 실천을 통해서만 확보될 수 있거나 혹은 유의미할 수 있다. 셋째, 그러한 실천은 현실에서 특정한 개인이나 집단이 행하는 실천에만 국한되지는 않으며 이상화된 상황까지 포괄한다. 물론 이러한 세 논제는 여전히 불분명하며 다양하게 해석될 여지가 있다.

예를 들어, 제임스는 참인 믿음을 우리의 목적 달성에 잘 이바지하는 믿음으로 정의한다. 그의 지도의 유비는 이를 보여준다. 참된 지도는 길을 잘 찾게 해 주는 지도이지 실제 지형을 정확하게 재현하는 지도가 아니다. 제임스가 다른 진리 이론가들과 두드러지게 다른 점은, 진리를 종착점이 아닌 경유지로 간주했다는 점이다. 그에 따르면 관념의 참은 우리의 목표 달성을 위해 계속 '조정'될 수 있다. 이러한 임의성은 일견 "참"이라는 말의 의미를 과도하게 왜곡하는 것처럼 보인다. 그러나 관념의 참이 목적을 위해 조정될 수 있다는 제임스의 주장은 영점 사격에서의 크리크 조정과 비슷한 과정으로 이해하는 것이 더 적절하다. 즉, 진리가 목표 달성의 과정이라는 주장과 진리가 우리의 임의대로 정해질 수 있다는 주장은 같은 주장이 아니다. 이를 보이기 위해 제임스는 진리를 속성 '부유함'과 유비한다. 부유함은 누군가의 삶에서 벌어지는 구체적인 사실들이 가지는 특징을 가리키는 이름일 뿐 그 사람에게 내재된 탁월함이 아니다. 그 사람의 삶에서 나타나는 구체적 사실들이 그의 부유함을 결정하는 것이지 그 사람 자체가 부유함이라는 속성을 가지는 것은 아닌 것이다. 마찬가지로 진리 속성도 관념이 본래적으로 지니는 그런 속성이 아니라 관념이 우리의 삶에서 수행하는 역할을 통해 드러나는 것이라고 제임스는 주장한다. 다만 그러한 역할과 절차는 삶 속에서 가변적이기에 진리가 어떤 속성인가 또한 가변적일 수 있다. 관념 자체가 참이거나 거짓인 것이 아니라, 그 관념이 사건 혹은 과정 속에서 "참인 것이 된다"는 그의 주장은 이러한 생각을 집약한다. 이러한 측면에서 제임스는 뒤에서 살펴볼 퍼스와 달리 진리 반실재론의 성격을 뚜렷이 드러낸다. 제임스의 진리 이론이 가지는 또 하나의 특징은 정합론과의 접목이다. 그는 참인 관념이 되기 위한 조건으로 그것이 기존의 관념들과 조화되어야 한다는 요구를 추가한다. 이 추가 조건은 단순히 실천에서 도움이 된다고 해서 무차별적으로 참인 관념으로 편입되는 것을 막는 역할을 한다. "나에게 수호천사가 있다."와 같은 관념을 지닌 사람은 매사에 용기와 과감성을 지니고 임할 것이기에 분명 그의 실천에서 유용함을 줄 수는 있지만, 그것은 우리가 신뢰하는 근대과학의 믿음 체계와 조화되지 않으며 따라서 그러한 관념은 참인 것으로 분류되지 않는다. (James, 1907)

또 다른 실용론자인 듀이의 진리 이론은 교육, 민주주의, 시민사회에 이르는 그의 광범위한 철학 체계의 근간을 형성하는 등 적용의 범위가 더 넓다. 그의 관심은 우리가 어떤 관념을 주장할 보증을 얻을 조건이 무엇인가이다. 듀이에 따르면 그 조건은 그러한 관념을 도구로 활용하여 문제 해결에 성공한다는 것이다. 이 때문에 그의 진리 견해는 '진정한 의미에서의' 도구주의로 불린다. 의심스럽고 불확실한 상황에 맞닥뜨렸을 때 우리는 가설을 설정한다. 즉, 우리는 관념을 가진다. 그 가설에 기초한 실천이 가져오는 실패 또는 성공의 결과에 따라서 그 관념의 참/거짓이 결정되는 것이다. (Dewey, 1910) 가설의 설정, 그리고 그 가설에 따른 시도의 실패 또는 성공은 대단히 맥락 의존적이며, 그런 측면에서 듀이의 진리 견해는 제임스의 견해와 더불어 반실재론적 입장을 공유한다.

현대의 대표적인 진리 실용론자로는 퍼트넘과 로티가 꼽힌다. 둘은 각각 실재론과 반실재론의 입장에 속하는데, 이는 '진리 실용론'이라는 표제가 많은 이들의 선입견과는 달리 반실재론의 하나로 단순하게 분류될 수 없다는 것을 보여준다. 로티는 의미에 대해 후기 비트겐슈타인의 언어 게임 이론과 콰인의 번역 불확정성 논제를 수용한다. 개별 표현의 의미 귀속은 불확정적일 수밖에 없으므로 그 표현이 속한 언어에 전체론적으로 의존하며, 또한 언어 사용의 규칙은 명시적으로 제시될 수 없으며 그저 개별 맥락 안에서의 사용 실천만이 있다는 것이다. 의미에 대한 이러한 전제를 바탕으로 로티는 진리에 대한 전통적인 견해인 표상적 구도의 거부로 나아간다. 우리가 만약 실재를 표상함으로써 진리를 확보하려 한다면 그 표상의 수단은 우리의 언어일 수밖에 없다. 하지만 언어의 맥락 의존성은 객관적 실재에 대한 표상이라는 기능을 가로막는다. 그러므로 진리는 각각의 언어 표현이 사용되는 현실 상황에서의 맥락과 목적에 따라 실용적 기준으로 결정될 수밖에 없다는 것이다. 이러한 로티의 반표상주의는 진리와 정당화 사이의 구분의 거부를 함축한다. 그에 따르면 진리와 정당화는 무엇을 해야 하는가와 같은 실천적 결정의 문제에서는 아무런 차이도 낳지 않는다. 따라서 그는 진리와 정당화 사이의 명확한 구획을 확립하려 애써 온 철학의 논의들은 모두 공허하며 궁극적으로는 철학에서 몰아내야 한다고 주장한다. 나아가 로티는 자신의 철학이 문화 상대주의 그리고 더 일반적으로 수용되는 사회적 가치인 관용에 대한 정초로까지 확장될 수 있다고 주장한다. (이유선 2003) 이러한 로티의 반실재론적 철학과는 대조적으로 퍼트넘의 견해는 실재론에 좀 더 가깝다. 퍼트넘의 진리 이론은 퍼스의 이론과 연결하여 살펴볼 필요가 있는데, 퍼트넘 스스로 인정하듯 그의 내재적 실재론은 퍼스의 실재론적 실용주의 철학에 뿌리를 두고 있기 때문이다.

퍼스에 관한 논의는 그가 진리 실재론자라는 점을 분명히 하는 것에서부터 시작해야 한다. 실용주의 즉 "프래그머티즘"이라는 이름을 처음 내세운 철학자는 제임스였다. 그런데 당시 많은 이들이 퍼스의 견해를 제임스의 반실재론적 진리관과 비슷한 것으로 오해했기 때문에 퍼스는 자신의 견해가 제임스의 것과 다르다는 것을 드러내기 위해 자신의 이론을 "프래그머티시즘(pragmaticism)"이라 명명했다고 전해진다. 퍼스는 실재가 우리의 생각에 영향을 받지 않으며 진리 또한 우리의 의견이나 생각으로부터 독립적이라고 명시적으로 밝힌다. 비록 우리의 실천이 진리와 밀접한 관련이 있기는 하지만 우리의 실천은 어디까지나 객관적 진리에 도달하기 위한 과정에 불과하다는 것이다. 퍼스는 진리를 과학적인 공동체 안에서 모든 과학자들이 장기간의 탐구 끝에 공동으로 도달하는 결론으로 정의한다. 여기서 "과학자"란 자연과학이라는 특정한 학문 영역에 종사하는 사람들을 가리키는 말이 아니라 과학적 방법을 쓰는 사람들을 넓게 아우르는 그의 용어이다. 과학적 방법을 따르는 충분히 장기간에 걸친 탐구의 결론은 결국 한 점으로 수렴할 수밖에 없다고 퍼스는 생각하였다.

퍼스가 실천과 결과에 기초한 실용주의 원칙을 일차적으로 적용하는 분야는 진리가 아닌 의미에 관한 이론이다. 의미에 대한 그의 이론은 "믿음을 고정하기(fixation of the belief)", 혹은 우리의 관념을 어떻게 명료화할 것인가를 다룬다. 그의 요지는 실천에서의 차이가 없으면 의미에서의 차이도 없다는 것이다. 친숙한 예를 들어 보자. '딱딱하다'는 관념은 '만약 내가 이 물체를 긁는 실천을 하면 흠이 나지 않는다는 결과를 낳을 것이다'와 같은 실천에 기초하여 주어진다. 퍼스의 용어 "실용주의 원칙"은, (진리가 아니라) 개념은 우리가 그 개념을 명제 등에 적용했을 때 얻어지는 경험적 그리고 실험적 결과들에 의해서 규정된다는 원칙을 가리킨다. 이처럼 관념이 실천적 결과에 의해 명료화된다는 주장이 퍼스를 실용론 철학자로 분류하는 주된 근거로 채택되곤 한다. 그러나 이와 달리 진리에 대한 그의 견해는 사뭇 미묘하며, 의미에 관한 그의 실용론적 입장을 진리에 그대로 적용하기는 곤란하다. 물론 의미와 진리는 밀접하게 연결되므로 의미에 대한 그의 실용론적 견해는 진리에 대한 견해로부터 완전히 단절되지는 않는다. 퍼스의 진리관의 두 핵심은 진리 실재론, 그리고 세계에 대한 표상적 인식 구도의 거부이다. <부엌의 테이블 위에 붉은 표지의 책이 있다>를 예로 들어 보자. 이 명제가 참이라는 것은, 어떤 잠재적인 상황에서 이 명제에 대한 우리의 믿음은 우리를 부엌으로 가서 테이블 위를 살펴보고 그 위에 놓인 책이 붉은 책임을 경험으로 확인하도록 이끌며, 우리는 그렇게 함으로써 그 명제가 참임을 검증할 수 있다는 것으로 정의된다. 이 대목에서 우리는 한 가지 미묘한 지점을 포착해야 한다. 퍼스에 따르면 <부엌의 테이블 위에 붉은 표지의 책이 있다>의 의미도 그리고 그것의 진리도, 이 명제가 부엌의 테이블 위에 붉은 표지의 책이 있는 세계 모습에 대한 표상에 기초하지 않는다. 그럼에도 불구하고 <부엌의 테이블 위에 붉은 표지의 책이 있다>는 세계의 객관적 모습 '때문에' 참이 된다. 여기서 '때문에'는 표상이나 대응을 나타내는 것이 아니라, 앞서 서술한 것과 같은 실천을 통한 경험적 검증을 나타낸다. 앞서 언급했듯 의미와 진리는 밀접히 연결된다. 퍼스는 기호의 의미와 세계 사이의 관계를 대응의 구도가 아니라, 그 기호를 이용해서 세계 내의 대상들에 대한 새로운 경험적 발견을 할 수 있다는 구도로 이해한다. 다시 말해, 표상적 구도의 거부는 의미와 진리 모두에서 나타나는 것이다. 다만 표상적 구도의 거부가 객관적 실재의 거부로 이어지지는 않는다는 점은 거듭 강조할 필요가 있다. 이처럼 퍼스의 진리론을 실용론으로 분류하는 것이 잘못된 것은 아니지만, 그렇다고 해서 그의 진리 견해를 "진리는 우리의 실천적 결과이다."와 같은 지나치게 단순화된 논제로 옮기는 것은 부적절하다. (Peirce, 1877)

객관적 진리에 대한 긍정으로서의 실재론, 그리고 세계에 대한 표상적 구도의 거부라는 퍼스 진리론의 두 기둥은 퍼트넘의 내재적 실재론으로 계승된다. 내재적 실재론에 따르면 진리는 어떤 의미에선 상대적이지만, 그것은 개인이나 시점에 따라 상대적이라는 것을 의미하지는 않는다. 퍼트넘의 핵심은 진리는 그것과 관련된 언어 그리고 사고의 도식 전체에 대해 상대적이라는 것이다. 언어와 사고 체계가 완전히 달라지면 진리도 달라진다는 점에서, 진리는 사고 도식에 내재한다. 퍼트넘은 진리를 '이상화된 합리적 주장가능성'으로 정의한다. 이 정의가 실재론에 속하는 이유는 '이상적'이라는 단서 때문이다. 이상화된 합리적 주장가능성은 하나의 점으로 수렴할 것이기 때문에 그러한 수렴점이 세계 내에 실제로 존재한다는 것이다. 이 가설은 분명 퍼스의 영향을 짙게 풍긴다.

퍼트넘이 반대하는 것은 형이상학적 실재론이다. 형이상학적 실재론은 다음 세 가지 논제로 구성되는데, 진리는 실재와의 대응이라는 것, 심성-독립적인 대상들의 고정된 총체가 존재한다는 것, 세계에 관해

단 하나의 참인 기술이 존재한다는 것이 그것이다. 형이상학적 실재론에서는 실용적 측면에서 이상적인 이론조차도 거짓일 수 있다. 하지만 그러한 견해는 비일관적이라고 퍼트넘은 비판한다. 그것은 우리가 통 속의 뇌이면서 "나는 통 속의 뇌이다."를 참되게 믿는다는 것이 비일관적이라는 것과 같은 논거에 의해 논파된다. 형이상학적 실재론과 달리 내재적 실재론은 언어가 아닌 화자가 세계를 표상한다고 본다. 퍼트넘은 내재적 실재론의 예로 수학에서의 직선을 든다. 한 해석에서 직선은 점이라 불리는 무한히 많은 부분을 가진다. 다른 해석에서 점과 같은 것은 존재하지 않으며 직선을 이루는 모든 부분은 연장성을 가진다. 두 해석 중 어느 것이 직선에 관해 참된 해석인가? 퍼트넘의 대답은, 같은 용어가 각각의 이론에 내재적으로 서로 다른 실재에 사상(mapping)된다는 것이다. 이는 마치 지구가 다른 투영법에 의해 지도로 그려질 수 있는 것과 같다. 둘 중 어느 투영법이 실제 지구를 올바르게 표상하느냐는 질문은 무의미하다. 두 투영법 모두 각각의 이론에 상대적으로 참되기 때문이다. 서로 다른 두 투영법으로 지도를 그리는 두 지도제작자는 각각 참되게 세계를 표상한다. 따라서 퍼트넘의 내재적 실재론에서는 소박한 수준에서의 상대주의는 위협이 되지 않는다. 퍼트넘이 반대하는 것은, 우리의 언어 사고 도식을 벗어난 진리가 초월적으로 존재한다는 생각이다. 퍼트넘은 이러한 생각을 논박하기 위해 이른바 "모형 이론적 논증"을 제시한다. 무한한 크기의 실제 세계가 있고, 그 세계에 대한 이론 T가 있다고 하자. T는 인식적으로 요구되는 모든 덕목을 만족하는 이상적인 이론이다. T는 이상적인 이론이므로 일관적이며 따라서 모형 즉 T의 모든 문장들이 참인 해석을 가진다. 모형 이론의 정리에 따라, T의 모형 중에는 실제 세계와 크기가 일치하는 모형도 있을 것이다. 그 모형을 M이라고 하자. M과 세계의 부분 사이에는 일대일 대응 관계가 성립한다. 그 관계를 SAT라고 하자. 이 관계하에서, T는 세계에 대한 참된 이론이라고 할 수 있다. 이 진술을 TRUE(SAT)라고 표현하자. 퍼트넘에 따르면, 형이상학적 실재론은 TRUE(SAT)가 성립하지 않을 수 있다는 주장에 해당한다. SAT에 의해서 T의 모든 문장이 참이 된다고 하더라도 그 문장들이 '정말로', 다시 말해 형이상학적 실재론에서 가정하는 것과 같이 초월적으로, 참이 아닐 수도 있다는 것이다. 형이상학적 실재론의 그러한 주장이 옳다면 T가 '정말로' 참된 이론이 되기 위한 (즉, M이 의도된 해석이 되기 위한) 추가 조건이 있을 것이다. 그러나 우리의 가정에 의하면 T는 이상적인 이론이므로 그러한 추가 조건은 없다. 따라서 형이상학적 실재론은 반박된다. 이러한 논증에 대해 아마도 형이상학적 실재론자들은 이상화된 이론이라는 논증의 조건이 이미 논점을 선취하고 있다고 비판할 것이다. 그러나 내재적 실재론자는 논점을 선취하는 쪽은 오히려 형이상학적 실재론자라고 대칭적으로 응수할 수 있다. 이상화된 이론 바깥의 초월적 대응 관계에 대한 존재 진술을 내세우는 쪽은 형이상학적 실재론자들이기에 입증의 책임은 그들에게 있다고 보는 것이 공정하다. (Putnam, 1976) 그러나 루이스(Lewis, 1984)나 데빗(Devitt, 1984) 등이 비판하듯이, 퍼트넘의 논증은 형이상학적 실재론에 대한 결정적인 논박은 되지 못하는 것 같다. 그들이 퍼트넘을 비판하는 요지는, 일대일 대응 관계와 참된 지칭 관계는 다르다는 것이다. 우리가 실제로 세계에 대해서 가지고 있는 이론들의 참/거짓을 전혀 변경하지 않으면서 용어 "고양이"가 버찌를 지칭하는 그런 대안적인 모형을 구성하는 것은 아마도 가능할 것이다. 하지만 그런 모형이 있다는 논리적 증명이 중요한 것이 아니다. 진리의 문제에서 중요한 것은, 진리가 세계와 언어 사이의 상호 작용에 바탕을 두어야 한다는 것이다. 필자의 견해로는, 무척 흥미롭게도 이 지점에서 우리는 아리스토텔레스로 다시 돌아오게 된다. 아리스토텔레스가 지적했듯, <모든 군인은 남자이다>와 같은 판단의 참/거짓이 판단되기 위해서는 먼저 세계 내에 존재하는 군인, 남자 등에 대한 참된 인식적 파악이 선행되어야 한다. 그리고 루이스와 데빗이 지적하듯 이는 "군인", "남자" 등의 용어에 의미를 할당하는 것과는 별개인 사안이다.

이상화된 탐구의 수렴점이라는 퍼스 그리고 퍼트넘의 용어법이 문제를 일으키는 지점은, 그것이 '마찰이 없는 평면'과 같은 단순한 개념적 도구가 아니라는 데 있다. 그들은 초월적 형이상학을 거부하려 했지만, 정작 그들이 생각하는 이상화된 탐구의 수렴점은 우리의 실제 능력 범위의 바깥에 위치하며, 게다가 대담하게도 실재한다고 가정된다. 이러한 우려는 진리 실용론을 바라보는 철학자들의 의문을 집약한다. 진리를 '세계에 대한 올바른 그림 그리기'로 정의하는 것은 확실히 무리일지 모른다. 하지만 그렇다고 해서 우리가 그린 그림을 세계에 대한 올바른 그림이라고 가정하는 것이 과연 허용될 수 있을까? 다른 말로 하면 '이상적 탐구의 도달점'이 정말로 '진리 그 자체'라고 우리는 어떻게 처음부터 장담할 수 있는가? 아마도 실용론자들은 그러한 질문들이 무의미하다고 대답할 것이다. 그러한 질문은 처음부터 형이상학적 실재론의 구도를 선행적으로 가정하고 있다는 것이다. 그러나 동전이 들어 있는 박스를 영원히 열어볼 수 없다고 해서 그 박스 안의 동전이 앞면인가 뒷면인가를 묻는 것이 무의미한 질문이라고 할 수는 없다. <그 동전은 앞면이다>의 참/거짓은 분명 박스 안에 존재하는 동전의 상태에 의해 결정된다. 이 점에서 퍼스와 퍼트넘의 이론은 내적 긴장을 지니는 듯 보인다.

퍼스의 이론에는 “객관적 관념론”이라는 일견 형용모순처럼 보이는 용어가 자주 등장한다. 아무리 이상화된 것으로 가정되더라도, 합리적 주장가능성 그리고 과학자 사회의 이상적 탐구의 도달은 근본적으로 우리의 인식 활동의 산물이다. 그러한 활동의 종착점으로서의 진리 지향점이 실재론적이라는 가정에는 추가적인 해명이 필요해 보인다. 진리가 우리의 인식 활동에 의해 발견된다는 주장과 세계는 인간의 정신과 독립적인 질서에 의해 구성된다는 주장을 조화시킨다는 것은 만만치 않은 철학적 도전이다.

진리를 말한다는 것은 혁명적인 일이다.

- 안토니오 그람시

3.4 일상 언어와 진리: 오스틴과 스트로슨

20세기 초에 등장한 이론들과 오늘날의 이론들 사이에는 100년 가량의 시간적 간극이 있다. 그 간극의 시기에 언어철학에서는 일상 언어학파가 발흥했는데, 자연스럽게 진리에 관한 탐구도 일상 언어에 대한 접근과 연계되어 진행되었다.

앞서 3.1에서 살펴본 것처럼 대응론은 언어와 세계 사이의 연결을 해명해야 한다. 그리고 그 연결은 언어적 규약을 구성 요소로 포함한다. 그렇기에 대응론자들이 일상 언어 사용의 규약적 성격에 주목한 것은 놀라운 일이 아니다. 이에 해당하는 철학자는 오스틴이다. 일상 언어의 수행적 성격에 대한 그의 관심은 그의 대표 저서의 제목인 『말로 행위를 하는 법(How to do things with words)』에서도 알 수 있다(국내에는 『말과 행위』라는 의역된 제목으로 번역된 바 있다). 오스틴은 우리가 문장을 발화하는 행위를 할 때 그러한 행위가 무언가를 수행하는 행위라는 점에 주목한다. 예를 들어 지금 막 외출하려는 동료에게 "밖에 비가 거세게 내리고 있다."라고 발화했다고 하자. 이 경우, 화자는 동료에게 폭우에 대비하도록 경고하고 우산 등을 챙겨 나갈 것을 권유하는 것을 의도한다. 화자는 그 문장을 발화함으로써 동료를 향해 경고하는 행위를 수행하는 것이다. 이처럼 발화를 함으로써 수행되는 약속, 경고, 지시, 비난 등의 행위들을 오스틴은 발화 수반 행위라고 부른다. "약속한다" 또한 비슷한 예이다. 내가 "나는 너에게 내일 1만 원을 주기로 약속한다."라고 발화했다고 하자. 나는 이 발화 행위를 함으로써 상대방에게 내일 1만 원을 주기로 약속하는 행위를 하는 것이다. 하지만 나는 그에게 내일 1만 원을 주어야 할 어떠한 마땅한 이유도 없다고 하자. 그런 경우, 나의 약속 행위는 부적절하다. 뚜렷한 이유도 없이 누군가에게 내일 1만 원을 주겠다고 약속하는 것은 어리석은 짓이다. 하지만 그렇다고 해서 나의 약속 행위가 '거짓'인 것은 아니다. "문을 닫아라."라는 명령문이나 "앗, 뜨거워!"와 같은 감탄문과 같은 일상적인 수행문이 그렇듯이, 발화 수반 행위에는 적절함과 부적절함이 있을 뿐 참/거짓은 없다. 그런데 오스틴은 진술도 발화 수반 행위에 포함된다고 말한다. "밖에 비가 거세게 내리고 있다."라는 문장을 발화함으로써 바깥의 기상 상황을 동료에게 진술하는 것을 의도하는 경우에도, 같은 문장을 발화함으로써 동료에게 경고를 하는 것을 의도하는 경우와 근본적인 차이는 없다는 것이다. 하지만 경고와 같은 수행에는 참/거짓이 없지만 진술은 다른 발화 수반 행위와 달리 참/거짓이 귀속된다. 이 차이는 어떻게 설명될 수 있는가?

오스틴의 답변은 대응에 호소하는 것이다. 다른 발화 수반 행위와 달리 진술은 세계 모습과의 대응이라는 성격을 포함한다. 그러나 3.1에서 본 것처럼 전통적인 대응론에서 받아들이는 대응 관계는 닮음의 관계로 보더라도, 구조적 동형의 관계로 보더라도, 난관에 봉착할 수밖에 없었다. 이에 오스틴은 대응을 언어적 규약의 관계를 통해 이 난관을 극복할 것을 제안한다. 언어와 세계를 연결하는 규약에는 기술적 규약과 지시적 규약이 있다. 기술적 규약은 세계에서 나타나는 상황이나 사물,

사건 등의 유형과 말을 연결하는 규약이다. "밖에 비가 거세게 내리고 있다."라는 말과 밖에 비가 거세게 내리고 있는 기상 상황의 유형을 연결하는 규약이 그 하나이다. 지시적 규약은 세계에서 나타나는 상황, 사물, 혹은 특정한 시간과 장소에서 발생한 사건 등을 말과 연결시키는 규약이다. 두 규약 사이의 핵심적 차이는, 지시적 규약은 사물과 언어를 연결하는 규약인 반면 기술적 규약은 사물의 유형과 언어를 연결하는 규약이라는 점이다. 내가 지금 이 발화 상황에서 말하는 "비"와 그 발화가 이루어지는 장소에서 내리고 있는 비 사이를 연결하는 규약은 지시적 규약이다. 반면에 다른 누군가가 다른 상황에서 똑같이 "밖에 비가 거세게 내리고 있다."고 발화할 때 그가 말한 "비"와 내가 여기서 말한 "비"를 같은 자연 현상 유형과 연결하는 규약이 기술적 규약이다. 그런데 진술이 참이 되려면 두 규약이 부합해야 한다. 내가 어떤 발화 에피소드에서 "밖에 비가 거세게 내리고 있다."고 진술했고 그 진술이 참이라고 하자. 이 진술이 참이기 위해서는 우선 나의 말이 바깥의 특정한 사실을 지시해야 한다. 나아가 그 지시는 언어 공동체 내의 다른 화자들도 공유하는 언어적 규약을 따라야 한다. 다시 말해, 다른 사람들도 같은 유형의 기상 현상에 대해서 같은 표현을 연결시키는 그런 규약을 따라야 한다. 이를 바탕으로, 오스틴은 참을 다음과 같이 정의한다.

(AT) 지시적 규약에 의해서 진술과 연결되는 역사적 사태가 그 진술을 하기 위해 사용되는 문장이 기술적 규약에 의해 연결되는 타입일 때, 그 진술은 참이다.

아주 단순화시켜서 말하면, 내가 말한 "밖에 비가 거세게 내리고 있다."와 연결되는 사실이, 다른 사람들도 똑같은 문장 "밖에 비가 거세게 내리고 있다."를 써서 연결시키는 것과 같은 유형의 사실이기 때문에 이 발화 에피소드에서 내 진술이 참이라는 것이다.

오스틴의 제안은 한 가지 흥미로운 귀결을 낳는다. 오스틴은 진술의 참/거짓은 어떤 상황에서 어떤 행위를 수행하는가에 달린 문제라고 주장한다. 진술도 다른 발화 수반 행위와 마찬가지로 어떤 목적을 위해 행해진다. 그러므로 "참", "거짓"에도 청자를 향한 목적과 의도에 비추어 적절한 것과 그렇지 않은 것이 있게 된다. 오스틴 자신이 드는 예는 "프랑스는 육각형이다."라는 진술이다. 프랑스 지도를 보면 얼추 육각형 모양으로 생기기는 했지만, 똑 부러지는 육각형은 당연히 아니다. AT를 기준으로 삼아 그 진술 행위의 참/거짓을 가르는 것은, 청자가 군인인지 지리학자인지에 따라 달라진다는 것이다.

오스틴의 정의 AT에는 두 가지 전제가 깔려 있다. 첫째로, AT는 진술과 사실 사이의 구분을 전제한다. 오스틴은 사람들이 자주 진술과 사실을 혼동한다고 지적하면서, 이는 마치 "코끼리"라는 말이 코끼리라는 동물과 다르다는 것과 유비한다. 그러면서 우리는 "코끼리"라는 말은 정의할 수 있지만 코끼리를 정의할 수는 없다고 말한다. 사실과 진술 사이의 이러한 구분은 AT가 대응론적 진리 정의라는 것을 뒷받침하는 근거에 해당한다. 둘째로, 오스틴은 말과 사물 사이의 연결은 "절대적으로 그리고 순수하게 규약적"이라고 단언한다. 그 할당은 완전히 자유로우며 어떠한 표상(mirroring)도 없다는 것이다. 그렇기에 전통적인 대응론을 괴롭혔던 대응 관계의 설정 문제는 해소되어 버린다. 어떤 말이 어떤 사실과 대응한다는 것의 기반은 우리의 자유로운 언어적 규약뿐이다. (Austin, 1950)

하지만 스트로슨은 그의 논문(Strawson, 1950)에서 오스틴이 사실과 진술을 구별한 것은 실수라고 비판한다. 앞서 언급했듯, 대응은 진술의 내용과 그 진술이 지향하는 사실 사이의 구분에 의존한다. 그러나 스트로슨에 따르면 사람들은 that-절이라는 문법적 장치 탓에 진술의 내용과 진술이 지향하는 사실이 별도로 있다고 착각하곤 한다. 스트로슨은 그 둘이 결국은 똑같은 진술로 만들어지며 실상 서로 같다고 지적한다. 진술을 참이게끔 만드는 것이 사실이라고 치더라도, 그러한 사실은 세계 내의 어떤 것이 아니라 바로 그 진술이 진술하는 것 자체라는 것이다. 또한 오스틴은 진리를 진술 행위에 적용하지만, 스트로슨은 참이 되는 것은 '내가 말함'이 아니라 '내가 말하는 것'이라는 점을 지적한다. 오스틴의 진리 정의는 진리를 발화된 것이 아닌 발화하는 행위에 무리하게 귀속시켰기 때문에, 많은 진술이 그 진술의 발화 에피소드를 특정할 수 없거나 아예 가지지 않는 경우에도 참이 된다는 것을 오스틴의 정의는 설명할 수 없다는 것이다. 스트로슨은 언어의 사용에 규약이 있다는 점에는 오스틴에 동의하지만, 그 규약은 진술이 참이 되기 위해 만족해야 하는 언어적 조건의 하나일 뿐이라고 선을 긋는다. 참인 진술에 의해 주장되는 것 자체가 무엇인지는 규약에 의해 결정되는 것이 아니다.

이처럼 스트로슨은 우리가 진술에 참을 귀속시킬 때 우리는 진술의 언어적 특징이나 화자의 올바른 행위에 참을 귀속시키는 것이 아니라고 비판한다. 우리는 진술에 의해 주장되는 무언가에 참을 귀속시키는 것이다. 그런데 스트로슨은 '진술에 의해 주장되는 무언가'가 사실과 실상 같다고 본다. 그러므로 결국 참이 귀속되는 것은 진술 행위가 아니라 사실이다. 이 지점만 놓고 보면 스트로슨은 4.3에서 다룰 진리 동일론과 의견이 흡사하며, 실제로 동일론자들은 스트로슨의 논문을 즐겨 인용한다. 하지만 정작 그가 내놓는 대안은 동일론이 아닌 진리 수행론(performative theory of truth)이다. 스트로슨은 진술이 주장하는 것과 사실 사이의 구별이 잘못이라는 전제로부터, 진리는 진술이 지니는 어떤 속성이 아니라는 결론으로 나아간다. 스트로슨의 결론은 대응론의 폐기로 이어진다. 그런데 오스틴의 대응론을 폐기한 스트로슨이 그 대안을 오스틴의 출발점이었던 발화 수반 행위에서 찾는다는 점은 흥미롭다. 어떤 표현을 발화함으로써 행위가 수행되는 많은 경우에서 발화된 표현은 that-절을 포함한다. 그러한 예로 스트로슨은 동의함, 반대함, 부정함, 기억을 되살림 등등의 수행을 꼽는다. that-절을 명시적으로 혹은 대명사를 통한 우회적 방법으로 포함하는 "참이다" 또한 이 범주에 포함된다. 스트로슨에 따르면 "참이다"가 수행하는 행위는, 오스틴의 주장처럼 진술 행위인 것이 아니라, 동의 행위이다. "p가 참이다."라고 발화하는 것은 p라고 발화한 화자에게 동의하는 행위를 수행하는 것이라는 것이다. 예를 들어 갑이 "설탕은 몸에 해롭다."라고 말했고 이를 들은 을이 "그것은 참이다."라고 말했다고 하자. 을은 "그것은 참이다."라는 발화를 통해 갑의 발화에 대한 동의하는 행위를 수행한다. 동의라는 행위는 곧 나의 주장과 너의 주장이 같다는 것을 승인하는 행위이다. 그러므로 을은 "그것은 참이다."라고 말함으로써 "설탕은 몸에 해롭다."라고 똑같이 발화한 셈이 된다. 그래서 스트로슨은 "그것은 참이다."는 "나는 그것을 승인한다."로 대체될 수 있다고 주장한다.

다소 허무하게도, 진리 수행론은 얼마 지나지 않아 스트로슨 본인에 의해 포기된다. 그 이유는 세 가지이다. 첫째로, 진리 표현이 단순히 그 명제에 대한 잉여적 승인에만 그치지 않는 발화 에피소드들이 있다. 순이가 1미터를 점프할 수 있는지 돌이가 처음에는 의심하고 있었지만 실제로 순이가 1미터를 점프하는 것을 보고서 "순이가 1미터를 점프한다는 것은 참이다."라고 발화하는 경우, 여기서의 "참"은 해당 명제에 더해서 돌이의 생각이 전환되었음을 추가로 표현한다. 둘째로, 일반화나 조건문 안에서 사용되는 진리 표현에는 수행론이 적용되지 않는다. 예를 들어, "만약 돌이가 수프에 독을 넣었다는 것이 참이라면 돌이는 살인자이다."에서 전건의 "참"은 이 조건문을 발화하는 화자의 동의를 표현하지 않는다. 셋째, 진리 술어가 수행적 역할을 하는 잉여적 표현이라는 것은 진리가 속성이라는 것과 양립불가능하지 않다. 화자가 진리 술어를 사용함으로써 동의하는 행위를 수행한다고 해서, 그가 그 명제가 참이라는 속성을 가진다는 것을 부인하는 것은 아니다. (Alston, 1996)

오늘날에는 오스틴과 스트로슨의 진리 이론이 더 이상 유통되지 않지만, 그들의 논쟁은 진리 이론가들이 아주 오랫동안 도외시했던 지점, 즉 "참이다."라는 일상 언어 표현의 실제 사용에 주목했다는 중요한 철학사적 의의를 지닌다. 언어 사용은 논리적 장치로 분석될 수 있으며 또한 그래야 마땅하지만, 그럼에도 우리의 일상 언어 사용에는 논리적 분석만으로는 담아낼 수 없는 측면들이 있다는 점을 간과해서는 안 된다. "참"은 철학자들의 책상 위의 노트에 적힌 학술 용어가 아니라 우리가 일상에서 늘 흔하게 사용하는 표현이라는 사실을 놓쳐서는 안 되는 것이다. "참"의 일상적 사용에 대한 이러한 주목은 4장 이후 다룰 현대적 논의의 전개에서 더욱 심화되며, 특히나 4.2에서 다룰 실험 철학에 기반한 상식적 다원주의는 이를 극단으로 밀고 나간다. 그런 면에서 20세기 중반에 있었던 일상 언어 중심의 진리 이론 논쟁은 고전적 논의와 현대적 논의를 연결하는 가교로서 그 의의가 크다고 하겠다.

> 당신이 아주 끝내주는 거짓말쟁이가 아닌 한, 참을 말하는 것이 언제나 최선이다.
>
> \- 제롬 K. 제롬

3.5
의미론적 정의

노자 『도덕경』에는 "도가도 비상도(道可道 非常道)"라는 유명한 구절이 등장한다. 정확한 의역인지는 자신이 없지만, "도라고 말해질 수 있는 도는 진정한 도가 아니다." 정도의 뜻인 것 같다. 뜬금없이 노자를 인용하는 까닭은, 이 구절이 타르스키의 의미론적 진리 정의(Tarski, 1936)와 어설프게 유비가 되는 것 같아서이다. 그의 정의는 진리에 대해 아무것도 말하지 않았기에 오히려 진리에 대해 아주 많은 것을 말할 수 있었다.

타르스키의 정의는 "진리란 무엇인가?"에 대한 대답을 제공하지 않는다. 그것이 제공하는 것은, 주어진 형식 언어에서의 술어 "T"가 진리 술어로 정의되기 위한 의미론적 조건이다. 그러한 조건을 형식 언어에서 제공하는 것이 가능한 이유는, 형식 언어에서는 언어의 층위를 대상 언어와 메타 언어로 나누기 때문이다. 메타 언어는 대상 언어를 포함하며 대상 언어의 의미를 의미론적 역설을 일으키지 않는 방식으로 제공한다. 메타 언어와 대상 언어가 고정되어 있는 것은 아니다. 가령 어떤 대상 언어 L1의 메타 언어가 L2라고 하자. 만약 L2의 의미론을 제공할 수 있는 또 다른 언어 L3가 있다면 L2는 메타 언어 L3의 대상 언어가 된다. 하지만 이 모든 이야기는 형식 언어에서나 통하는 것들이다. 일상 언어에서는 대상 언어와 메타 언어가 같다. 영어의 의미는 영어나 한국어 등을 통해서 제공되며 한국어의 의미도 마찬가지로 영어나 한국어 등을 통해서 제공되기 때문이다. 철학자들이 관심을 가지는 "진리란 무엇인가?"는 우리가 말하고, 듣고, 이해하는 표현 "참이다"에 관한 것이지, 논리학자들이 인공적으로 만든 언어의 술어 "is T"에 관한 것이 아니다. 그래서 타르스키가 제시한 방법론은 철학자들의 관심과는 일견 무관해 보이기도 한다. 그러나 실상은 정반대이다. 그의 통찰은 팽창적 진리에서 축소적 진리에 이르기까지 진리에 관한 철학적 논의에서 폭넓게 적용될 뿐 아니라 수많은 이론들에 중요한 영감을 전달했다.

타르스키에 따르면 올바른 진리 정의는 실질적 적절성과 형식적 정확성의 두 조건을 만족해야 한다. 형식적 정확성이란, 진리 정의가 제시되는 언어는 거짓말쟁이 역설을 일으키는 "이 문장"과 같은 자기 지시적 표현들이 없는 의미론적으로 닫힌 언어를 규정하는 구문론적 규칙을 따라야 한다는 요구이다. 그래야만 대상 언어의 표현들이 메타 언어로 올바르게 번역될 수 있다. 실질적 적절성은 그 정의가 대상 언어에서 다음 도식의 정확한 예화인 T－문장들을 모두 도출할 수 있어야 한다는 요구이다.

(T-도식) 만약 p라면 그리고 오직 그 경우에만 "p"는 L에서 T이다.

동치 도식과 달리 T－도식에 포함된 진리 술어는 일상적인 "참이다"가 아니라 특정한 형식 언어에서 의미론적 역설을 피하는 방식에 따라 적용되는 인공적 술어이다. 그래서 술어 "T이다"는 특정한 언어 L의 술어로 제한된다. L은 진리 술어 T가 속하는 대상 언어를 가리키며, T－

도식의 예화들은 대상 언어가 아닌 메타 언어에 속한다. 좌변의 p는 대상 언어 표현 "p"에 대한 메타 언어에서의 번역 즉 의미 제공에 해당하며, 우변의 "p"는 T-도식의 예화라는 이 메타 언어 문장에서 사용되는 것이 아니라 언급되는 것이다.

메타 언어에서 T-도식의 예화들은 회귀적 방식으로 산출된다. 회귀적 방식이란 유한한 수의 규칙에 의해 잠재적으로 무한한 수의 결과를 도출하는 방식이다. 유한한 수의 규칙에는 이름의 지칭 그리고 술어의 만족에 관한 규칙이 포함된다. "그리고", "또는" 등의 논리 상항에 대한 규칙 역시 포함된다. 이를 통해 가장 단순한 닫힌 문장, 즉 자유 변항이 없는 문장에 대한 적형식(well-formed formula)이 정의되며, 그러한 닫힌 문장들을 가지고 그 언어에서 문법적으로 올바르게 만들어질 수 있는 적형식들에 대한 조합 규칙이 추가된다. 이를 통해 그 언어에서 만들어질 수 있는 잠재적으로 무한한 수의 닫힌 문장들에 대한 T-도식의 예화들이 얻어지게 된다.

그런데 T-도식의 예화들은 그 자체로는 사소해 보인다. 가령 "눈은 희다."가 참이라면 그리고 오직 그 경우에만 눈은 희다는 것에 그다지 놀라운 면은 없지 않은가? 이런 사소한 예화들이 어떻게 대상 언어 L의 진리 술어에 대한 부분적 정의라는 지위에까지 오를 수 있단 말인가? T-도식의 예화들이 사소해 보이는 것은, 메타 언어가 대상 언어의 의미를 제공한다는 중요한 전제를 우리가 간과하기 때문이다. 만약 이 전제가 없다면 "눈은 희다."라는 임의의 문자열이 눈은 희다는 것과 연결된다는 것은 오히려 놀라운 일이 될 것이다. 일반적으로, 동치 관계는 의미의 동일함을 보장하지 않는다는 점에 주의해야 한다. 다음의 관계는 모두 동치이지만 양변의 표현의 의미는 전혀 같지 않다. (Alston, 1996)

- 그 넥타이가 붉다면 그리고 오직 그 경우에만 그 넥타이는 붉음이라는 속성을 예화한다.
- 서울은 과천의 북쪽에 있다면 그리고 오직 그 경우에만 서울과 과천 사이에는 서울과 과천의 순서대로 북쪽에 있음이라는 관계가 성립한다.
- 전지한 존재가 설탕이 달다는 것을 안다면 그리고 오직 그 경우에만 설탕은 달다.

T-문장들은 지칭이나 만족 등 "눈은 희다."의 의미에 관한 것들에 대한 설명을 제공하지 않는다. 거꾸로 지칭이나 만족 등에 기초하여 올바른 T-문장들이 이끌어진다. 그렇기에 대상 언어의 의미가 인공적인 방식으로 사전에 주어져 있다고 암묵적으로 받아들이는 시각에서 보면 타르스키의 의미론적 정의는 사소해 보일 수밖에 없는 것이다.

타르스키의 정의는 대상 언어 문장에 대한 번역이 어떻게 대상 언어에서의 진리의 외연을 체계적으로 산출하는가를 보여준다. 지금까지 살펴본 진리에 대한 견해들과 달리 그의 의미론적 정의는 '의미'라는 요소를 바탕으로 진리를 정의한다는 점이 두드러진다. 언어에 대한 의미론으로부터 마치 기계가 자동으로 물건을 찍어내는 것처럼 진리 정의가 체계적으로 산출되는 것이다. 바로 이 특징이 타르스키의 정의가 여타의 진리 견해에서 폭넓게 적용되는 근원이다. 예를 들어, 4.1에서 살펴볼 축소주의에서는 대상 언어가 메타 언어에 포함된다는 전제를 받아들인다. 축소주의에서는 자연 언어의 의미론이 진리에 의존하지 않는 방식으로 이미 제공된 것으로 전제되므로, 동치 도식의 예화들은 인용부호를 떼어내는 것 이상의 의의를 가지지 않게 된다. 이를 바탕으로 축소주의자들은 진리는 아예 속성이 아니거나 설령 속성이더라도 철학적으로 흥미로운 속성은 아니라는 주장으로 나아갈 수 있는 것이다. 물론 축소주의자들의 주장은 진리 술어를 포함하는 언어의 의미론이 진리에 의존하지 않는 다른 방식으로 사전에 확보되었다는 것을 선행적으로 전제한다. 이 전제를 정당화하기 위해 축소주의자들은 대체로 사용 의미론에 호소하는 경향이 있다. 사용은 우리의 언어적 실천 즉 행위이므로 진리 개념에 의존하지 않기 때문이다. 비록 명제는 참이나 거짓일 수 있지만 사용 의미론자들은 언어적 사용 행태와 그 적절성이 명제의 참/거짓을 결정하는 것이지 그 역방향의 결정 관계가 성립하는 것은 아니라고 본다. 마찬가지로 축소주의자들은 사용에 기반한 의미론을 먼저 확립한 후, 그를 바탕으로 동치 도식의 예화들의 '의미'를 확보하고, 그로부터 진리를 사소한 지위로 격하시키는 전략을 택한다.

반면에 대상 언어가 메타 언어에 포함된다고 전제하지 않는 입장에서 바라보면 동치 도식의 예화들은 결코 사소하지 않다. 그러한 시각에서는 "눈은 희다."가 참이라면 그리고 오직 그 경우에만 눈은 희다는 것은 놀라운 발견일 수도 있다. 진리 조건적 의미론이 바로 이러한 입장에 해당한다. 진리 조건적 의미론자들은 사용 의미론과는 반대로 진리의 개념이 이미 확보되어 있다는 가정에 기초한다. 진리 조건적 의미론에서 진리가 의미를 제공하는 기초가 되기에 실체적인 속성으로 취급되는 것이 보통이다.

그렇다면 타르스키의 의미론적 정의는 어느 쪽인가? 타르스키 본인이 강조했듯, 그의 정의는 대응적이지도 않고 축소적이지도 않으며 형이상학적으로 완벽하게 중립적이다. 하지만 역설적이게도 바로 그렇기 때문에 두 극단의 견해 모두에 적용이 가능하다. 몇몇 주석가들은 타르스키의 정의를 아리스토텔레스의 고전적 정의에 대한 현대적 재구성이라고 해설하는데, 필자는 그러한 해설이 적절하지 않다고 생각한다. 2.1

에서 서술한 것처럼 아리스토텔레스의 진리론은 사실상 형이상학 이론의 연장이며 매우 풍부한 존재론을 함유하고 있다. 그에게 배중률과 모순율은 논리의 법칙이면서 동시에 존재함의 섭리였기에 그의 진리 정의 역시 존재에 대한 문제와 분리해서 생각할 수 없다. 이러한 성격은 형이상학적으로 검약한 타르스키의 진리 정의에 포함될 수 없는 것이다.

앞서 강조했듯, 타르스키의 의미론적 진리 정의는 진리를 바라보는 두 극단, 즉 진리를 축소적 개념으로 보는 견해와 팽창적 개념으로 보는 견해 양측에 의해 모두 활용된다. 그래서 타르스키의 이름은 진리와 관련된 맥락이라면 어디에서든 마주칠 수 있다. 이러한 폭넓은 범용성은 이후의 논의에서 거듭 확인될 것이다.

> 해로운 참이 유용한 거짓보다 낫다.
>
> - 토머스 만

3.6
원초적 진리

어떤 개념에 대한 정의는 정의되는 개념보다 더 분명하게 주어진 개념을 가지고 제시되어야 한다. 만약 그 개념보다 더 분명한 개념은 없다면 그 개념은 '더 이상의' 정의가 불가능하다. 이처럼 개념 사이의 정의 관계에서 가장 기초에 자리하는 개념을 원초적 개념이라고 한다.

진리를 원초적 개념으로 생각한 철학자는 의외로 많다. '의외'인 까닭은, 철학이 진리에 대한 탐구라고 흔히 일컬어지기 때문이다. 철학이 "진리란 무엇인가?"에 대한 답을 찾는 학문인데, 생각보다 많은 철학자가 그 질문에 대해 "답할 수 없다. 왜냐하면 우리는 다른 어떤 개념보다도 진리 개념을 가장 분명하게 가지고 있기 때문이다."라고 대답했다는 것이니, 놀랍다면 놀라운 일이다. 무어와 러셀, 그리고 콰인은 몇 차례의 견해 수정을 거쳐 결국 정의가 불가능하다는 쪽으로 기울었다. 비트겐슈타인 전공자들이 동의해 줄지는 모르겠지만 필자의 사견으로는 적어도 후기의 비트겐슈타인은 비슷한 생각을 가졌던 것 같다. 뚜렷하게 그리고 일관되게 이 견해를 공표한 가장 저명한 대가는 프레게와 데이빗슨일 것이다. 보다 근래에는 소사와 맥긴 등이 이에 동참했다.

그렇다면 왜 진리 개념은 정의가 불가능한가? 이를 보이는 논증으로는 프레게의 것(Frege, 1918)이 가장 널리 알려져 있는데, 어세이는 프레게의 논증을 변형하여 다음의 간단한 형태로 제시한다. 임의의 명제적 사고, 즉 사상 P에 대해서, 'P'는 곧 'P라는 것은 참이다'라는 사상이다. P는 임의의 사상이므로, 모든 사상은 진리 개념을 그것의 구성 요소로 가진다는 것이 도출된다. 그런데 우리가 진리 개념에 대한 정의항을 제시한다고 가정하자. 그 정의항은 또 다른 명제적 사고일 것이다. 그러므로 정의항 안에 다시 진리 개념이 구성 요소로서 포함될 것이다. 그 정의항의 구성 요소 개념을 다시 정의하려면 또 다른 명제적 사고가 동원되어야 한다. 이는 무한 퇴행으로 이어진다. 따라서 진리 개념은 또 다른 개념에 의해 정의되는 것이 불가능하다는 것이다. (Asay, 2021)

원초적 진리를 주장한 철학들 가운데 데이빗슨에 특별히 주목할 필요가 있다. 왜냐하면 그는 진리가 정의 불가능하다는 논제로만 그친 것이 아니라, 그를 바탕으로 수많은 건설적 논의를 끌어냈기 때문이다. 진리가 정의 불가능하다는 데이빗슨의 논증은 구조 자체는 간단하다. 그에 따르면 진리가 원초적이지 않다는 견해는 진리를 주관적 개념으로 보거나 객관적 개념으로 보거나 둘 중 하나이다. 주관적 진리 견해에 따르면 회의주의에 빠지게 된다. 객관적 진리 견해에 따르면 진리는 비인식적이기 때문에 믿음과 진리 사이의 자명한 관계가 차단당하게 된다. 따라서 진리는 원초적이라는 것이다. 이를 부분부분 뜯어보자.

객관적 진리 견해의 대표주자는 대응론이다. 대응론을 겨냥한 데이빗슨의 잘 알려진 논증은 "새총 논증(slingshot argument)"이다. 새총 논증이라는 이름은 바와이즈와 페리가 붙였는데, 상대적으로 간단한 논증이 중요한 견해를 쓰러트리는 것을 다윗이 돌팔매 하나로 거대한 골리앗을 쓰러트리는 것에 비유한 명칭이다. 추가로 이 논증을 처음 만든 사람은 데이빗슨이 아닌 프레게라는 점도 기억해 둘 만하다.

새총 논증은 두 개의 가정에서 출발한다.

a. 논리적으로 동치인 단칭 용어는 같은 지시체를 가진다.
b. 어떤 단칭 용어가 또 다른 단칭 용어를 부분으로 포함할 때 그 부분 단칭 용어를 같은 지시체를 지닌 다른 단칭 용어로 교체하더라도 전체 단칭 용어의 지시체는 바뀌지 않는다.

이제 진릿값이 같은 임의의 두 문장을 R과 S라고 하자. 그리고 다음의 (1) ~ (4)를 살펴보자.

(1) R
(2) '〈x=x〉이고 R'인 그런 x들의 집합 = '〈x=x〉'인 그런 x들의 집합
(3) '〈x=x〉이고 S'인 그런 x들의 집합 = '〈x=x〉'인 그런 x들의 집합
(4) S

(1)이 참이면 (2)도 참이다. (2)의 양변이 x들의 집합으로 같을 것이기 때문이다. 반면 (1)이 거짓이면 (2)도 거짓이 된다. 왜냐하면 그 경우 (2)의 좌변은 공집합이 되는 반면, 우변은 x들의 집합이 되기 때문이다. 따라서 (1)과 (2)는 논리적으로 동치이다. 같은 이유로 (3)과 (4)도 논리적으로 동치이다. 그러므로 (1)과 (2)는 전제 a에 따라서 같은 지시체를 가지며, (3)과 (4)도 마찬가지이다. 그런데 R과 S가 진릿값이 일치한다는 전제에 따라서, (2)에 포함된 단칭 용어 "'<x=x>이고 R'인 그런 x들의 집합"과 (3)에 포함된 단칭 용어 "'<x=x>이고 S'인 그런 x들의 집합"은 같은 지시체를 가진다. 그러므로 전제 b에 따라서 그 둘을 서로 교체하더라도 (2)와 (3)의 지시체는 바뀌지 않는다. 그러므로 (1) ~ (4)는 같은 지시체를 가진다. 이 논증에 "문장이라는 단칭 용어의 지시체는 그 문장의 진릿값이다."라는 전제를 추가하면, 모든 참인 문장은 같은 지시체(the True)를 가지며, 모든 거짓인 문장도 마찬가지로 같은

지시체(the False)를 가진다는 결론이 나온다. 여기까지는 문제가 없다. 하지만 "문장의 의미는 그것의 지시체이다."라는 전제를 추가하는 순간 문제가 발생한다. 이 경우, 모든 참인 문장은 동의적인 문장이라는 받아들일 수 없는 결론이 도출될 것이기 때문이다. 따라서 "문장의 의미는 그것의 지시체이다."라는 것은 거부되어야 한다. 바로 이 마지막 부분이 데이빗슨의 논지이다. (Davidson, 1967) 그런데 이 논증은 대응을 거부하는 논증으로 전환될 수 있다. 이번에는 "참인 문장의 지시체는 그것이 대응하는 사실이다."라고 가정해 보자. 이 경우, 전제 a는 "논리적으로 동치인 두 문장은 같은 사실에 대응한다."로 수정될 것이다. 이는 충분히 그럴듯한 전제이다. 두 문장이 있어서 어느 하나가 참이면 다른 쪽도 참이고 어느 하나가 거짓이면 다른 쪽도 거짓일 때, 두 문장이 서로 다른 사실에 대응한다고 말하기는 일견 힘들어 보인다. 이제, 임의의 참인 두 문장을 R과 S라고 하고 위의 논증을 처음부터 반복해 보자. 그러면 같은 논증 방식에 따라서 (1) ~ (4)는 모두 같은 사실에 대응하게 된다. R과 S는 둘 다 참이라는 것 외에는 어떠한 접점도 없는 문장임에도 불구하고 말이다. R과 S는 둘 다 '임의의' 참인 문장이므로, 우리는 모든 참인 문장은 같은 사실(the Great Fact)에 대응한다는 받아들일 수 없는 결론에 도달하게 된다. 따라서 "참인 문장의 지시체는 그것이 대응하는 사실이다."라는 전제는 거부되어야 한다.

다른 한편으로 주관적 진리 견해, 즉 진리가 우리의 인식에 의존한다는 견해의 예로 데이빗슨은 정합론 그리고 퍼트넘의 내재적 실재론을 든다. 진리가 인식에 의존한다는 견해가 지닌 가장 큰 문제는, 그 인식이 각자가 지닌 서로 다른 개념 틀에 의존한다는 것이다. 이는 우리가 서로의 마음을 이해하고 있다는 사실을 설명할 수 없게 만든다. 아울러 데이빗슨은 진리가 우리의 인식에 의존한다면 진리가 '상실'될 수 있다고 우려한다. 이는 주관적 진리 견해에 대해 자주 제기되는 비판으로서, 단순하게 말하면 '참이라는 인식'과 '참'은 불일치할 수도 있다는 우려이다. 이를 잘 보여주는 예시는 진리가 가진 한 가지 중요한 본성인 시간 독립성과 관련된다. 참인 명제가 지니는 참임이라는 속성은 시간에 흐름에 따라서 변하지 않는다. 하지만 참이라는 인식은 그렇지 않다. 예를 들어 <시저는 브루투스에게 살해당했다>는 명제는 시저가 브루투스에게 살해당한 시점에도 참이었고, 시저와 브루투스가 존재하지 않는 현재도 참이며, 앞으로 인류와 지구가 모두 사라진 후에도 여전히 참이다. 단지 그 명제의 참임을 인식할 주체가 존재하지 않을 뿐이다.

따라서 데이빗슨은 객관적 진리 개념과 주관적 진리 개념 모두가 거부되어야 한다는 결론에 다다른다. 진리를 환원적으로 정의하려는 모든 시도는 좌절할 수밖에 없다는 것이다. 데이빗슨은 다음과 같은 결론에 도달한다.

> "진리의 개념에 대해 행동주의적 정의 또는 다른 어떠한 종류의 명시적 정의나 곧바른 환원 등을 모색하는 것은 실수이다. 진리는 우리가 가진 가장 명료하고 가장 기초적인 개념 중의 하나이며, 그러므로 그것을 더 단순하거나 더 근본적인 무언가에 의해서 제거하려고 꿈꾸는 것은 소용이 없다."
>
> – Davidson, 1990. p. 314.

이 결론은 주관과 객관의 통합 그리고 의미 회의주의의 극복이라는 새로운 지평을 여는 의미 이론의 출발점이라는 점에서, 파괴적인 결론이 아닌 건설적인 결론이다. 앞서 살펴본 타르스키의 의미론적 진리 정의에서는 의미가 전제되어야만 비로소 특정 인공 언어에서의 진리 표현에 대한 정의가 될 수 있었다. 그렇기에 의미가 전제되지 않은 상태에서 어떤 발화 p에 대해서 “p”가 참이라면 그리고 오직 그 경우에만 p라는 것을 경험적으로 발견하는 것은 결코 사소하지 않은 발견임을 필자는 강조했다. 이처럼 “p”가 참이라는 것을 바탕으로 하여 p의 의미를 찾아내는 것이 진리 조건적 의미론이다. 여기서 “진리 조건적 의미론”이라는 표제는 주의해서 받아들여야 한다. 이 표제는 의미와 진리 조건이 같다거나, 혹은 의미라는 추상적 대상이 진리 조건으로 환원적으로 분석된다는 논제를 나타내지는 않기 때문이다. 실제 의사소통 상황에서 해석자가 진리 조건을 바탕으로 화자 의미를 해석하는 실천을 수행하는 것은 맞다. 하지만 이것이 의미가 진리 조건으로 환원된다는 것을 함축하지는 않는다. 데이빗슨이 주장하는 것은, 진리의 이론과 의미의 이론이 따로 있는 것이 아니라는 것이다. 의미의 이론이 곧 진리의 이론이고 진리의 이론이 곧 의미의 이론이다. 여기서 “진리의 이론”이란 특정 언어에서의 잠재적으로 무한히 많은 발화에 대해서 다음 도식의 예화들을 모아놓은 집합이다.

“p”가 참이라면 그리고 오직 그 경우에만 p이다.

이러한 예화들, 이를테면 “사과는 붉다.”가 참이라면 그리고 오직 그 경우에만 사과는 붉다는 것, “눈은 희다.”가 참이라면 그리고 오직 그 경우에만 눈은 희다는 것 등을 모아놓으면 우리는 그 언어에서의

"참" 즉 진리에 대한 이론을 가지게 된다. 물론 진리는 원초적 개념이기에 우리는 주어진 상황에서 발화가 참이 된다는 것이 무엇인지를 이미 확보하고 있다고 가정된다. 진리의 이론이란 바로 그러한 참 개념이 그 언어에서 어떻게 적용되는지를 보여주는 경험적 증거들의 집합이라고 할 수 있다. 그리고 이러한 예화들의 집합이 바로 한국어 발화에 대한 의미론을 구성한다는 것이다.

그러나 한 자연 언어에서 위 도식의 예화는 잠재적으로 무한하다. 우리는 잠재적으로 무한한 수의 문장들을 개별적으로 의미를 배울 수는 없다. 언어가 습득 가능하려면 그 언어는 조합적이어야 한다. 다시 말해, 유한한 수의 의미로부터 무한한 수의 의미가 조합될 수 있어야 한다. 의미의 이론은 그러한 조합적 절차를 제공하는 이론이다. 우리는 타르스키의 의미론적 정의에서, 한 언어의 지칭, 만족 등에 관한 의미론이 주어지면 그로부터 그 언어에서의 T-도식의 무한한 수의 예화들이 회귀적으로 (즉, 유한한 수의 규칙으로부터 무한한 수의 결과를 도출하는 방식으로) 정의될 수 있음을 살펴보았다. 하지만 이는 인공 언어에서나 가능한 이야기이다. 인공 언어와 달리 자연 언어에서는 개별 단어들에 대한 지칭이나 만족 등이 처음부터 주어지지는 않기 때문이다. 그런 것은 심지어 원칙적으로조차 확정될 수 없음을 보여주는 것이 바로 콰인의 번역 불확정성 논제와 '가바가이' 논증이다. 아무리 많은 경험적 증거가 주어지더라도 자연 언어의 표현들에 대한 지칭이나 만족 등은 과소결정될 수밖에 없다는 것이다. 이에 대한 데이빗슨의 대안은 의미 전체론(holism)이다. 의미를 바탕으로 하여 진리를 정의하는 타르스키의 방향을 거꾸로 취함으로써 우리가 얻는 것은, 진리를 바탕으로 하여 개별 표현의 의미를 할당하는 것이 아니라, 그 표현이 속한 언어 전체에 대한 의미론이라는 것이다. 데이빗슨은 타르스키의 의미론적 정의를 진리 술어에 대한 정의가 아니라 진리 술어의 외연에 대한 서술들로 구성된 이론으로 볼 것을 제안한다. 타르스키의 의미론적 정의에서, T-도식의 예화들이 연역되는 것은 그 언어 전체에 대한 정의로부터였음을 상기하자. 마찬가지로 데이빗슨은 우리가 개별 예화들에 대한 경험적 증거를 바탕으로 하여 발견하는 것은 특정 단어나 특정 발화에 대한 개별적인 의미가 아니라, 그 언어 전체에 대한 이론임을 강조한다. '해석', 즉 화자가 지닌 진리 이론을 경험적으로 입증하는 활동을 하는 사람은 화자의 발화와 그의 태도, 그 발화가 이루어지는 주변 상황의 물리적 원인들, 그리고 그 둘에 대해 해석자 자신이 가지는 믿음에 대한 자기 지식을 바탕으로 하여 그 화자의 언어 전체에 대한 의미의 이론을 확립해 나가는 것이다. 이는 어떤 측면에서는 지극히 당연한데, 한 언어에서 개별 표현은 결코 단독으로 의미를 가질 수는 없기 때문이다. 한 표현의 의미는 그 언어 전체와 맞물려 연동한다. 진리의 이론과 의미의 이론이 따로 있지 않다는 데이빗슨의 논제는, 둘 중 어느 하나가 전제되었을 때 다른 하나를 구성할 수 있다고 말하는 것이 아니라, 해석자가 그 두 이론을 동시에 '찾아낸다'고 말한다. 데이빗슨은 이것이 가능함을 보이기 위해 측정 이론과의 유비를 제시한다. 길이나 무게를 측정하는 이론은 측정 활동이라는 실천을 함으로써 형성된다. 1킬로그램이나 1미터가 처음부터 확고하게 주어진 상태에서 사물의 길이나 무게를 측정하는 것이 아니라, 사물의 길이나 무게를 측정하는 과정 속에서 1킬로그램과 1미터의 척도가 확립되어 가는 것이다. 그와 동시에, 그러한 척도가 적절한지 또한 사물의 길이나 무게를 측정하는 활동 속에서 병행적으로 이루어진다. 해석자가 진리의 이론과 의미의 이론을 가진다는 것도 이와 마찬가지라는 것이다.

진리와 의미뿐 아니라 마음과 행위 그리고 그 밖의 광범위한 주제를 아우르는 데이빗슨의 철학 체계는 원형 구조를 이루고 있다. 어느 한 주제의 논의는 다른 주제의 논의들과 모두 맞물려 있다. 어느 주제이든 그 주제에서 데이빗슨이 무엇을 말하는가를 온전히 이해하는 것은 그의 나머지 철학 체계에 대한 이해를 요구한다. 하지만 그 모두를 관통하는 통찰은, 주관 안에 객관이 있고 객관 안에 주관이 있다는 것이다. 그와 동시에 믿음, 의미, 행위, 합리성 등 다양한 것들을 해명하기 위해 가장 밑바탕에 자리하는 원초적 개념이 바로 진리이다. 1.3에서 서술한 것처럼 진리 개념과 진리 속성은 다르다. 데이빗슨 본인은 자신이 "진리"라는 용어를 진리 개념과 진리 속성 중 어느 쪽을 가리키기 위해 사용했는지 뚜렷이 밝히지는 않았지만, 필자의 생각으로는 아마도 둘 다일 것이다. 진리라는 개념이 그의 철학에서와 같이 풍부한 설명력을 발휘하려면 그것은 실체적 속성을 지칭해야만 한다. 어떠한 실질적인 속성도 지칭하지 않는 공허한 개념이 그와 같은 거대한 철학적 기획의 토대가 된다고 생각하는 것은 상상하기 어려울 것이기 때문이다.

당신이 자기 자신에 대한 참을 말하지 않는다면
다른 사람에 대한 참도 말할 수 없다.

– 버지니아 울프

제4장

현대적 논의의 발전

4.1
진리 축소주의(Deflationism of Truth)

4.1.1. 축소주의의 세 원칙

축소주의는 현대 진리 이론의 주류적 견해이자 패러다임이다. 어느 분야에서든 패러다임은 숙명적으로 모호해질 수밖에 없다. 현대 심리철학의 주류적 견해는 물리주의이지만 '물리주의' 안에 헤아릴 수 없이 다양한 견해들이 산재하는 것이 이를 보여주는 사례이다. 학자들은 자신의 견해가 자신이 속한 분야의 패러다임과 부합한다는 것을 보이기 위해 애쓰곤 한다. 패러다임에 정면으로 반하는 시도를 정당화한다는 것은 공임이 많이 들 뿐 아니라 상당한 배짱도 필요로 하기 때문이다. 그러다 보니 진리에 관해 양립 불가능한 주장을 각각 내세우는 두 철학자가 각자 자신의 이론이 축소주의적이라고 강변하는 경우도 드물지 않게 찾아볼 수 있다. 나아가 유력한 철학자의 견해가 무분별하게 축소주의로 분류되는 경우도 허다하다. 그 명단에는 진리 개념에 관한 모든 명시적 해명을 거부했던 프레게와, 축소주의라는 말조차 없던 시절에 활동했던 아리스토텔레스가 포함된다. 차차 정리하겠지만, 이는 근본적으로 축소주의라는 견해가 좋게 말해서 유연하고 나쁘게 말해서 불분명하기 때문에 발생하는 현상이다. 축소주의의 이러한 이론적 유연성은 동치 도식의 범용성에서 비롯한다. 수사적으로 말하면, 동치 도식은 일종의 '빈 그릇'이다. 빈 그릇에는 무엇이든 담을 수 있으며, 어떤 요리도 그릇 없이는 내어놓을 수 없고, 그릇에 무엇이 담기는가에 따라서 어떤 요리인지가 결정된다. 그 그릇에 인식과 존재의 합일이라는 아리스토텔레스의 진리 이론을 담을 수도 있으며, 사실과 참인 명제의 동일성이라는 동일론자들의 주장을 담을 수도 있다. 메타 언어와 대상 언어 사이의 관계를 담으면 타르스키의 의미론적 진리 정의가 되고, 정의 불가능한 진리 개념을 바탕으로 이루어지는 원초적 해석 활동을 담으면 데이빗슨의 의미론이 된다. 동치 도식의 수용은 그야말로 모든 진리 이론이 공유하는 최소한의 교집합인 것이다. 그렇기에 동치 도식을 수용할 수 있다거나 혹은 자신이 주장하는 진리 견해가 동치 도식에 의해 표현될 수 있다는 것을 근거로 하여 자신의 진리 이론이 "축소주의와 양립가능하다."고 주장하는 몇몇 철학자들의 주장은 명백히 실수이다.

문헌에 따라 축소주의를 정의하는 방식은 제각각이지만, 필자는 축소주의의 원칙을 다음의 세 가지로 정리하고자 한다. 단, 다음의 세 가지 원칙은 모든 종류의 축소주의가 예외 없이 수용하는 공통 원칙이 아니라 축소주의라는 철학적 견해의 지향을 나타내는 윤곽 정도로만 보아 주었으면 한다.

1) 진리는 표현의 편리를 위한 언어적 장치에 지나지 않는다

일반적으로 이름은 대상을, 술어는 속성을 지칭하는 것으로 간주된다. 하지만 모든 언어적 표현이 대상이나 속성을 지칭하는 것은 아니다. 예를 들어 논리 연결사인 "그리고", "또는" 등은 대상도 속성도 지칭하지 않는다. 영어의 "it", "that"과 같은 대명사도 마찬가지이다. 축소주의자들은 진리 술어 "… 는 참이다"는 비록 외형은 술어이지만 여타의 술어 "… 는 붉다", "… 는 군인이다" 등과는 달리 어떠한 속성도 지칭하지 않는다고 보거나, 설령 속성을 지칭하더라도 그 속성은 존재론적으로 매우 희박한 논리적 속성에 지나지 않는다고 본다. 그들에 따르면 진리 술어는 진리 속성을 지칭하기 위한 것이 아니라 표현상의 편리를 위한 문법적 장치, 다시 말해 진리 술어가 없었더라면 표현할 수 없었던 것들을 표현할 수 있게 만들어 주는 장치로서의 역할만을 한다.

축소주의자들이 주장하는 진리 술어의 표현적 역할은 크게 두 가지이다. 첫째는, 공백적 귀속(blind ascription)이다. 예를 들어 "트럼프가 오늘 아침 7시 정각에 발화한 진술은 참이다.", "바이든이 말한 어떤 문장은 참이다."처럼 그 명제가 무슨 명제인지 명확하게 모르거나 혹은 명시적으로 밝히지 않더라도 그 명제를 지칭할 수 있게끔 하는 역할이다. 혹은 어떤 물리학자가 매우 복잡한 문장을 말했고 나는 그 문장의 내용을 긍정하지만 그 문장을 기억하지는 못하는 상황에서 "그 물리학자의 말은 참이다."라고 간편하게 나의 입장을 표현할 수 있다. 둘째는, 연언의 회피이다. 예를 들어 "'A∨~A'의 형식을 지닌 모든 명제는 참이다."와 같이, 진리 술어를 쓰면 무한한 길이의 연언을 쓰지 않고 명제들에 대한 대입적 양화를 할 수 있다(대입적 양화에 대해서는 4.1.2에서 서술한다). "소크라테스가 말한 모든 명제는 참이다."도 명제들을 일일이 나열하지 않으면서 그 모두를 긍정할 수 있는 편리한 어법이다. 그렇기에 진리가 속성이 전혀 아니라고 보는 축소주의자조차도 진리 '술어'의 제거를 주장하지는 않는다. 그들 또한 진리 술어를 제거할 수는 없다고 여긴다. 그것이 수행하는 표현적 역할을 대신할 장치가 진리 술어 외에는 없기 때문이다.

진리 술어는 표현적 장치에 불과하다는 논제는 진리가 진정한 속성이 아니라는 형이상학적 논제와 밀접하게 연관된다. 대부분의 축소주의자들은 진리 술어가 어떠한 속성도 지칭하지 않으면서 표현적 역할 '만'을 하는 탓에 진리는 아예 속성이 아니라고 생각한다. 호리치나 윌리엄스처럼 진리가 속성이라는 것을 인정하는 몇몇 축소주의자들도 그것은 실체적(substantial) 속성이 아닌 논리적 속성에 불과하며 철학적으로 그다지 흥미롭지 않은 얇은 속성에 지나지 않는다고 선을 긋는다. 축소주의를 '신-비트겐슈타인주의'라고 칭하는 윌리엄스는 "참"을 둘러싼 언어 게임에만 집중하고 그것에 관한 형이상학적 논의에는 관여하기를 거부한다. 축소주의는 술어가 고정하는 속성이 무슨 속성인가에 관한 난삽한 논쟁과는 애당초 무관하기 때문에 진리 술어가 속성을 나타낼 수도 있다고 인정하더라도 이는 축소주의에는 하등의 타격을 입히지 않는다는 것이다. (Williams, 2002) 따라서 축소주의를 진리 반실재론으로, 팽창주의를 진리 실재론으로 곧바로 등치시켜서는 안 된다. 축소주의자들의 진정한 의도는 진리에 관한 탐구를 실재론과 반실재론 사이의 논쟁 영역 바깥으로 끌어내는 것이다. 호리치의 논문 「주의가 없는 세상(A World without Isms)」은 이미 제목에서 이러한 생각이 압축적으로 드러난다. 호리치에 따르면 사실은 두 가지 대립되는 특징을 지닌다. 하나는 자율성으로, 사실은 우리의 인식으로부터 독립적이라는 특징이다. 다른 하나는 접근가능성으로, 사실에 대한 지식을 우리가 획득하는 것이 가능하다는 특징이다. 이 두 특징은 서로 긴장 관계에 놓이며 이것이 실재론과 반실재론 사이의 논쟁의 핵심이라고 호리치는 진단한다. 하지만 호리치에 따르면, 사실이 가진 두 특징 중 어느 쪽에 가중치를 둘 것인가를 두고 다투는 양 진영 모두에서 진리는 그저 일반화의 장치에 지나지 않는다. 그리고 일반화의 장치라는 것이 바로 진리가 지닌 핵심적인 특징이다. 그러므로 진리의 본성이 무엇인가는 실재론과 반실재론 사이의 논쟁과 무관하다는 것이다. (Horwich, 2006) 실제로 몇몇 논평자들은 호리치를 진리 축소주의자이면서 동시에 진리 실재론자라고 평가한다. 진리의 실체적 속성은 거부하면서도 진리 실재론적 관점을 수용하는 호리치의 입장이 비일관적이지는 않다는 것이다. (David, 2006 그리고 Kirkham, 1992 등) 또 다른 축소주의자인 솜즈는 실재론과 반실재론 사이의 대립은 <이 순간 우주의 모든 별들의 개수는 짝수이다>와 같이 우리의 인식 범위 바깥에 위치하는 특정한 종류의 명제에 부가되는 진리의 본성에 관한 논쟁이 아니라 그런 명제들에 대한 의견 불일치를 둘러싼 논쟁이라고 규정한다. 따라서 그런 종류의 명제에 진리를 귀속시킬 수 있는가, 달리 말하면 진리 술어를 적절하게 부가할 수 있는가의 쟁점은 실재론과 반실재론 사이의 논쟁에서 본질적인 부분이 아니다. 어느 쪽 입장을 선택하든 상관없이 진리 술어가 부가된 문장은 언제나 진리 술어를 떼어낸 문장으로 변환할 수 있다는 것은 변함이 없기 때문이다. (Soames, 1999)

그러나 강조한 것처럼 이는 어디까지나 '큰 방향에서'의 서술일 뿐이다. 축소주의자들이 원하든 원하지 않든, 진리 축소주의는 진리 반실재론과 흔하게 연루된다. 예를 들어 데빗은 축소주의를 형이상학적 측면과 언어적 측면으로 나누어 평가된다. 언어적 측면에서 볼 때, 축소주의는 진리 술어를 비-기술적이라고 본다. 즉, 진리 술어는 속성을 나타내는 술어가 아니므로 진리 표현은 어떠한 사실도 기술하지 않는다. 형이상학적 측면에서 볼 때, 데빗은 축소주의가 윤리학의 비인지주의(non-coginitivism)와 비교될 수 있다고 말한다. 비인지주의자들은 "이 사람은 선하다.", "이 행동은 옳다."와 같은 진술들을 받아들이며 또 유의미하다고 인정한다. 다만 그러한 발화들이 실재를 표현하는 것이 아니라 정서나 규정을 표현한다고 생각한다. 즉, 비인지주의자들에게 도덕 진술은 선이라는 속성에 관한 것이 아니라 "선"이라는 표현에 관한 것이다 (비인지주의의 대표적인 두 이론인 정서주의와 규정주의에 관해서는 5.1에서 서술한다). 데빗에 따르면 축소주의도 마찬가지로 "이 명제는 참이다.", "참인 진술이 있다." 등을 유의미하게 받아들이지만, 정서주의와 마찬가지로 축소주의자들에게 그러한 진술은 세계 내의 어떤 속성에 관한 진술이 아니라는 것이다. 그래서 데빗은 축소주의는 진리 반실재론의 긍정을 함축할 수밖에 없다고 논변한다. (Devitt, 2001) 필자 역시 데빗의 진단에 공감하며, 설령 데빗이 축소주의를 오해했다고 가정하더라도 그 오해의 책임이 온전히 데빗에게 있지는 않다고 본다. 진리를 사실에 대한 의존으로부터 어떻게든 차단하려는 축소주의자들의 열렬한 노력은 그런 '오해'를 사고도 남음이 있다. 진리의 팽창적 속성으로 가장 두드러지는 것이 바로 사실과의 대응이다. 진리의 정의에서 사실에 대한 의존이라는 요소를 완전히 지우려는 시도가 반실재론적이라는 혐의를 피할 수 없는 것은 어쩌면 당연한 일이다.

2) 동치 도식이 전부이다

많은 축소주의자들은 "진리란 무엇인가?"에 대한 답변은 동치 도식 혹은 동치 도식의 잠재적으로 무한한 예화들에 의해 빠짐없이 제공된다고 생각한다. 그것이 진리에 대해 철학자들이 얻을 수 있는 대답의 전부라는 것이다. 따라서 진리는 철학적으로 그다지 흥미로운 개념이 아니다. 한마디로, 진리는 "축소된다". 단, 모든 축소주의자들이 동치 도식에 의거해서 진리를 축소시키는 것은 아니라는 점은 주의해야 한다. 예를 들어, 4.1.3에서 살펴볼 브랜덤의 대용어이론은 동치 도식에 기대지 않는 방식으로 제시되는 축소주의 이론이다.

아머-갑과 볼은 동치 도식과 축소주의 사이의 관계를 개념적 기초성과 설명적 기초성의 두 부분으로 나누어 서술한다. 개념적 기초성은 동치 도식의 예화들은 진리 개념을 포함한 그 어떤 것으로부터도 도출되는 개념이 아니라는 논제이다. 즉, 동치 도식의 예화들은 선험적, 필연적일 뿐 아니라 분석적이다. 이러한 논제는 데이빗슨의 진리 조건적 의미론에서 동치 도식의 예화들이 경험적으로 입증되어야 하는 것으로 간주되는 것과 극명하게 대비된다. 설명적 기초성 논제는 다시 설명 소진성 논제와 개별성 논제로 나뉜다. 설명 소진성 논제란 동치 도식의 예화들은 진리가 무엇인가의 질문을 포함하여 진리에 관한 담론에 필요한 모든 설명을 소진적으로 제공한다는 논제이다. 동치 도식의 예화들은 우리가 용어 "참"을 어떻게 사용하는가에 대한 모든 설명을 제공하며 그 설명을 넘어서는 어떤 것도 진리에는 담겨 있지 않다. 그러므로 진리는 철학자들이 믿어온 것보다 훨씬 덜 흥미로운 개념이라는 것이다. 개별성 논제는 동치 도식의 수많은 예화들 각각이 왜 성립하는가에 대한 통합적 설명은 제공될 수 없다는 논제이다. (Amour-Garb and Beall, 2005) 블랙번도 개별성 논제 즉 수많은 참인 명제에 대해 그 명제들이 왜 참인가에 대한 통합적인 설명은 부재하다는 논제가 축소주의의 핵심의 하나라는 데 동의한다. 그는 축소주의를 이해하는 한 가지 방법은 "일반을 개별로 대체하는 것으로서 이해하는 것"이며, 축소주의는 진리 개념을 이해하기 위한 메타 이론을 제시하는 것에 반대하는 견해라고 정리한다. <눈은 희다>가 참이라는 것은 눈은 희다는 것이고, <지구가 태양 주위를 공전한다>가 참이라는 것은 지구가 태양 주위를 공전한다는 것일 뿐이다. 그 모두를 통일된 진리 개념을 가지고 하나로 묶는 것은 온당치 않다는 것이다. (Blackburn, 2005) 그러나 필자는 개별성 논제를 축소주의의 핵심의 하나로 보는 것이 적절한지에 대해서는 약간 의문이 든다. 축소주의가 개별성 논제를 받아들이지 않기 때문이 아니라, 축소주의 이외의 다른 견해들도 개별성 논제를 받아들이기 때문에 그 논제를 가지고 축소주의를 특성화하기에는 무리가 있기 때문이다. 개별성 논제는 참인 모든 명제들에 대해서 그것이 왜 참인가에 대한 보편적인 설명은 없다고 말하는데, 바로 그 지점이 4.2에서 소개할 진리 다원주의의 출발점인 '영역 문제(scope problem)'에 해당한다. 게다가 4.2에서 서술하겠지만, 다원주의는 축소주의와 대척점에 놓이는 견해이다. 심지어 개별성은 진리를 더 기초적인 개념으로 정의될 수 없는 팽창적 속성으로 보는 견해와도 충돌을 일으키지 않는다. 그렇기에 필자의 견해로는 축소주의의 고유한 주장으로 온전하게 볼 수 있는 것은 나머지 둘인 개념적 기초성 논제와 소진성 논제이다.

특히 소진성 논제는 축소주의와 유사(pseudo) 축소주의를 나누는 중요한 기준이 된다. 왜냐하면 소진성 논제는 동치 도식의 예화를 넘어서는 다른 요소를 포함하는 설명을 진리의 본성에 대한 규명에서 배제하기 때문이다. 즉, 소진성 논제는 "동치 도식의 예화들이 진리란 무엇인가의 설명을 제공한다."는 주장을 "동치 도식의 예화들만으로 진리란 무엇인가의 설명이 제공된다."는 주장으로부터 분리한다. 바로 그 때문에, 자신들이 내세우는 견해가 동치 도식과 조화됨을 근거로 삼아 축소주의와 양립 가능하다고 자처하는 많은 주장들이 유사 축소주의로 판명된다.

앞서 축소주의자들은 진리를 진정한 속성이 아니라고 생각하는 경향이 있음을 서술하였는데, 그러한 생각은 소진성 논제와 관련해서 다시 나타난다. 어떤 표현이 진정한 속성을 나타낸다면 그 속성의 예화는 우리의 언어적 용법에 의존하지 않을 것이다. 그 속성은 우리가 그 속성을 나타내기 위해 사용하는 언어적 표현이 아주 달랐거나 혹은 아예 존재하지 않았더라도 여전히 존재했을 것이다. 따라서 진리에 관해 우리가 알아야 할 모든 것은 축소주의 도식의 예화 즉 우리의 언어 사용의 예화에 의해 모두 소진된다는 주장은 진리 속성이 진정한 속성이라는 생각과 양립할 수 없다. 이 점은 곧이어 살펴볼 진리의 설명적 역할과 관련해서 다시 등장한다. 그렇게 본다면, 축소주의의 세 가지 핵심 원칙을 관통하는 하나의 공통분모는 '진리는 진정한 속성이 아니라는 것'으로 요약될 수 있겠다.

3) 진리는 설명하는 것이 아니라 설명되는 것이다

축소주의자들은 진리는 설명력을 가지지 않는다고 주장한다. 진리를 통해서 의미, 추론, 개념적 역할, 규범성 등이 설명되는 것이 아니라 거꾸로 그러한 것들에 의해 진리란 무엇인가, 혹은 "참"의 의미란 무엇인가가 설명된다는 것이다. 그러므로 축소주의자들은 철학의 어떤 문제에 대해서든 그 문제를 해결하기 위해 진리에 의존하는 것을 거부한다. 반면 3.6에서 살펴본 것과 같은 진리 조건적 의미론자들은 진리에 의존하지 않고서 의미를 설명하는 전략은 승산이 없다고 여긴다.

그런데 이에 관해 켐프는, 프레게가 말하는 진리 투명성을 응용한 한 가지 논증을 제시한다. 진리 투명성이란 "지금 비가 온다"고 판단하거나 주장하는 것은 "지금 비가 온다는 것은 참이다"라고 판단하거나 주장하는 것과 다르지 않다는 것이다. 프레게에 따르면 이 현상은 "…는 참이다"에 의해 어떠한 실체적이고 팽창적인 속성도 귀속되지 않는다는 사실에 의해 설명된다. 참고로, 이 논증을 근거로 해서 일부 학자들은 프레게가 진리를 진정한 속성이 아니라는 축소적 견해를 가지고 있었다고 평가하기도 한다. (Blackburn, 2005) 반면에 켐프는 진리가 실체적 속성이라는 논제가 도리어 진리 조건적 의미론과 충돌한다고 주장한다. 진리가 진정한 속성이라고 가정하자. 그렇다면 <p>와 <p는 참이다>는 내용에 있어서 차이가 있을 것이다. 즉, 진리 술어는 잉여적일 수 없다. 그런데 <p>와 <p는 참이다>는 모든 경우에서 진리 조건이 일치한다. 따라서 의미가 진리 조건이라면 그 둘의 내용은 차이가 없을 것이다. 이러한 두 귀결은 비일관적이라는 것이다. (Kemp, 1998) 만약 켐프가 옳다면, 의미가 진리 조건이라는 논제와 진리가 팽창적이라는 논제 가운데 적어도 하나는 폐기되어야 한다. 이것은 확실히 축소주의에 유리한 귀결이다.

하지만 주의할 점이 있다. 축소주의자들은 진리의 설명적 역할을 부정하지만, 그렇다고 철학적 설명에 진리 표현이 필요하다는 것까지 거부하는 것은 아니다. 앞서 서술했듯 축소주의자들은 진리 술어는 표현적 역할만을 수행한다고 보는데 그러한 역할은 진리 술어 이외의 다른 표현은 대신할 수 없는 역할이다. 예를 들어 브랜덤의 진리 대용어이론에 따르면 진리 술어는 선행하는 명제의 내용을 전제한다. 즉, 사상 내지는 뜻이 진리보다 개념적으로 더 선행한다. 대용어이론에 따르면 진리 술어는 일반적인 속성을 지칭하지는 않는 대신 개별적인 명제 내용을 지칭하므로, 진리 술어는 그 개별적인 명제와 관련한 설명 내에 장치의 하나로서 포함될 수 있다. (Brandom, 2005) 진리 표현의 설명적 기여를 긍정하는 또 다른 축소주의자는 호리치이다. 예를 들어 호리치는 단어 사용의 규범성을 다음과 같은 추론을 통해 설명하는데, 이 추론에서 진리 표현은 필수적으로 포함된다.

(H1) 단어 w는 술어 F를 의미한다.
(H2) 단어 w는 술어 F를 의미한다. → ∀x(w는 x에 대해서 참이다. ↔ fx)
(H3) ∀x(w는 x에 대해서 참이다. ↔ fx) → 우리의 목적은 오직 fx일 때에만 w의 x에의 적용을 수용하는 것이다.
(H4) 따라서 우리는 오직 fx일 때에만 w의 x에의 적용을 수용해야 한다.

※ 'f'는 술어 F가 나타내는 개념임

이 추론에서 진리 표현이 필수적인 이유는 그것이 무한한 문장의 연언을 표현하는 약어이기 때문이다. 그러므로 이 추론에서 실제로 설명적 역할을 하는 것은 진리가 아니라 무한 연언이다. 그럼에도 진리 표현 자체는 이 설명에서 소거되거나 다른 표현으로 대체될 수 없다. "진리", "참"이라는 말이 추론이나 설명에 등장한다는 것만으로 진리가 설명적 역할을 한다고 받아들여서는 안 되는 것이다. (Horwich, 2005)

문제는 축소주의자들이 반대한다는 진리의 본성에 호소하는 설명이란 도대체 무엇이냐는 것이다. 필자의 견해로는 바로 이 부분이 축소주의가 지닌 가장 악성인 불분명함이다. 진리의 설명적 역할에 관해 난립하는 정의들로부터 서로 모순된 결론들이 도출되기도 하기 때문이다. 가장 두드러진 사례가 진리의 대표적인 설명적 역할인 의미의 설명을 둘러싼 견해 차이이다. 진리의 설명적 역할을 어떻게 정의하느냐에 따라 축소된 진리 개념은 진리 조건적 의미론과 양립 가능하다는 결론과 양립 불가능하다는 결론이 둘 다 이끌어질 수 있다. (예를 들면, Bar-On, Horisk, and Lycan, 2001) 그렇다면 진리의 본성에 의한 설명을 긍정한다는 것은 무엇에 대한 긍정으로 이해해야 적절할까? 일단 앞서 살펴본 것처럼 진리 실재론에 대한 긍정은 후보가 될 수 없다. 비-언어적 세계와 언어적 명제 사이의 관계에 대한 긍정 또한 마찬가지이다. 그 관계가 꼭 대응일 필요는 없기 때문에 그 둘 사이의 연결은 축소주의를 포함한 거의 모든 진리 견해에서 부정될 필요가 없다. 그럼 도대체 무엇일까? 필자는 덤밋(Dummett, 1999)의 견해를 적용하여, 축소주의가 거부하는 팽창적 진리의 역할은 '언급'된 표현 "p"와 '사용'된 문장 p의 의미인 <p>를 서로 연결하는 역할을 바탕으로 규명될 수 있다고 주장한 바 있다. 동치 도식의 예화에 해당하는 쌍조건문에서 진리 술어 "…는 참이다"를 제거한다고 가정해 보자. 당연히 인용부호도 진리 술어와 함께 제거되어야 한다. 그 결과는 다음과 같을 것이다.

(G1) Every fungus is poisonous라면 그리고 오직 그 경우에만 엽록소가 없는 모든 식물은 독성이다.

(G2) 엽록소가 없는 모든 식물은 독성이라면 그리고 오직 그 경우에만 엽록소가 없는 모든 식물은 독성이다.

G1은 좌변과 우변의 문장이 속한 언어가 서로 다른 경우이고, G2는 같은 경우이다. G2는 유의미한 사례가 아니므로 우리는 G1과 같은 경우에 주목해야 한다. G1은 일단 양변이 동의어임을 말하고 있지는 않다. 필요충분조건 관계는 동의어 관계와 다르다. <서울은 과천의 북쪽에 있다>와 <과천은 서울의 남쪽에 있다>는 필요충분조건 관계이지만, 그 둘이 동의어 관계인 것은 아니다. 그럼에도 우리는 G1과 같은 예화들이 외국어 문장의 의미를 모르는 화자에게 그 문장의 의미를 이해시키는 과정에 대한 도식화가 될 수 있다는 것에는 동의할 수 있다. 물론 우리가 실제로 번역이나 이해를 할 때 명시적으로 필요충분조건 연결사를 도입하지는 않지만, 데이빗슨의 통찰에서 보이듯 우리는 언어 이해 과정에서 그와 같은 필요충분조건을 나타내는 문장들로 나타낼 수 있는 진리 이론을 암묵적으로 구성한다. 다시 말해, G1에서 어느 한쪽

의 문장이 표현하는 명제에 대한 이해는 다른 한 문장이 표현하는 명제에 대한 이해를 제공할 수 있다. 영어를 모르는 한국어 화자는 G1을 통해서 "Every fungus is poisonous."라는 영어 문장이 우변의 한국어 문장이 나타내는 명제를 나타낸다는 것을 이해할 수 있는 것이다. 하지만 이러한 이해가 이루어지려면 한 가지 전제조건이 성립해야 한다. 그것은, 그 한국어 화자가 우변의 한국어 문장이 좌변의 "Every fungus is poisonous."라는 미지의 문장에 '대한' 것임을 알아차려야 한다는 것이다. 다시 말해, 우변의 한국어 문장이 좌변의 그 미지의 영어 문장을 '지칭한다'는 것을 알아야 한다. 바로 그것을 알려주는 역할을 하는 것이 진리 술어 "… 참이다"이다.

(G3) "Every fungus is poisonous."가 참이라면 그리고 오직 그 경우에만 엽록소가 없는 모든 식물은 독성이다.

여기서 "… 참이다"는 우변의 한국어 문장이 나타내는 명제가 어떤 문장이 나타내는 명제에 해당하는가를 선별하여 가리키는 역할을 한다. 그리고 이러한 이해 제공은 주어진 영어 문장의 의미를 설명한 것에 해당한다. 이처럼 진리 표현은 의미 설명에서 실질적인 공헌을 하므로 이러한 역할을 진리 술어가 수행하는 실체적 역할이라고 이해할 수 있다. (김동현, 2012) 하지만 이러한 제안은 한 가지 아이디어에 불과하며 완벽한 답변이 되기는 어려운 것 같다. 앞서 서술했듯이, 축소주의자들은 진리의 설명적 역할은 거부하지만 진리 표현이 어떤 설명에서 필수불가결하게 포함될 수 있다는 것은 인정할 수 있기 때문이다. 아마도 축소주의자들은 G3와 같은 경우에서 영어 문장을 지칭하는 진리 술어의 역할은 4.1.2에서 서술할 대용어이론에서의 선행하는 문장을 대용적으로 가리키는 표현적 역할에 지나지 않는다고 반박할지도 모른다. 게다가 원초적 해석과 같은 의미 파악이 진리의 설명적 역할에서 큰 부분을 차지한다는 것은 옳지만, 그것을 가지고 진리의 설명적 역할이 무엇인지를 포괄적으로 규정한다는 것은 과도한 일반화이다.

축소주의자들이 거부하는 진리의 본성적 설명력이란 무엇인가에 관한 이와 같은 불분명성은 축소주의를 지나치게 탄력적인 이론으로 만든다는 어두운 면이 있지만, 또 그만큼 축소주의를 흔들리지 않는 패러다임으로 만드는 원동력이기도 하다. 라카토슈의 용어법을 빌린다면, 축소주의는 위의 세 가지 논제만을 강고한 핵으로 가지면서 대단히 두꺼운 보호대를 지녀서 웬만한 반증 시도에는 끄떡도 하지 않는 연구 프로그램이다. 진리의 본성을 축소적으로 바라보는 여러 다양한 관점들이 발생하고 진화할 수 있는 넓은 터전을 제공할 수 있는 이론적 넉넉함은 축소주의가 지닌 미덕의 하나이다.

고정되어 정해진 모든 형식은 적응성과 유연성을 결여한다.
진리는 고정된 모든 형식의 바깥에 있다.

- 이소룡

4.1.2. 축소주의의 갈래들

축소주의는 F. P. 램지의 잉여론(redundancy theory)으로부터 시작한다. (Ramsey, 1927) 잉여론은 이름 그대로, "참"이라는 말은 손실 없이 언제나 떼어낼 수 있으므로 진리 표현은 잉여적이라는 주장이다. <p는 참이다>는 <p>와 같고, <소크라테스가 주장한 모든 말은 참이다>는 <모든 x에 대해서, 만약 소크라테스가 x라고 주장했다면 x>와 같다는 것이다. 하지만 잉여론은 한 가지 기술적인 문제에 직면한다. "모든", "어떤" 등의 양화사를 읽는 방식에는 대입적 양화와 대상적 양화가 있다. 간단히 말해서, 대입적 양화란 양화사를 변항에 이름을 채워 넣은 문장들을 헤아리는 것으로 읽는 방식이고, 대상적 양화란 양화사를 변항에 들어갈 이름들이 가리키는 대상들을 헤아리는 것으로 읽는 방식이다. 예를 들어 다음 문장을 보자.

모든 x에 대해서, x는 P이다.

이 말은 다음의 두 가지 방식으로 읽힐 수 있다.

(대입적 양화) "Pa", "Pb", "Pc" … 등의 문장이 모두 성립한다.
(대상적 양화) 논의 영역에 속한 대상들인 a, b, c … 등이 모두 P이다.

그렇다면 잉여론의 주장에 따라서 진리 술어를 떼어낸 <모든 x에 대해서, 만약 소크라테스가 x라고 주장했다면 x>는 어떻게 읽어야 할까? 대상적 양화로서의 독해는 허용되지 않는다. 왜냐하면 소크라테스가 한 발화들은 주장, 문장, 혹은 진술이므로 변항 x 자리에 들어갈 대상으로 취급될 수 없기 때문이다. 그렇다면 대입적 양화로 독해하면 어떨까? 위 명제에서 "소크라테스가 x라고 주장했다면"의 "x" 자리에는 인용부호나 that-절 등을 활용하여 명제의 이름이 대입되어야 한다. 반면에 "주장했다면 x"에서의 "x"는 조건문의 후건 자리에 해당하므로 명제가 대입되어야 한다. 그러나 같은 변항 x에 명제와 명제의 이름이 각각 대입될 수는 없다. 그러므로 "주장했다면 x"의 x에도 똑같이 명제의 이름이 대입되어야 한다. 그렇다면 x에 명제의 이름이 문법에 맞게 대입되면서도 "주장했다면" 다음에 명제가 문법에 맞게 뒤따르려면 x 뒤에 술어가 부가되어야 한다. 그 결과는 이것이다.

모든 x에 대해서, 만약 소크라테스가 x라고 주장했다면 x는 참이다.

결국 진리 술어는 제거되지 못하는 것이다. 이는 진리 표현이 잉여적이라는 잉여론의 주장이 틀렸다는 것을 뜻한다.

축소주의의 또 다른 중요한 갈래는 대문장이론(prosentential theory)이다. "대문장"은 "문장"과 "대명사"를 합친 조어이다. 이 이론에 따르면 진리 술어는 그 외형과 달리 실은 술어가 아니라, 문장을 가리키는 용도의 대명사이다. 즉, 진리 표현은 술어가 아니므로 당연히 속성도 지칭하지 않는다. 브랜덤은 이를 두고 영어 표현 "something"이나 "no one"이 속성을 지칭하지 않는 것과 마찬가지라고 말한다. (Brandom, 2005) 대문장이론은 진리 표현이 속성을 지칭하지 않는다는 잉여론의 아이디어를 유지하면서도 잉여론이 겪는 위와 같은 기술적 문제를 회피한다는 장점을 가진다. 대문장이론의 시작은 그로버, 캠프, 벨납의 논문이다. (Grover, Camp, & Belnap, 1975) 그들은 진리 표현이 일종의 대명사라고 주장한다. 예를 들어, 돌이가 달리고 있다고 하자. 우리는 이에 대해 "그가 달리고 있다."라고 참되게 말할 수 있다. 여기서 대명사 "그"는 돌이를 가리킨다. 화자와 청자 모두 "그"라는 대명사가 돌이를 가리킨다는 것을 알기에 이러한 화법이 가능하다. 이는 문장에 대해서도 비슷하게 적용될 수 있다. 돌이가 "코끼리는 크다."라고 말했다고 하자. 그리고 돌이가 방금 말한 이 문장을 가리키는 대문장을 'thatt'이라고 하자. 그렇다면 "코끼리는 크다는 것은 참이다."는 다음과 같이 옮길 수 있다.

만약 돌이가 p라고 말했다면 thatt.

thatt은 대문장이므로 문법적으로 문장으로서 기능한다. 따라서 양화와 관련해서 발생했던 문제는 일단 사라진다. 하지만 이 버전의 대문장이론은 아직은 문제가 많아 보인다. 무엇보다도 thatt이라는 인공어가 지나치게 작위적이다. 진리 표현은 우리가 일상에서 자연스럽게 사용할 뿐 아니라 그 뜻이 모두에게 분명하게 파악되는 표현이다. 그러한 표현의 정체가 thatt이라는, 철학자의 책상 위에서 설계된 것 같은 대문장이라는 생각은 선뜻 납득이 가지 않는다.

그로버 등이 시작한 대문장이론은 이후 브랜덤을 위시한 추론주의 의미론자들에 의해 대용어이론(anaphoric theory of truth)으로 계승 발전된다. 브랜덤의 대용어이론은 thatt과 같은 이상한 인공어 대신에 "참이다"라는 자연스러운 표현을 그대로 쓰되 술어로서의 정체성은 부정하는 방안을 택한다. 그러면서도 "참이다"가 대문장, 즉 선행하는 문장을 가리키는 대명사처럼 쓰이는 문법적 장치라는 핵심 아이디어는 계속 유지한다. 처음에 브랜덤은 "그것은-참이다(it-is-true)"라는 원자 문장을 대문장으로 택하는데, 여기서 하이픈이 나타내는 것은 이 대문장을 구성하는 부분들 특히 "참(true)"이 독립적인 의미를 갖지 않는다는 것이다. 원자 문장 "그것은-참이다"의 의미는 전적으로 선행 문장의 내용에 의해 결정된다. 하지만 이는 이중적인 입장이다. 왜냐하면 "그것은-참이다"는 문법적으로는 문장이지만 용법으로는 선행 문장을 가리키는 대명사이기 때문이다. 하나의 표현이 문장과 대명사 모두로 기능한다는 것은 아무래도 문법적인 불안정성을 내포한다. 그래서 이후 브랜덤은 "참이다"를 문장의 이름에 부가되는 술어 표현이라는 것을 인정하되, 그것의 역할은 술어가 아니라 선행 문장을 골라내는 역할이라는 대용어이론으로 선회한다. 이 견해를 따르면 문법적 불안정성은 발생하지 않는다.

다음의 예에서 x에는 일관되게 문장의 이름이 대입되기 때문이다.

> 모든 x에 대해서, 만약 소크라테스가 x라고 주장했다면 x는 참이다.

그러면서 "는 참이다"는 소크라테스가 발화했던 선행 문장, 이를테면 "내가 아테네에 거주했다는 것은 아테네의 법을 따르기로 암묵적으로 동의한 것이다." 등을 골라내는 역할을 한다. 그 경우, "는 참이다"라는 표현이 담지하는 내용은 진리라는 속성의 귀속이 아니라, <내가 아테네에 거주했다는 것은 아테네의 법을 따르기로 암묵적으로 동의한 것이다>라는 명제적 내용이 된다. (Brandom, 1994, 2005, 이병덕 2017) 대용어이론이 축소주의적인 진리 견해인 이유는 비단 진리 술어가 속성을 지칭한다는 것을 부정하기 때문만이 아니라, 진리 개념을 통한 의미의 설명을 올바른 설명 방향이 아닌 것으로 보기 때문이기도 하다. 브랜덤에 따르면 대용어적 진리 개념은 문장의 내용성(contentfulness)을 선행적으로 가정한다. 또한 대용어이론에서 진리 술어는 선행하는 문장의 뜻을 대용적으로 가리키는 문법적 위상을 가진다. 그러므로 문장의 내용을 다시 진리 개념에 의존해서 설명하면 순환에 빠지게 된다. 따라서 대용어이론에 따르면 문장의 의미가 진리에 의해 설명된다는 주장은 받아들일 수 없다.

최소주의(minimalism)는 호리치의 이론으로서, 오늘날 축소주의 내에서 가장 널리 알려져 있고 또한 가장 많이 인용되는 견해이다. 필자의 개인적인 느낌으로는 "최소주의"라는 이름이 썩 좋은 명명은 아닌 것 같다. "최소"라는 표현이 마치 여러 축소주의 중에서 가장 강경한 이론인 것 같은 인상을 주기 때문이다. 그러나 실상 축소주의 진영에서 가장 강경한 입장은 램지 식의 잉여론이며, 오히려 호리치의 견해는 팽창적 진리에 한발 담그고 있다는 생각이 들 정도로 온건한 측면이 있다.

최소주의의 핵심은 다음의 다섯 가지 논제로 정리된다. (Horwich, 1998)

(M1) 최소주의는 진리 이론이 진리, 지칭, 만족 등에 관한 원칙들을 포함해야 한다는 것을 거부한다.

(M2) 최소주의는 진리의 개념적 분석을 위한 어떠한 정의도 제시하지 않으며 그럴 필요도 없다고 본다.

(M3) 최소주의는 진리가 자연주의적 혹은 관계적 속성임을 거부한다.

(M4) 최소주의는 진리를 간결하게 정의하는 진술은 없다고 본다. 동치 도식이 적용되는 쌍조건문의 수는 무한하기 때문에 그것들을 모두 명시적으로 형식화할 수는 없다.

(M5) 최소주의는 진리를 주장, 검증, 지칭, 의미, 논리적 함축 등 다른 철학적 개념들과 연결시키지 않는다. 진리는 그러한 개념들로부터 독립적이다.

문헌에서 철학자의 이름을 특정하지 않으면서 진리에 관한 축소적 견해라고 서술되는 견해는 대개 호리치의 다섯 가지 원칙으로 요약될 수 있는 견해이다. 그런 면에서 최소주의는 축소주의의 전형으로서의 지위를 누린다고 볼 수 있다.

최소주의는 명제를 진리 담지자로 본다는 점이 독특하다. 문상의 이름에 부가되는 진리 술어는 잉여적이라고 말하는 잉여론이나 진리 술어의 역할은 문장에 쳐진 인용부호를 벗겨내는 것이라고 말하는 탈인용주의에서 진리 담지자를 문장으로 보는 것과는 대조적이다. 더군다나 진리 술어를 문법적 장치로 보는 축소주의의 관점을 고려하면, 진리 담지자를 기호의 나열인 문장으로 보는 편이 더 자연스러운 듯 보인다. 그럼에도 호리치가 진리를 문장이 아닌 명제에 귀속시키는 이유는 두 가지이다.

첫째, 호리치가 제시하는 의미 이론인 사용 의미론(UTM: Use theory of meaning)과 그의 진리 이론을 조화시키기 위해서이다. 호리치는 그의 사용 의미론이 진리에 의존하지 않으면서 의미를 설명할 수 있다고 주장한다. 특히 지칭이나 만족 등에 대한 설명이 진리 조건적인 방식이 아니라 사용 규칙성에 의해 제공될 수 있다는 것이다. 그의 전략은, 그 단어 표현을 포함하는 문장의 패러다임적 사용으로부터 사용 규칙성을 추출한 후, 그로부터 그 단어를 포함하는 문장의 수용–속성으로부터 단어의 의미–속성을 도출하는 것이다. 마지막으로 문장을 포함한 복합 표현의 의미는 조합 원리 즉 복합 표현의 의미는 그것의 구성 요소들의 의미와 구문론적 구조에 의존한다는 원리에 기초하여 사소하게 설명된다. 이는 단어 "참"의 경우에도 예외가 아니다. "참"이라는 단어의 의미 또한 동치 도식의 예화들과 같이 그 단어를 포함하는 패러다임적 문장의 사용에 근거하여 주어진다. 그런데 단어를 구성하는 기호 "개"와 "가 짖는다"를 조합한 결과는 또 다른 기호 나열인 "개가 짖는다"일 뿐이다. 이렇게 되면 그 기호 나열 "개가 짖는다"가 왜 그러한 의미를 가지는지를 새로 설명해야 하는 곤란한 상황이 벌어진다. 반면에 단어 의미에 의한 문장 의미의 조합 산출 결과는 기호의 나열이 아니라 복합 의미, 즉 명제이다. 즉, 단순 의미에 의해 조합되는 복합 의미라는 설명 방식은 문장보다는 명제에 더 적합한 것이다. (Horwich, 2005) 다만, 한 가지 혼동하지 말아야 할 것이 있다. 호리치의 의미 이론은 사용 의미론의 한 종류이지만, 의미를 사용에 의존하여 설명하는 모든 이론이 축소주의적 진리 개념을 전제한다고 일반화하는 것은 틀리다. 사용 의미론은 의미란 다른 것이 아니라 사용이라는 이론이다. 이는 지극히 보편적인 논제로서 웬만한 의미 이론은 모두 이 범주에 포함될 수 있다. 예를 들어 데이빗슨의 진리 조건적 의미론도 우리의 언어 사용을 반영하는 의미 이론이기에 사용 의미론의 하나라고 부르더라도 안 될 것은 없다. 물론 그렇다고 해서 진리 조건적 의미론이 진리 개념의 축소를 긍정하는 것은 아니다.

둘째, 진리 담지자는 의미의 담지자일 뿐 아니라 믿음의 대상이기도 하다는 명백한 사실과 보다 잘 조화되기 때문이다. 예를 들어, 돌이가 흡연은 몸에 해롭다고 믿을 때, 돌이의 믿음의 대상은 "흡연은 몸에 해롭다."는 문장 즉 기호들의 일정한 나열이 아니라 그 문장의 의미인 명제 즉 흡연은 몸에 해롭다는 내용이다. 호리치는 자신의 축소주의를 진리와 관련된 사안뿐 아니라 믿음과 같은 명제 태도 그리고 참인 믿음이 지니는 규범성까지 통합적으로 해명하는 이론으로서 제시한다. 그러한 통합적 설명을 위해서는 문장보다는 명제가 진리의 담지자 그리고 명제 태도의 대상으로 더 적합하다. 예를 들어, 아래의 M6와 M7으로부터 M8으로의 추론은 돌이와 순이가 가진 명제 태도의 대상이 동일한 명제라는 것에 의해서 만족스럽게 설명될 수 있다.

(M6) 돌이는 비가 내릴 것이라고 말한다.
(M7) 순이는 비가 내릴 것임을 의심한다.
(M8) 순이는 돌이가 말하는 것을 의심한다.

호리치의 책 『진리(Truth)』는 출판된 지 이미 30년이 넘었지만 그의 이론은 진리에 관한 영어권 분석철학에서 빼놓을 수 없는 저서로 현재까지도 인정받고 있으며, 그만큼 수많은 비판을 받기도 했다. 적어도 진리라는 주제에서만큼은, 아마도 지난 30년간 가장 뜨거운 논쟁의 중심이었던 철학자는 단연 호리치일 것이다. 최소주의의 의의는 세계적인 철학 학술지 『Synthese』가 2018년 『진리』의 출판 25주년을 기념하여 발간한 진리 최소주의 특집호의 소개에서 조셉 울라토프스키와 코리 라이트가 쓴 다음의 논평으로 잘 요약된다.

"[호리치의 책은] 진리의 본성에 관해 논쟁하는 축소주의적 사고가 진리 술어의 효용성에 관한 논쟁으로 유익하게 전환될 수 있음을 확고히 했을 뿐만 아니라, 진리 개념이 특정한 형태의 형이상학적 실재론을 수용해야 하는가와 같은 전통적인 형이상학적 논쟁과 관심으로부터 진리 이론이 떨어져 나가게끔 진리 이론의 방향을 재설정하였다."

– Ulatowski and C. Wright, 2018

진리가 이성 속에 있는 것은 아니지만,
이성이 진리와 배치되지는 않는다.

– 블레즈 파스칼

4.1.3. 축소주의에 대한 비판

축소주의는 일일이 나열하기 힘들 만큼 많은 비판을 받는다. 이는 축소주의라는 견해의 견고함을 역설적으로 보여준다. 속된 말로, '맷집'이 좋은 것이다. 그토록 많은 비판을 받으면서도 지배적 견해로서의 지위를 유지한다는 것은, 달리 말하면 이론의 설득력이 높다는 뜻이기도 하다. 축소주의에 대한 대표적인 비판으로는 4.2에서 살펴볼 크리스핀 라이트의 것이 많이 인용되지만, 여기서는 그 외에 주목할만한 비판들을 요약한다.

1) 세계와 진리 사이의 연결이 부정된다

필자의 견해로는 바로 이것이 축소주의를 바라보는 철학자들이 가지는 가장 근본적인 의구심이다. 진리가 세계에 의존한다는 것은 너무나 자명해서 그것을 거부하는 이론이 과연 유지될 수나 있을지 의문스러울 정도이다. 결론부터 말하자면, 축소주의는 진리가 세계에 의존한다는 것을 부정하지 않는다. 호리치는 다음과 같이 말한다.

> "[나의 최소주의는] 진리가 - '어떤' 의미에서는 - '실로' 사실과 대응한다는 것을 부정하지 않는다. 진술들은 그것의 참을 실재의 본성에 빚진다는 것을 최소주의는 인지한다."
>
> \- Horwich, 1998, p. 104.

축소주의자들이 부정하는 것은 진리가 그러한 의존에 의해서 정의된다는 생각이다. 하지만 진리가 세계에 의존한다는 것을 인정하면서 진리의 개념적 구성 요소에 세계에 대한 의존은 제외한다는 것이 과연 납득할 수 있는 주장일까? 이러한 의구심을 드러내는 비판의 하나가 다음의 결정 논증(determination argument)이다. (Bar-On, Horisk, and Lycan, 2001a)

(D1) 문장 의미와 가능세계는 함께 그 세계에서의 그 문장의 진릿값을 결정한다.
(D2) (D1으로부터) 따라서 문장 의미는 가능세계에서 진릿값으로의 함수이다.

(D3) 그런데 이러한 함수는 진리 조건이다.
(D4) 따라서 문장 의미는 최소한 부분적으로라도 진리 조건적이다.
(D5) 진리 조건적 의미론과 축소주의는 양립 불가능하다.
(D6) 따라서 축소주의는 거부된다.

바-온 등에 따르면, 축소주의가 이 논증에 응수할 수 있는 경로는 두 가지이다. 하나는 D1이 거짓임을 보이는 것이고, 다른 하나는 D1에서 D2로의 추론이 잘못되었음을 보이는 것이다. D1은 진리가 세계와 의미라는 두 속성으로 구성되는 복합 속성임을 말한다. 그러나 축소주의는 진리를 아예 속성이라고 받아들이지 않기 때문에 이는 논점 선취에 해당한다는 것이다. 이에 대해 바-온 등은 D1이 말하는 것은 그저 의미와 세계가 주어졌을 때 그 문장이 필연적으로 참/거짓이라는 것뿐이라며 이에는 진리가 어떤 속성이라는 주장은 포함되지 않는다고 재반박한다. D1이 거짓이라는 또 다른 가능한 반론은 다음과 같이 전개된다. D1은 다음의 D1-1과 같이 재서술할 수 있는데, D1-1의 예화는 D1-2와 같은 것들이다.

(D1-1) 문장 의미와 가능세계는 함께 그 세계에서 그 문장이 참인지의 여부를 결정한다.
(D1-2) "눈은 희다."의 의미와 가능세계는 함께 그 세계에서의 "눈은 희다."가 참인지의 여부를 결정한다.

그런데 D1-2에 탈인용 도식을 적용하면 다음의 D1-3가 된다.

(D1-3) "눈은 희다."의 의미와 가능세계는 함께 그 세계에서의 눈은 흰지의 여부를 결정한다.

바-온 등에 따르면, 축소주의자들은 아마도 D1-3가 거짓이라고 주장할 것이다. 의미가 세상 모습을 결정한다는 것은 말이 되지 않기 때문이다. 하지만 바-온 등은 D1-3는 참이라고 본다. 왜냐하면 의미와 무관하게 세계가 단독으로 눈이 흰지의 여부를 결정하기 때문이라는 것이다. 다만 필자는 D1-3가 참이라는 바-온 등의 '재반박'은 다소간 허수아비 공격이 아닌가 우려한다. 축소주의자를 포함한 그 누구라도 D1-3가 거짓이라고 여길 것 같지는 않기 때문이다. 게다가 축소주의는 본질적으로 진리에 관한 이론인데, D1-3는 진리에 관한 어떠한 언급도 포함하지 않는다. 바-온 등이 검토하는, 축소주의자들이 결정 논증을 반박할 수 있는 두 번째 경로는 D1에서 D2로의 추론이다. 세계가 단독으로 문장의 진릿값을 결정한다면 D1에서 D2로의 추론은 성립하지 않는다는 것이다. 이에 대해 바-온 등은 세계가 눈이 흰지의 여부는 단독으로 결정하지만, 세계가 "눈은 희다."가 참인지의 여부를 결정하려면 "눈은 희다."의 의미가 역할을 해야 한다고 재반박한다.

그렇다면 결정 논증에 의해 축소주의는 논박되는가? 바-온 등은 축소주의와 결정 논증 모두 의미와 사실이 진릿값을 결정한다는 데에는 의견이 일치한다고 진단한다. 즉, 축소주의는 도식 ①을, 결정 논증은 도식 ②를 받아들이지만, 그들은 결국 같은 주장을 하고 있는 셈이라는 것이다("⇨"는 '만약 ...가 주어진다면 ...가 주어진다'를 뜻한다).

① 의미 ⇨ (사실 ⇨ 진리)
② 사실 ⇨ (의미 ⇨ 진리)

이를 바탕으로 바-온 등은 축소주의와 진리 조건적 의미론은 모종의 접점에 도달한다는 결론을 제시한다. 하지만 필자는 그들의 결론에 동의하지 않는다. 세계가 주어졌을 때 문장 의미가 그 문장의 진릿값을 결정한다는 것과, 문장의 진리 조건이 그 문장의 의미를 설명하는 핵심이라는 것은 언뜻 비슷해 보이지만 실은 서로 독립적인 주장이다. 예를 들어 축소주의자들은 다음의 추론을 받아들이겠지만, 그렇다고 이 추론이 문장의 의미를 사실 혹은 진리 조건에 의해서 설명하는 것은 아니다.

(E1) "눈은 희다."는 눈이 희다는 것을 의미한다.
(단, E1은 진리 조건적 방식이 아닌 다른 방식에 의해 주어진다고 가정함)

(E2) 눈은 희다는 것은 사실이다.

(E3) "눈은 희다."가 참이라면 그리고 오직 그 경우에만 눈은 희다.

(E4) 따라서 "눈은 희다."는 참이다.

필자의 진단으로는, 바-온 등이 겪는 혼란은 축소주의자들이 진릿값의 결정에 문장의 의미가 전혀 역할을 하지 않는다고 생각한다는 오해에서 기인한다. 그들은 축소주의의 중심인 탈인용 도식이 의미를 가정하지 않더라도 탈인용이라는 구문론적 조작만으로 성립한다는 점에만 주목한 듯 보인다. 그러나 이는 축소주의를 대하는 독자들도 주의해야 할 오해이다. 축소주의자들은 탈인용 도식 또는 동치 도식을 다룰 때, 이미 문장의 의미 또는 명제가 확보되어 있다고 선행 가정한다. 반면 바-온 등은 진리 조건을 전제하지 않으면 특정한 의미와 특정한 사실 사이의 연결이 "수수께끼가 되어버린다"고 불평한다. 하지만 그런 불평은 오해에서 비롯한 것이다. 축소주의도 의미와 사실 사이의 명백한 관련을 부정하는 것은 아니다. 축소주의자들이 주장하는 핵심은, 그 관련이 동치 도식이 말하는 바를 넘어서지는 않는다는 것이다. 그러므로 결정 논증에서 축소주의자들이 실상 불만을 가질 부분은 D3다. 축소주의의 관점에서, D3는 명백히 거짓인 전제이다.

결정 논증을 둘러싼 바-온 등의 논의는 우리가 축소주의를 이해할 때 무엇을 오해해서는 안 되는가를 잘 드러낸다. 축소주의는 확실히 진리에 의해 의미를 설명하지 않는 이론인 것이 맞다. 하지만 "진리에 의해 의미를 설명하지 않는다."를 D1이나 D1-1과 같은 자명한 진술마저 거부한다거나, 사실과 의미 사이의 관련을 전면적으로 부정한다거나, 진리가 의미를 비롯한 다른 철학적 개념들과 전혀 무관하다는 등의 무리한 주장으로 확대해석해서는 안 된다. 콰인이 말하듯, "진리는 실재와 연결을 가진다. 하지만 문장이 그러한 이유에서 참이라고 하는 것은 혼동이다."(Quine, 1970, p.11)

2) 진리에 의존하지 않고서는 설명할 수 없는 것들이 있다

축소주의는 진리의 설명력을 부정한다. 하지만 일부 철학자들은 진리에 기대지 않고서는 설명될 수 없는 것들이 있다고 주장한다. 논쟁의 중심은 단연 의미이다. 지금까지 살펴본 것처럼 축소주의와 진리 조건적 의미론은 의미에 대한 진리의 설명 역할을 놓고 첨예하게 대립한다. 진리의 설명력과 관련한 또 하나의 쟁점은 진리의 가치와 규범성에 관한 것이다. 진리의 규범성이란, 만약 <p>가 참이라면 <p>를 믿어야 한다는 혹은 믿는 것이 마땅하다는 것이다. 즉, 진리는 우리에게 어떤 의무를 부과한다. 만약 진리가 축소주의자들이 생각하는 것처럼 얇은 개념에 지나지 않는다면 진리가 어떻게 우리의 어깨 위에 의무를 얹을 수 있겠는가? 팽창주의자들은 진리의 규범성이 진리의 본성에 포함되어 있다고 본다. 진리는 규범성을 구성 요소로 내재하기에 풍부한 개념일 수밖에 없다는 것이다. 반면 일부 축소주의자들은 진리의 규범성은 <p>라는 명제의 주장 행위가 가진 규범성으로부터 파생되는 것으로 본다. 예를 들어 호리치는 진리 개념을 팽창시키지 않으면서도 진리의 가치를 설명할 수 있다고 주장한다. (Horwich, 2013) 진리의 가치는 "우리는 참인 믿음을 가져야 한다."라는 규범으로 나타낼 수 있다. 그렇다면 왜 우리는 참인 믿음을 가져야 하는가? 팽창주의의 대답은 그러한 믿음이 옳은 믿음이기 때문이라는 것이다. 그리고 그러한 믿음이 옳은 믿음이라는 것은, 그 믿음이 참이라는 것에 의해 설명된다는 것이다. 결국 팽창주의는 <p는 참이다>에 의해서 <p는 옳은 믿음이다>를 설명하고, 다시 <p는 옳은 믿음이다>를 통해서 <우리는 p를 믿어야 한다>를 설명하는 셈이다. 호리치는 참인 믿음은 옳은 믿음이고, 거짓인 믿음은 옳지 않은 믿음이라는 것에는 동의한다. 그러나 그는 '참'에 의해서 '믿어야 한다'를 설명하는 방향에는 반대한다. 대신 그는 다음의 OUGHT가 가장 근본적인 규범 원리이며, 이로부터 '옳음' 개념의 규범성이 설명되고, 그로부터 참인 믿음의 규범성이 설명된다고 주장한다.

> (OUGHT) 우리는 우리의 믿음이 참이기를 바라야 (따라서 어떠한 거짓인 믿음도 가지기를 바라지 않아야) 마땅하다.

OUGHT와 같은 원칙에 의해 비-규범적 개념의 규범성이 설명되는 것은 윤리에서도 비슷하게 찾아볼 수 있다고 호리치는 유비한다. 예를 들어, "살인은 나쁘다."를 생각해 보자. 살인이라는 개념 자체는 비-규범적이지만 윤리적 규범은 그것에 대해 '나쁘다'는 가치평가를 매긴다. 마찬가지로 진리 개념 자체는 비-규범적이지만 OUGHT에 의해 참인 믿음을 믿어야 한다는 가치평가가 이루어진다는 것이다. 하지만 이에 대해, OUGHT에는 "참"이라는 말이 포함되어 있으므로 규범 OUGHT는 결국 진리 개념에 의존하여 설명되는 원리라는 반박이 있을 수 있다. 이에 대해 호리치는 OUGHT에 포함된 "참"은 그저 다음과 같은 무한 연언을 일반화하기 위한 장치일 뿐이라고 반박한다.

> '만약 우리가 모기가 피를 빤다고 믿는다면 모기는 피를 빤다'를 우리는 원해야 하고, '만약 우리가 모기가 피를 빤다고 믿는다면 모기는 피를 빨지 않는다'를 우리는 원하지 않아야 한다. 그리고 …

OUGHT에 포함된 표현 "참"은 이러한 무한 문장을 쓰지 않게 해주는 편리한 장치로 기능한다. 그러므로 진리 개념에 의해 OUGHT라는 규범이 구성된다고 볼 수 없다는 것이다.

아울러 OUGHT는 우리가 무엇을 믿어야 마땅한가, 어떤 의도에서 믿어야 하는가, 혹은 실제 결과가 어떻기를 기대해야 하는가 등을 말하는 규범이 아님에 주의해야 한다. 이 원칙은 글자 그대로, 우리는 우리의 믿음이 참이기를 바라야 마땅하다고 말할 뿐이다. 그래서 호리치는 OUGHT를 다음의 두 규범과 혼동하지 말라고 경고한다.

(O1) 그 믿음이 참인 경우에만 우리는 그 믿음을 가져야 마땅하다.
(O2) 그 믿음이 참이라면 우리는 그 믿음을 가져야 마땅하다.

O1이 올바른 규범이 아님은 명확하다. 인류는 진리를 추구하는 과정에서 수많은 시행착오를 불가피하게 겪는다. 우리가 과거에 가졌던 믿음이 이후 거짓으로 밝혀진다고 해서 비난을 받거나 헛된 것으로 치부되는 것은 아니다. O2 또한 옳지 않은 규범이다. 수많은 믿음이 참이지만, 그것들 모두가 우리에게 알려지는 것은 아니다. 그중에는 우리에게 영영 알려질 수 없는 믿음들도 있다. 게다가 <지금 내 쓰레기통에 있는 저 휴지 조각을 평면으로 펼치면 한 변의 길이가 12.3cm이다>와 같이 어떤 믿음은 참이지만 너무나 사소한 믿음도 있다. 그러한 믿음을 가져야 할 책임이 우리에게 있는 것은 아니다.

그렇다면 옳은 믿음이란 무엇인가? 호리치에 따르면 옳은 믿음의 집합은, 그 집합에 속하는 믿음은 우리가 원해야 하고 속하지 않는 믿음은 우리가 원하지 않아야 하는 그러한 집합이라고 정의된다. 정의를 보면 알 수 있듯이, 호리치는 '옳음'의 개념이 본래적으로 규범적이라고 간주하고 있다. 즉, '옳음'의 개념 안에 '해야 한다'의 개념이 이미 포함되어 있다. 이 정의에 OUGHT를 적용하면 다음이 연역된다.

> 참인 믿음의 집합은, 그 집합에 속하는 믿음은 우리가 원해야 하고 속하지 않는 믿음은 우리가 원하지 않아야 하는 그러한 집합이다.

이것이 바로 참인 믿음의 규범성을 나타낸다. 즉, 근본적인 원리인 OUGHT와, 규범적 개념인 '옳음'으로부터 진리의 규범성이 도출된다는 것이다. 따라서 진리는 본래적으로 규범적인 것이 아니며, 진리의 규범성은 OUGHT라는 별개의 규범으로부터 설명되는 것이라고 호리치는 주장한다. 이 점을 강조하기 위해 호리치는 자신의 논증을 기바드의 논증과 비교한다. 기바드는 진리의 규범성을 부정(P2)하는 것에 대해서는 호리치와 의견이 일치하지만, 진리 개념에 옳음의 개념이 구성적으로 포함된다는 전제(P1)에서는 호리치와 의견이 갈라진다.

> [기바드의 논증]
>
> (P1) p라는 믿음이 참이라는 것은 p라는 믿음이 옳다는 것을 분석적으로 함축한다.
>
> (P2) p라는 믿음이 참이라는 것은 규범적이지 않다.
>
> (C1) 따라서 p라는 믿음이 옳다는 것도 규범적이지 않다.
>
> [호리치의 논증]
>
> (P1´) p라는 믿음이 옳다는 것은 규범적이다.
>
> (P2) p라는 믿음이 참이라는 것은 규범적이지 않다.
>
> (C2) 따라서 p라는 믿음이 참이라는 것의 개념은 p라는 믿음이 옳다는 것의 개념에 의해 구성되지 않는다.

한 가지 혼동해서는 안 되는 점은, 호리치는 진리 개념에 규범성이 본래적으로 포함되는 것은 아니라고 주장하지만, 그렇다고 진리가 가치를 지니는 까닭이 진리가 우리에게 실제로 도움이 되거나 그럴 개연성을 높이기 때문 등이라고 그가 주장하는 것은 아니라는 점이다. 진리는 그 자체로(for its own sake) 가치가 있다는 것이 호리치의 명확한 입장이다. 그러나 진리의 가치와는 별개로, 진리의 규범성은 규범 OUGHT와 '옳음' 개념의 규범성에 의해 설명된다는 것이다. 단, OUGHT를 긍정하는 우리의 '태도'는 실용적 이익에 기초하여 설명될 수 있다고 호리치는 말한다.

진리의 본래적 규범성을 제거하려는 호리치의 시도는 아무래도 작위적이라는 인상을 지우기 어렵다. 진리의 본래적 가치도 인정되고, 진리가 규범성을 가진다는 사실도 인정된다면, 대체 왜 우리는 OUGHT와 같은 별도의 규범 원칙을 동원해가면서 진리의 규범성을 우회적으로 설명해야 하는가? 진리가 본래적으로 규범적이지 않다는 것은 분명 진리 축소주의가 옳다는 강력한 증거가 될 것이다. 그러나 진리 축소주의가 옳다는 것을 보이기 위해서 진리가 본래적으로 규범적이지 않다는 논증을 동원하는 것은 말 앞에 마차를 두는 시도일지도 모른다.

3) "진리란 무잇인가?"에 대해 아무것도 말하지 않는다

진리란 무엇인가를 아는 것은, 무엇이 참이고 무엇이 거짓인지를 구별할 기준을 아는 것이다. 하지만 동치 도식의 예화들을 이해한다고 해서 그 기준을 알게 되는가? 그렇지는 않다. 그렇다면 동치 도식의 예화들이 우리가 진리에 대해 알아야 할 모든 것이라는 축소주의의 입장은 약화된다. 이러한 비판은 이른바 "소크라테스 문제"라고 불리는 문제의 연장에 있다. 소크라테스 문제란, 우리는 가령 "선함", "아름다움" 등과 같은 용어들을 일상적으로 쓰고 있고 또 잘 사용하고 있지만, 정작 선은 무엇이며 아름다움이란 무엇인가에 대해서는 알지 못한다는 문제이다. 마찬가지로 우리가 용어 "참"을 능숙하게 사용한다고 해서 참과 거짓의 기준을 파악하게 되는 것은 아니다. 같은 맥락에서, 굽타는 동치 도식의 무한한 예화들을 파악하지 않고서도 우리가 이미 단어 “참”의 일상적 의미를 안다고 비판한다. 설령 진리에 대한 파악이 단어 “참”에 대한 파악을 통한다고 인정하더라도, 우리가 진리 개념을 파악하기 때문에 동치 도식의 무한한 예화들을 파악할 수 있는 것이지, 그 역방향은 아니라는 것이다. (Gupta, 2005) 필자 역시 진리에 대한 철학적 탐구는 표현 “참”의 사용에 대한 탐구와 동일하지 않다고 생각한다. 이는 선을 탐구하는 윤리학자가 “선”, “좋음” 등의 단어를 어떻게 사용하는가의 문제에 천착하지 않는 것과 같다. 물론 용어 “선”의 사용에 대한 탐구가 윤리학에 적지 않은 도움이 될 것임은 분명하다. 하지만 그렇다고 해서 “선”의 사용에 대한 탐구가 선을 탐구하는 것과 동일한 것은 아니다.

물론 이에 대해 축소주의자들은, 그러한 대답을 요구하는 것은 진리에 문법적 장치로서의 기능 이상의 어떤 실재론적 속성이 있다는 것을 가정하는 논점 선취라고 반박할 것이다. 그러나 축소주의자들의 희망처럼 진리의 본성에 관한 모든 논쟁이 그러한 반박으로 종결될 수 있을지는 여전히 미지수이다.

4) 이론 내적으로 비일관적이다

축소주의는 진리 표현이 실재적이고 본체적인 속성에 대응하는 술어가 아니라고 주장한다. 그런데 이 주장은 실재적이고 본체적인 속성에 대응하는 술어와 그렇지 않은 술어가 있다는 가정에 의존한다. 그 가정에 따르면, 실재적이고 본체적인 속성에 대응하는 술어(꼭 진리 술어가 아니더라도)를 포함하는 어떤 명제가 참인 경우 그 명제의 참은 본체적인 참이 될 것이다. 그러므로 축소주의는 비일관적인 이론이라고 일부 철학자들은 비판한다. (예를 들면, Williams, 2002)

이러한 유형이 비판이 제기되는 근본적인 이유는 “본체적인 속성”

이라는 말이 정확히 무엇을 가리키는지가 도무지 불분명하기 때문이다. 축소주의자들은 그 명료화의 책임을 팽창주의자들에게 떠넘기는 경향이 있지만, 바로 그 때문에 축소주의 내에서도 본체적 속성에 대한 여러 정의가 난립하는 바람직하지 않은 결과가 빚어진다. 앞서 강조했듯, 진리가 동치 도식을 만족한다는 것은 축소주의자들뿐 아니라 대응론, 정합론, 다원주의 등 진리에 관한 모든 견해에서 부인할 이유가 전혀 없다. 동치 도식의 성립은 모든 진리 견해에 의해 동의를 이루는 최소 교집합이다. 심지어 가장 완강한 형태의 대응론에서조차 동치 도식은 충돌을 일으키지 않는다. 물론 축소주의의 주장은 그러한 견해들과 달리 동치 도식이 말하는 것을 넘어서는 것은 진리에 없다는 주장을 포함하나, 문제는 그 "넘어서는 것"이 정확히 무엇인가이다. 그에 대한 경계 설정이 없으면 양립 불가능한 주장들까지 이론 내로 무분별하게 포함될 수 있으며 결국 축소주의라는 이론 자체의 불안정성을 초래할 위험이 있다.

어머니는 말씀하셨다.

"너는 참을 말하는데 누군가 거짓을 말한다면, 그와 다투지 말아라."

– 휘트니 휴스턴

4.2
진리 다원주의(Alethic Pluralism)

4.2.1. 다원주의의 시작과 발전: 라이트

진리 다원주의는 이름만 보면 진리 상대주의의 하나로 오해할지도 모른다. 철학에서 상대주의적 관점을 견지하기 어렵다는 것은, 윤리 상대주의를 향한 여러 치명적인 반론들만 보더라도 쉽게 알 수 있다. 진리 상대주의에 대한 비판도 윤리 상대주의에 대한 비판과 평행하게 작동한다. 고대 그리스 소피스트의 경우에서 확인하듯, 진리가 관점이나 논의 영역, 혹은 기준에 따라 상대적이라는 주장을 자기모순에 빠지지 않으면서 설득력 있게 펼친다는 것은 거의 불가능한 작업이다. 하지만 진리 다원주의는 진리 상대주의가 아니다. 그럼 무엇일까?

다음의 두 참인 명제를 비교해 보자.

(PP1) 지구는 태양 주위를 공전한다.
(PP2) 위증은 나쁘다.

어떠한 철학적 관점도 전제하지 않는다고 가정하면, PP1이 왜 참인지에 대한 자연스러운 대답은 사실과의 대응에 호소하여 답변하는 것이다. 지구가 태양 주위를 공전하고 있는 바로 그 물리적 사실은 PP1을 참인 명제이게끔 한다. 반면 PP2가 왜 참인지에 대한 만족스러운 대답은 그와는 다른 방향이어야 할 것 같다. 위증이 나쁘다는 것은 확실히 참이지만 그에 상응하는 '사실'이 있는지는 아무래도 의문스럽다. 설령 그런 사실이 있다손 치더라도 그것은 지구가 태양 주위를 돌고 있는 사실과 같은 그런 사실과는 어딘가 중대한 측면에서 다를 것 같다. 한마디로, PP1과 PP2는 참이라는 것에는 차이가 없지만, 참이 '됨'에서는 무언가 차이가 있다. 바로 이것이 다원주의가 제기된 동기이다. 다원주의의 기본적인 주장은, 명제의 참은 그 명제가 속한 논의 영역에 따라 다르다는 것이다. 다원주의는 논의 영역에 따라 진리 속성이 서로 다르게 존재한다는 강경한 다원주의와, 진리는 단일한 속성이지만 그 속성이 나타나는 방식이 논의 영역에 따라 다원적이라는 온건한 다원주의로 나뉜다. (Pedersen and C. Wright, 2013) 다원주의의 절대다수는 온건한 다원주의로서 이 책에서 다루는 라이트, 린치, 피더슨, 그리고 여타의 다원주의자들이 모두 이 부류에 속한다.

진리 다원주의의 출발점은 크리스핀 라이트이다. (Wright, 1992) 그에 따르면, 그동안 철학자들은 "진리는 무엇과 같은가?" 혹은 "진리는 무엇으로 구성되는가(consist in)?"라는 질문에 집중해 왔지만, 이는 답을 얻을 수 없는 질문이다. 말하자면 지금까지 진리 이론은 지금까지 잘못된 방향으로 전개되어 온 셈이다. 이는 실재론과 반실재론 사이의 지리한 소모전이 왜 종결되지 않는지를 설명한다. 예를 들어, 대응론을 생각해 보자. 대응론은 "진리란 무엇으로 구성되는가?"에 대한 답을 내놓는다. 하지만 그 대답은 사실적 논의 영역에서는 잘 적용되지만 윤리적 논의 영역에서는 그렇지 않다. 반면 정합론이 내놓는 대답은 수학의 논의 영역에서는 잘 적용되지만 사실적 논의 영역에서는 그렇지 않다. 이와 같이 "진리란 무엇으로 구성되는가?"에 대한 일원론적인 답변은 한 영역에서는 잘 들어맞지만 다른 영역에서는 들어맞지 않는다. 라이트에 따르면, 진리는 논의 영역에 따라 다르게 나타나지만, 모든 논의 영역에 공통된 진리의 본질이 있다. 그러므로 영역 문제에 대처하는 올바른 방향은 다양한 논의 영역에서 나타나는 진리 이론에 공통된 특징이 무엇인가를 찾는 것이다. 진리가 모든 논의 영역에 걸쳐 담지하는 그러한 본질을 라이트는 진리의 평범한 상식(platitude)이라고 부른다. 평범한 상식에는 예를 들면 "명제는 참이지만 정당화되지 않을 수 있다. 또한 그 역도 성립한다."와 같은 것들이 포함된다. 이처럼 평범한 상식을 만족하는 진리, 모든 논의 영역에서 공통되는 최소한의 속성을 만족하는 진리를 최소 진리(minimal truth)라고 하는데, 이 명칭은 4.1에서 소개한 호리치의 최소주의 진리론과는 구별되는 용어이므로 혼동하지 않도록 주의해야 한다. 최소 진리는 다음의 두 가지를 만족한다. 첫째는 탈인용 도식(DS)과 동치 도식(ES)의 만족이다.

(DS) "p"가 참이라면 그리고 오직 그 경우에만 p이다.
(ES) p라는 것이 참이라면 그리고 오직 그 경우에만 p이다.

그리고 최소 진리가 만족하는 두 번째 요건은, p라고 주장하는 것과 p가 참이라고 주장하는 것이 같다는 것이다. 축소주의는 오직 최소 진리만을 받아들인다. 그러므로 만약 진리에 최소 진리 이외의 '플러스 알파'가 더 있다는 것을 보이면, 축소주의는 논박된다. 라이트의 대답은 적어도 실재론적 논의 영역에서만큼은 '플러스 알파'가 있다는 것이며, 그런 점에서 다원주의는 축소주의의 대척점에 선 이론이다. 라이트의 다원주의를 담은 책 『진리와 객관성(Truth and Objectivity)』의 첫 장의 제목이 "축소주의를 논파하기(Inflating Deflationism)"라는 것이 이를 암시적으로 보여준다. 그의 주장의 요지는 다음과 같다. 최소 진리는 동치 도식을 만족한다. 그리고 동치 도식의 만족은 진리에 규범성이 있음을 보여준다. 그런데 4.1에서 말한 것처럼 축소주의는 진리를 오직 문법적 장치에 지나지 않는다고 주장한다. 그러므로 동치 도식을 받아들이면서 진리의 규범성을 받아들이지 않는 축소주의는 틀렸다는 것이다. 그렇다면 동치 도식의 만족이 어떻게 진리의 규범성으로 이어지는가? 라이트의 논증에 따르면, 진리가 보증된 주장가능성과 그 외연이 다르다는 것이 동치 도식으로부터 함축된다. 다시 말해, 참이지만 보증된 주장가능성은 가지지 않는 명제가 있다는 것이 함축된다는 것이다. 그 둘의 규범성은 다르다. 반면 축소주의에 따르면 진리는 보증된 주장가능성과 같은 규범을 가져야 한다고 라이트는 주장한다. 왜 그럴까? <p>가 보증된 주장가능성을 가진다는 것은, 거칠게 말해서 p라고 믿는 것이 정당화된다는 것과 같다. 이제, 어떤 주체 S가 모든 증거에 기초해서 p라고 믿는 것이 정당화되었다고 하자. 즉, 그에게 <p>가 보증된 주장가능성을 가진다고 하자. 그러면 다음의 W1이 성립한다.

(W1) S가 p라고 믿는 것은 정당화된다.

그런데 동치 도식에 의해 W1은 다음의 W2와 동치이다.

(W2) S가 〈p〉가 참이라고 믿는 것은 정당화된다.

W1의 상황 즉 외연을 W1′, W2의 상황을 W2′라고 하자. W1과 W2가 동치이므로 W1′와 W2′는 같다. 그런데 W1′에서 <p>는 보증

된 주장가능성을 가진다. 최소 진리만을 받아들이는 한, <p>가 보증된 주장가능성을 가진다고 '주장하는' 행위와 S가 <p>가 참이라고 '주장하는' 행위는 외연이 일치한다고 보아야 하는 것이다. 그런데 앞서 전제한 것처럼, 축소주의는 오직 최소 진리만을 받아들인다. 따라서 만약 축소주의가 옳다면 보증된 주장가능성과 참은, 그 주장 행위의 외연이 일치하므로, 규범성에서도 같아야 할 것이다.

하지만 보증된 주장가능성과 참의 규범은 같지 않다. DS의 양변 모두에 "성립하지 않는다(not the case)"를 부가해 보자.

> (W3) "p"가 참이라는 것이 성립하지 않는다면 그리고 오직 그 경우에만 p라는 것은 성립하지 않는다.

그리고 ES에 의해 다음이 도출된다.

> (W4) "p라는 것이 성립하지 않는다"가 참이라면 그리고 오직 그 경우에만 "p"는 참이라는 것은 성립하지 않는다.

그리고 참은 보증된 주장가능성과 같다고 가정해 보자. 그러면 W4로부터 다음의 W5가 도출된다.

> (W5) "p라는 것이 성립하지 않는다"가 보증된 주장가능성을 가진다면 그리고 오직 그 경우에만 "p"는 보증된 주장가능성을 가진다는 것은 성립하지 않는다.

라이트에 따르면 W5는 거짓이다. W5의 반례로는, p의 참과 거짓 둘 다의 근거가 결여되어 있는 중립적인 정보 상태를 들 수 있다. 그러한 경우 W5의 우변은 성립하지만 좌변은 성립하지 않는다. 예를 들어, <지금 이 순간, 우주의 모든 별의 갯수는 짝수이다>와 같이 <p>에 대해서도 보증된 주장가능성이 없고 <p>의 부정에 대해서도 보증된 주장가능성이 없는 경우가 그러하다. 이는 비록 <p>가 보증된 주장가능성을 가진다고 주장하는 행위와 <p>가 참이라고 주장하는 행위의 외연이 일치한다고 하더라도, 두 행위의 규범성이 다르다는 것을 뜻한다. 즉, 진리와 보증된 주장가능성의 규범성은 일치하지 않는다. 따라서 진리는 문법적 장치에 지나지 않는다는 축소주의자들의 생각은 틀렸다는 것이다. 이로써 축소주의는 논파되며, 아울러 보증된 주장가능성과 달리 진리는 규범적이라는 것도 보였다. 다시 말해, 진리에는 축소주의가 말하는 것 이상의 '플러스 알파'가 있는 것이다.

이제 앞서의 영역 문제로 다시 돌아와 보자. 한 영역에서 잘 작동하는 진리 술어가 다른 영역에서는 잘 작동하지 않는다. 그러므로 우리는 복수의 진리 술어가 필요하다. 하지만 보증된 주장가능성은 진리 술어의 하나가 될 수 없다. 그렇다면 반실재론 영역에서의 진리 술어는 무엇이어야 하는가? 이를 위해 라이트는 초주장가능성(superassertibility)이라는 개념을 도입한다. 이는 퍼스와 퍼트넘이 염두에 두었던 이상화된 주장가능성을 가리킨다. 즉, 어떠한 이상적인 탐구와 정보 증가에 의해서도 뒤바뀌지 않는 가장 안정화된 상태의 주장가능성을 말한다. 라이트는 강한 실재론적 진리 술어를 논점 선취하지 않는 논의 영역에서는 초주장가능성이 진리 술어가 될 수 있다고 주장한다. 그러나 초주장가능성이 진리 술어가 될 수 있다면 그것은 동치 도식을 만족해야 할 것이다. 즉, 다음의 W6가 성립해야 한다.

(W6) p라는 것이 초주장가능하다면 그리고 오직 그 경우에만 p이다.

이는 다음의 W7으로 변환된다.

(W7) p라는 것이 초주장가능하다는 것이 참이라면 그리고 오직 그 경우에만 p라는 것은 참이다.

혹자는, 예를 들어 골드바흐의 추측은 초주장가능하지 않으면서 참일 수 있으므로, 또는 <나는 통 속의 뇌가 아니다>는 초주장가능하면서 거짓일 수 있으므로, W7이 성립하지 않는다고 비판할지도 모른다. 그러나 이에 대한 라이트의 응답은 그러한 비판은 강한 실재론적 진리술어를 선행 가정하는 것에 지나지 않는다는 것이다. (Kvanvig, 1999)

그렇다면 실재론적 영역과 반실재론적 영역은 어떻게 구획되는가? 라이트가 제시하는 기준은 인식론적 제한이다. 인식론적 제한은 다음 두 가지 개념에 기초한다.

- 인지적 지배(cognitive command): 그 논의 영역에서의 의견 불일치가 어떤 인지적 결함을 포함한다는 것은 선험적이다.
- 광역 우주적 역할(wide cosmological role): 명제에 대한 우리의 태도를 넘어서는 사실들까지도 설명할 수 있는 역할.

인지적 지배는 쉽게 말해서 동일한 증거가 주어진다면 모두가 동일한 결론을 이끌어내야 한다는 원칙이다. 예를 들어 누군가는 "언덕 위에 양이 있다는 것은 참이다."라고 믿고 옆의 누군가는 "언덕 위에 양이 있다는 것은 참이 아니다."라고 믿는다면 최소한 둘 중 한 사람은 언덕 위의 물체를 잘못 보고 있는 것이다. 이와 같은 인지적 지배가 작동하는 영역은 실재론적 영역이다. 반면 윤리적 영역처럼 반실재론적 영역으로 간주될 수 있는 논의 영역에서의 의견 불일치는 꼭 어느 한쪽의 인지적 결함을 의미하지는 않는다. 광역 우주적 역할은, 주어진 명제에 대한 우리의 태도에 의해서 진리 술어의 귀속이 전적으로 설명되는 경우 이외의 것들까지 설명하는 역할로서, 이를 통해 설명되는 진리는 실재론 영역에 속한다. 유머(comic)에 관한 명제가 우리의 태도에 의해 참임이 전적으로 설명되는 전형적인 사례이다. 예를 들어 <애니메이션「이 멋진 세계에 축복을!」은 웃기다>라는 명제는 그것의 참이 전적으로 그 명제에 대한 우리의 태도에 의해서 설명된다. 다시 말해, 이 명제의 내용은 광역 우주적 역할을 가지지 않으며, 따라서 그 명제의 논의 영역은 반실재론 영역에 속한다. 광역 우주적 역할을 가지지 않는 명제로 라이트가 드는 또 다른 예는 미시 세계의 물리적 사실에 대한 명제이다. 그러한 명제의 진리 술어 부가에서의 차이 또한 그 명제에 대한 사람들의 태도에 의해서 전적으로 설명된다고 라이트는 주장한다.

라이트의 혜안은 이후 다원주의가 발흥하는 초석이 되었다. 라이트의 계승자들은 다양한 논의 영역별로 일어나는 진리 속성의 담지를 더욱 명료하게 해명하는 데 힘을 쏟았다. 대응적 영역에서는 명제가 사실과 대응함으로써 참이 되고, 논리적 영역에서는 명제가 공리 및 추론 규칙과의 정합에 의해 참이 된다고 한다면, 그러한 이질적인 영역에서의 진리 속성이 각각 발현되는 것을 통일되게 설명할 방식은 무엇인가를 해명하는 것이 이후 다원주의 진영에 남겨진 과제였다.

다원주의는 오늘날 진리 이론의 지배 패러다임인 축소주의에 정면으로 대항하는 경쟁 가설 내지는 대안 패러다임 격의 지위에 있다. 다원주의는 여러모로 축소주의와 대비된다. 가장 중요한 차이는, 진리를 실체적 속성으로 간주한다는 점이다. 진리가 실체적 속성이 아니라면 논의 영역에 따라 서로 다른 진리 속성이 있다는 주장은 공허한 주장에 그칠 것이다. 또 다른 차이로는 다원주의자들은 진리의 본래적 규범성을 긍정한다는 점을 들 수 있다. 이처럼 다원주의는 중요한 면에서 축소주의와 대척점에 서지만, 흥미롭게도 적지 않은 다원주의자들이 자신들이 제시하는 다원적 진리 안에 축소적 진리가 '포함'되기 때문에 다원주의와 축소주의는 '양립가능하다'고 생각한다. 예를 들어 도드는 다원성을 인정하더라도 그것은 논의 영역의 다원성일 뿐이며, 그러한 인정을 하더라도 어느 논의 영역에서든 p가 참이기 위한 필요충분조건은 p라는 것 이상을 시인할 필요가 없다는 주장은 여전히 유효하다고 주장한다. 그러므로 축소주의는 논의 영역의 다원성을 위협하지 못한다는 것이다. (Dodd, 2013) 그러나 필자가 보기에 이는 무리한 생각이다. 4.1에서 서술한 것과 같이, '축소적 진리도 있다'와 '축소적 진리만 있다'는 얼핏 비슷해 보이지만 실은 논리적으로 양립불가능한 주장이다.

모든 위대한 진리는 신성모독으로 시작한다.

\- 조지 버나드 쇼

4.2.2. 진리 기능주의: 린치

4.2.1에서 서술한 것처럼 다원주의의 주류는 온건한 다원주의이다. 그런데 온건한 다원주의는 단일한 진리 속성을 긍정하기 때문에, 진리 속성을 각각의 논의 영역에서 그 영역과 관계된 특정 속성과 '동일한' 것으로 취급하면 비일관성을 낳고 만다. 진리 속성을 T라고 해 보자. 그리고 사실과 대응함이라는 속성을 C, 초주장가능함이라는 속성을 S라고 하자. 만약 사실적 논의 영역에서는 T=C이고 인식적 논의 영역에서는 T=S라고 가정하면, C=S가 도출되는데 이는 받아들일 수 없는 귀결이다. 그렇기에 온건한 다원주의자들은 단일한 진리가 각각의 논의 영역에 속하는 다양한 속성에 '의존한다'는 주장으로 우회한다. 관건은 그 의존 관계를 어떻게 규정할 것인가이다. 다원주의자들은 다양한 아이디어를 내놓는다. 예를 들어 에드워즈는 그 의존 관계를 '체크메이트를 둠'과 '체스에서 이김'에 유비한다. 체크메이트를 두었다는 것은 체스에서 이김을 결정한다. 마찬가지로, 이를테면, 사실적 논의 영역에서의 사실과 대응함이라는 속성은 참임이라는 속성을 결정한다. 종목이 달라지면 그 결정 관계는 달라질 수 있다. 테니스에서는 체크메이트를 둠이 아닌 다른 속성이 '테니스에서 이김'이라는 속성을 결정할 것이다. 그럼에도 불구하고 이김이라는 단일한 속성은 그 모든 게임의 경우에 걸쳐 공유된다. 에드워즈는 진리 실현(truth-making) 속성과 진리 결정(truth-determining) 속성을 구별한다. 전자는 참이 되는 명제가 공유하는 단일한 속성이지만, 후자는 논의 영역에 따라서 달라진다. 특정 논의 영역에서 진리 결정 속성을 가진다는 것은 그 영역에서 진리 속성을 가지기 위한 필요충분조건이라는 것이다. 이는 마치 마라톤에서 결승선을 제일 먼저 통과함이라는 속성을 가지는 것과 우승함이라는 속성을 가지는 것이 서로

필요충분조건 관계인 것과 같다. 그리고 각각 진리 결정 속성들은 진리의 평범한 상식이 서로 다른 범위에서 제한적으로 만족된다는 것에 따라서 구분된다고 그는 주장한다. (Edwards, 2013)

의존 관계를 해명하려는 온건한 다원주의의 여러 제안 가운데 가장 널리 인용되는 것은 린치의 진리 기능주의이다. (Lynch, 2009, 2013) 린치는 의존 관계를 발현(manifestation) 관계로 간주할 것을 제안한다. 진리 기능주의라는 명칭을 지닌 그의 이론은 심리철학의 기능주의와 유사한 꼴을 지니고 있다. 이왕 유비가 나온 김에 여기서 짚고 넘어가자. 심리철학의 기능주의에서는 무엇이 고통-기능인지는 우리가 일상적으로 지닌 통속 심리학에 의해 두루뭉술하게만 규정된다. 우리 모두 "고통"이라는 말을 잘 이해하며 그 말을 능숙하게 사용한다. 그러나 고통이란 무엇인가에 대해 직접 답할 수는 없다. 다만, 우리는 고통이 물리적 신체 조건에 의해 어떻게 실현되는가를 해명할 수는 있으며 그것은 뇌신경과학자들이 해야 할 몫이다. 물론 그러한 해명이 "고통이란 무엇인가?"에 대한 직접적인 답을 주는 것은 아니지만, 우리에겐 그러한 답은 필요하지 않다. 그저 고통이 물리적 기저 상태로부터 어떻게 실현되는가에 대한 해명만으로 충분하다. 심리철학의 이 친숙한 구도를 염두에 두면 린치의 진리 견해를 이해하기가 한결 수월하다.

먼저 린치는 진리 속성이 진리에 대한 우리의 파악으로부터 독립적으로 존재한다는 전제를 받아들이면서 시작한다. 린치는 이를 진리 개념의 불투명성이라고 부른다. 우리가 단어 "고통"을 이해한다고 해서 고통이란 무엇인지를 아는 것은 아닌 것과 마찬가지로, "참"을 이해한다고 해서 진리 속성이란 무엇인지를 아는 것은 아니다. 4.1에서 언급했던 '소크라테스 문제'를 떠올려 보자. "선", "아름다움" 등의 용어들은 우리 모두 일상에서 능숙하게 사용하는 단어들이다. 하지만 "선이란 무엇인가?", "아름다움이란 무엇인가?"에 답하는 것은 전혀 다른 문제이다. 그런 면에서 '선', '아름다움' 등은 불투명한 개념이며, 그 개념을 나타내는 단어의 파악을 통해 그 속성의 본질을 알 수 있는 투명한 개념과 구분된다. '참' 또한 불투명한 개념이기에 단어 "참"의 파악을 통해서는 우리는 그저 진리의 유명론적 본질에만 다다를 수 있을 뿐이다. 진리의 유명론적 본질이란 진리에 대한 우리의 통속적인 믿음이나 자명한 참(truism)에 해당하는 속성을 말한다. 자명한 참은, 풀어서 의역을 하면 '참에 관해서 너무나 당연하게 받아들여지는 참'을 뜻한다. 고통의 개념을 이해하기 위해 뇌신경과학을 끌어들일 것도 없이 통속 심리학의 두루뭉술한 규정만으로 충분한 것과 마찬가지로, 자명한 참은 진리에 관한 심오한 철학적 고찰에 의하지 않고서도 누구나 받아들일 수 있는 진리의 자명한 이치를 나타낸다. 린치에 따르면 진리의 유명론적 본질은 다음 세 가지 핵심적인 자명한 참(core truisms)을 포함한다.

① 객관성: 참인 명제는 실재 또한 그 명제의 내용과 같은 그런 명제이다.
② 탐구의 목표: 참인 명제는 탐구에서 우리가 믿을 것을 목표로 하는 명제이다.
③ 믿음의 규범: 참인 명제는 믿는 것이 옳은 명제이다.

어느 논의 영역에 속하든, 세 가지 핵심적인 자명한 참이 성립하는 명제는 진리적 특징(truish features)을 지닌다. 진리적 특징이란 어느 논의 영역에서든 진리가 가진다고 암묵적으로 인정되는 특징으로서, 진리적 특징에 핵심적인 자명한 참만 있는 것은 아니지만 어떤 진리적 특징이든 적어도 그 세 가지는 포함되거나 참인 명제가 그 세 가지 특징을 가진다는 것은 보장되어야 한다. 진리적 특징은 참인 명제가 가지는 속성이 수행하는 기능 즉 진리 역할(truth role)을 규정한다. 심리철학에서는 우리의 상식적인 통속 심리학을 구성하는 암묵적 혹은 명시적 상식들의 거대한 네트워크들 속에서 심적 속성이 규정된다고 본다. 그러한 상식의 총체는 심적 속성이 어떤 기능인지에 대한 기술을 제공한다. 마찬가지로 참인 명제가 수행하는 기능에 대한 기술은 위의 세 가지 핵심적인 자명한 참을 포함하는 상식의 네트워크 안에서 제공된다.

그런데 어떤 속성들은 진리적 특징을 그것의 부분으로 포함하는데, 명제가 그 속성을 가진다는 것으로부터 명제가 참이라는 것이 함축된다. 그런 속성의 대표적인 예가 '사실과 대응함', '초주장가능함' 등이다. 예를 들어, 어떤 명제 <p>가 사실과 대응함이라는 속성을 가진다고 하자. 이 가정 안에는, 우리가 믿든 믿지 않든 알든 모르든 실재는 <p>와 같다는 것, <p>를 믿는 것이 바람직하다는 것, 그리고 <p>가 사실과 대응한다는 것은 탐구의 목표가 된다는 것 등등이 포함된다. 린치에 따르면 이 경우, <p>는 '사실과 대응함'이라는 진리 역할을 하는 기저 속성을 가짐으로써 '진리'라는 더 고차의 속성을 발현한다. 이는 마치 심리철학에서 두뇌가 'C-신경세포의 상태에 있음'이라는 물리적 속성을 가짐으로써 '고통을 느낌'이라는 심적 속성을 발현하게 되는 것과 같다. 이러한 고차 속성은 심리철학에서와 마찬가지로 복수 실현이 가능하며 그것이 수행하는 기능에 의해서 개별화된다. 단일한 심적 속성이 문어의 신체와 인간의 신체에 의해 복수 실현이 가능한 것처럼, 단일한 고차 속성인 진리의 발현은 '사실과 대응함'뿐 아니라 '초주장가능함', 혹은 그 이외의 다른 속성에 의해서도 이루어질 수 있다. 단, 린치의 기능주의와 심리철학의 기능주의 사이의 유비는 어디까지나 유비로만 받아들여야 한다. 데이빗이 지적하듯이, 심리철학에서 기저 속성은 심적 속성에 대해 인과력을 가지는 반면 진리와 관련한 린치의 구도에서는 그러한 인과력이 결여되어 있기 때문이다. (David, 2013)

발현 관계의 정의는 다음과 같다.

> "기저 속성 M이 고차 속성 F를 발현한다."는, "속성 F의 개념적으로 본질적인 특징들이 M의 특징들의 부분집합이라는 것은 선험적이다."로 정의된다.

발현은 형이상학적 기반 관계이다. 속성 M이 속성 F를 발현한다면, 무언가가 F라는 것은 그것이 M이라는 것에 기반하는 것이다. 그리고 여기서 기저 속성 M을 '사실과 대응함' 등과 같은 것으로 보고 고차 속성 F를 '진리'라고 본다면, 진리의 발현 관계는 다음과 같이 정의된다.

> 〈p〉가 M이라는 속성을 가지는 원자 명제일 때 다음이 성립한다. M이 〈p〉의 참임을 발현한다면 그리고 오직 그 경우에만, 〈p〉의 진리적 특징이 M의 특징들의 진부분집합이라는 것은 선험적이다. (Lynch, 2013)

우리가 진리란 무엇인가를 이해하는 것은 결국 진리가 어떻게 발현되는가, 다시 말해 어떤 기저 속성에 대해서 진리라는 고차 속성이 산출되는가를 이해하는 것이다. 주의할 점은 이것이 "진리란 무엇인가?"에 대한 환원적 정의에는 해당하지 않는다는 것이다. 즉, 진리 속성은 기저 속성으로 환원되는 것이 아니다.

그렇다면 왜 진리 속성 자체는 여럿 존재하는 것이 아니라 단일한가? 린치는 다음과 같이 말한다.

"경쟁적 게임에서의 승리는 주장에서의 진리와 같다. 만약 당신이 그 게임의 목표(point)가 이기는 것이라는 것을 모른다면 당신은 경쟁적 게임의 개념을 가질 수 없을 것이다. 이기는 것이 바로 그 경쟁적 게임을 경쟁적 게임으로 만드는 핵심이다. 마찬가지로, 주장의 목표가 진리라는 것을 모른다면 당신은 어떠한 주장적 행위도 할 수 없게 된다. 그런데 만약 '참'에서 우리가 어떠한 단일한 개념도 끄집어낼 수 없다면 우리는 어떠한 주장적 행위도 할 수 없을 것이다. 단지 윤리의 논의 영역에서는 무엇이 참1이고, 수학의 논의 영역에서는 무엇이 참2인지를 말할 수 있을 뿐이다. 하지만 게임에서와 마찬가지로, '이기는 것'은 단일하게 있어야 경쟁적 게임도 있을 수 있다."

– Lynch, 2004, p.390.

그래서 다원주의는 진리 술어가 논의 영역에 따라 완전히 다른 개념을 표현한다고까지 말할 수는 없는 것이다. 즉, 모든 참인 명제들은 논의 영역이 다르더라도 단일한 종류의 규범적 평가 아래 동등하게 놓인다. 반면에 기저 속성은 그렇지 않다. 경쟁적 게임의 유비에서 보듯이, 논의 영역에 따라서 '사실과 대응함'이라는 속성과 '초주장가능함'이라는 속성을 평가하는 잣대는 서로 달라질 수 있다. 이처럼 진리 속성의 단일성을 긍정하기에 린치는 그의 책 제목처럼 진리를 "하나이면서 여럿(One and Many)"이라고 주장하는 것이다.

철학의 다른 유명론적 본질과 마찬가지로 진리에 대해서도 우리가 할 수 있는 최선은 이미 우리에게 주어진 친숙한 개념으로서의 '진리'를 상세히 해명하는 것이다. 린치는 이를 하드디스크와의 유비로 이야기한다. 진리 개념을 이해하는 것은 하드디스크가 무엇인가를 이해하는 것과 유사하다. 하드디스크가 무엇인지는 초등학생들도 대답할 수 있다. 게임을 하고 영상을 즐기는 우리의 컴퓨터에 설치되어 데이터를 저장하고 운영시스템을 부팅하는 장치라는 것쯤은 다들 안다. 그 모두는 하드디스크의 '기능'이다. 하드디스크가 무슨 일을 하는 장치인지를 알면 곧 하드디스크가 무엇인지를 아는 것이다. 하드디스크가 무엇인지를 이해하기 위해서 컴퓨터공학을 공부해서 그것의 정확한 구성과 작동원리를 읊어야 하는 것은 아니다. 린치는 마찬가지로, 우리가 진리란 무엇인가를 이해하기 위해서는 참인 명제가 가지는 속성이 수행하는 기능이 어떤 기능인가를 이해하는 것으로 충분할 뿐 진리 속성에 대한 구성과 작동원리를 나열할 필요는 없다고 본다. 그 점에서 린치는 진리 이론에 대한 기존의 접근들이 잘못된 방향으로 이루어져 왔다는 라이트의 비판을 계승하고 있음을 확인할 수 있다. 또한, 린치의 이론은 왜 다원주의가 축소주의와 대척점에 놓이는가를 다시 한번 확인시켜 준다. 축소주의자들은 용어 "참"의 사용에 의해 진리에 대해 우리가 알아야 할 모든 것이 소진된다고 본다. 따라서 그들에게 진리 개념은 투명하다. 그러므로 진리 개념이 불투명하다는 전제 위에 구축된 린치의 기능주의는 축소주의와 양립할 수 없다.

> 오직 적들만이 참을 말한다. 친구와 연인은 책임의 그물에 갇혀 끝없이 거짓말을 한다.
>
> \- 스티븐 킹

4.2.3. 혼합의 문제

다원주의는 여러 비판에 직면한다. 필자의 견해로는 그 가운데 가장 심각한 두 가지 비판은 혼합의 문제와 논의 영역 구획의 문제이다. 혼합의 문제란 간단히 말해서, 둘 이상의 서로 다른 진리가 하나의 복합 명제 혹은 하나의 추론 안에 섞여 있는 문제이다. 혼합의 문제에는 혼합 명제의 문제와 혼합 추론의 문제가 있다. 그리고 혼합 명제의 문제는 다시 혼합 원자 명제의 문제와 혼합 복합 명제의 문제로 나뉜다.

혼합 원자 명제의 문제란 하나의 원자 명제의 내용 혹은 지향이 둘 이상의 서로 다른 논의 영역에 걸쳐 있는 경우 그 원자 명제의 진리를 어떻게 취급할 것인가의 문제이다. 예를 들어, <수 17은 아름답다>를 보자. 17이라는 수는 수학적 논의 영역에 속한다. 반면 아름다움은 미적 논의 영역에 속한다. 그렇다면 이 명제의 논의 영역을 어떻게 결정할 것인가의 문제가 발생한다.

혼합 복합 명제의 문제는 주로 혼합 연언과 관련하여 발생한다. 이 문제를 제기하는 철학자들 또한 주로 연언에 초점을 두고 논쟁한다. 예를 들어 <키케로는 로마인이고, 살인은 나쁘다>와 같이 서로 다른 두 논의 영역에 속하는 두 명제를 연언으로 연결한 경우, 그 연언문의 논의 영역과 진리 속성을 어떻게 간주할 것인가가 혼합 복합 명제의 문제, 혹은 줄여서 혼합 명제의 문제가 된다.

혼합 추론의 문제는, 타당한 연역 논증을 구성하는 전제와 결론이 서로 다른 다원적 진리를 지니는 경우 전제의 참이 결론의 참을 보장한다는 타당성의 개념을 위협하게 된다는 문제이다. 다음의 두 참인 명제를 보자.

A: 〈인종차별은 파렴치하다〉
B: 〈지구는 태양 주위를 공전한다〉

A는 가치적 논의 영역에, B는 사실적 논의 영역에 속한다. 두 논의 영역에 속하는 진리 속성을 각각 참1과 참2라고 하자. 그런데 전제 <A & B>로부터 결론 <A>를 이끌어 내는 추론은 타당하다. 이 추론이 타당한 이유는 전제의 참이 결론에서 보존되기 때문이다. 그런데 결론 <A>가 지니는 진리는 참1이다. 그러므로 우리는 전제의 진리 참1이 결론에서 보존되었다고 말해야 한다. 그런데 전제 <A & B>의 진리 속성은 참1인가? 그렇게 말할 수는 없다. 왜냐하면 <A & B>로부터 결론 <B>도 타당하게 추론되는데 <B>의 진리는 참2이기 때문이다. 그렇다고 해서 전제 <A & B>가 제3의 진리 속성인 참3을 담지한다는 대답도 거부되어야 한다. 첫째, 만약 그렇다면 전제의 진리와 결론의 진리가 서로 다른 진리가 되므로 전제의 참이 결론에서 보존된다는 타당성이 성립하지 않게 된다. 둘째, 명제 <C>를 연언으로 연결하여 또 다른 참인 명제 <A & B & C>를 조합할 수 있는데 이 새로운 연언문은 새로운 진리 속성인 참4를 담지할 것이다. 그런데 조합될 수 있는 참인 복합 명제는 잠재적으로 무한하므로 진리 속성 또한 잠재적으로 무한히 많은 종류가 존재한다는 귀결에 다다른다. 진리 다원주의는 형이상학적 이론이기에 이렇게 무한 증식하는 속성은 진정한 속성으로 인정될 수 없다. 또 다른 가능한 답변은 <A & B>가 진리 속성 참1과 참2를 모두 가진다고 답하는 것이다. 그러나 이 또한 적절한 답변이 아니다. 왜냐하면 추론의 타당성은 '최소한 전제가 참인 만큼 결론도 참'이라는 것으로도 정의되기 때문이다. 그러므로 전제가 지닌 진리 속성 가운데 일부가 결론에서 상실된다는 것은 그 추론이 타당하지 않다는 것을 뜻한다. 결국

다원주의자들이 혼합 추론의 타당성을 설명하기 위해서는, 일원적 진리 속성이 전제에서 결론까지 승계된다는 것을 어쩔 수 없이 인정해야 하는 듯 보인다. 이는 다원주의의 근간을 위협하는 결과이다. (Tappolet, 1997) 혼합 추론의 문제는 혼합 명제의 문제와 연동되어 있다. 혼합 추론의 문제는 결국 추론에 포함된 복합 명제의 진리를 다원주의자들이 어떻게 처리해야 하는가의 문제로 요약되기 때문이다.

다원주의자들은 이 문제에 대해 다양한 해결 방안을 제안한다. 린치가 라이트의 다원주의를 기능주의로 개수한 주된 동기의 하나가 바로 이 혼합의 문제에 대처하기 위한 것이었다. 그의 답변의 요지는, 복합 명제는 그것의 구성 요소 원자 명제들의 참에 의해서 참이 될 뿐이며 그것이 전부라는 것이다. 린치는 혼합 명제에서 진리-역할을 하는 속성은 구성 요소인 원자 명제의 참임이라고 본다. 그리고 혼합 명제의 참은 원자 명제의 참임에 논리적으로 기반한다는 것이다. 즉, <키케로는 로마인이고, 살인은 나쁘다>의 참은 <키케로는 로마인이다>의 참임과 <살인은 나쁘다>의 참임 그리고 연언 진리함수에 의해 발현된다는 것이다. 그런데 그의 발현 관계 정의에 따르면 모든 속성은 자기 스스로를 발현할 수밖에 없다. 왜냐하면 어떤 특징들의 집합이든 그것이 바로 그 특징들의 집합의 부분집합이라는 것은 선험적으로 성립하기 때문이다. 그러므로 어떤 명제는 여타의 기저 속성이 아니라 오직 그 명제가 가진 바로 그 특징들에 의존해서만 진리 속성을 발현한다. 이렇게 발현되는 진리 속성을 '곧장-참(plain truth)'이라고 부른다. 복합 명제의 진릿값이 원자 명제의 진릿값에 수반한다는 것은 논리학의 자명한 원리이다. 복합 명제의 진리는 그 구성 요소의 진릿값에만 의존하고 그 이외의 다른 어떤 기저 속성에도 의존하지 않는다는 점에서 곧장-참에 해당한다.

그러면서도 논의 영역에 공통된 단일한 고차 속성으로서의 진리 속성이 논의 영역에 따라 다른 기저 속성에 의해 다르게 발현된다는 기능주의의 근간은 유지된다. 복합 명제의 참도 원자 명제의 참과 마찬가지로 단일한 고차 속성에 속하지만, 그 발현은 곧장-참인 것이다. 이처럼 논의 영역의 다원성에 구애받지 않는 단일한 고차 속성으로서의 참은 원자 명제와 복합 명제에서 똑같이 공유되므로 혼합의 문제는 원천 차단된다는 것이다. 이처럼 린치는 혼합의 문제는 단일한 진리 속성을 긍정하면서 그 속성의 발현 관계의 다원성을 원자 명제에 대해서만 적용하는 자신의 이론에는 위협이 되지 않는다고 주장한다. (Lynch 2009)

한편, 에드워즈는 원자 명제와 복합 명제 사이의 진릿값 결정의 방향을 일방향으로 이해해야 한다는 답변을 제안한다. <A>가 참이고 <B>가 참이라는 것, 그리고 <A&B>가 참이라는 것 사이에는 필요충분조건 관계가 성립하기에 그의 주장은 선뜻 납득이 가지 않는다. 그러나 에드워즈는 여기서 "참이다"를 "사실과 대응한다"로 바꿔서 검토해볼 것을 제안한다. <A>가 사실과 대응하고 <B>가 사실과 대응하는 것에 의존해서 <A&B>는 사실과 대응한다. 그러나 우리가 연언적 사실을 존재론적으로 시인하는 무리한 가정을 하지 않는 한, 그 역방향의 의존은 성립하지 않는다. 혼합 명제의 문제도 마찬가지라고 에드워즈는 답한다. <A&B>의 참임은 <A>의 참임과 <B>의 참임에 의존하지만 그 역방향의 의존은 성립하지 않는다. 그러므로 <A&B>로부터 <A>로의 타당한 추론은 일원적 진리 개념을 끌어들이지 않으면서도 설명될 수 있다는 것이다. 이는 <A>가 참이라는 것과 <B>가 참이라는 것으로부터 <A&B>가 참이라는 것을 타당하게 추론하는 경우에서도 다원주의를 위협하지 않는다. <A&B>의 참은 <A>의 참과 <B>의 참에 의한 것이며, <한국의 수도는 서울이고, 살인은 나쁘다>와 같은 복합 명제의 참은 구성 요소 명제의 참으로부터 도출되는 것이다. 즉, 논의 영역의 문제는 원자 명제에만 국한되는 문제일 뿐이고 모든 복합 명제의 논의 영역은 논리적 영역이다. (Edwards 2008) 하지만 코트노어가 비판하듯, 이러한 답변은 진리 속성의 무한한 증식이라는 받아들일 수 없는 결과로 이어지는 것은 아닐까? 다시 말해, <A&B>, <A&B∨C>, <A&B&C&D> … 등이 모두 각각의 진리 속성을 가지게 되는 것은 아닐까? 코트노어의 이러한 우려에 대해 에드워즈는 자신의 방안은 진리 속성에 관한 것이 아니라 진리 조건에 관한 것이라고 강조한다. 예를 들어, <P&Q>와 <P∨Q>라는 두 혼합 명제를 비교해 보자. 코트노어의 우려대로 두 명제는 서로 다른 진리 속성을 가지는 것이 아니라, 서로 다른 진리 조건을 가지는 것이라고 에드워즈는 응수한다. 회귀적 절차는 무한히 많은 복합 명제의 진리 조건을 산출하지만 우리는 그것을 두고 진리 조건의 무한한 증식을 우려하지는 않는 것과 마찬가지라는 것이다. (Edwards, 2009)

코트노어는 <A&B>와 같은 복합 명제의 참은 그 명제가 '담지'하는 진정한 진리 속성이 아니라 그것을 구성하는 원자 명제의 진리 속성에 의해 '정의'되는 개념에 지나지 않는다는 답변을 제안한다. 복합 명제의 참은 진정한 진리 속성이 아니기에 일원적 진리 속성에 대한 인정은 회피된다. 코트노어가 드는 유비는 '사과-또는-수임(being an-apple-or-a-number)'과 같은 선언적 속성이다. 우리는 이러한 선언적 속성을 진정한 속성이라고 존재론적으로 받아들이지 않는다. 다만 '사과임'과 '수임'이라는 진정한 속성에 의해 그러한 개념이 정의될 수 있을 뿐이다. 따라서 코트노어는 애당초 다원주의자들이 혼합 추론의 문제로

고통 받을 이유도 없다고 주장한다. (Cotnoir 2009)

혼합 추론의 문제에 대처하는 또 다른 방안은 피더슨의 선언주의(disjunctivism)이다. (Pedersen 2006, 2010) 그의 요지는, 혼합 추론 등에서 보존되는 것은 공통 진리(generic truth)가 아니라 선언적 진리라는 것이다. 이를테면 '사실적으로 참 또는 수학적으로 참 또는…'과 같은 진리가 보존된다는 것이다. 하지만 이는 일원적 진리의 긍정을 의미하지는 않는다. 그러므로 피더슨의 해결 방안이 만약 적절하다면, 일원적인 공통 진리는 혼합 명제 등의 설명에서 원천적으로 배제되는 성과로 이어질 것이다. 피더슨에 따르면 우선, '참이 되는 방법들'이라는 말은 두 가지로 읽힐 수 있다. 첫째, 여러 가지의 진리 술어가 존재한다는 것이다. 둘째, 여러 가지의 진리 속성이 존재한다는 것이다. 술어와 속성은 구별된다. 진리 술어는 언어적 아이템이지만 진리 속성은 언어-외적인 아이템이다. 언어의 측면을 먼저 생각해 보자.

(L-다원주의)	둘 이상의 진리 술어가 존재한다.
(강한 L-다원주의)	둘 이상의 진리 술어가 존재하고, 어떠한 진리 술어도 모든 참인 문장에 적용되지는 않는다.
(L-일원주의)	모든 참인 문장에 적용되는 단 하나의 진리 술어가 존재한다.
(강한 L-일원주의)	단 하나의 진리 술어가 존재하며, 그것은 모든 참인 문장에 적용된다.

L-다원주의와 강한 L-다원주의 두 견해 모두 강한 L-일원주의와 양립불가능하다. 하지만 L-일원주의와 L-다원주의는 상호 배타적이지 않은 논제이다. 반면, 강한 L-다원주의는 L-일원주의와 양립 불가능하다. 피더슨은 모든 문장에 적용되는 공통적으로 존재하는 진리 술어가 있다는 논제는 다원주의 전반을 위협하지 않으며, 오직 강한 L-다원주의에만 위협이 된다고 말한다. 구문론적 규칙의 준수와 같은

최소한의 제한만 충족하면 새로운 진리 술어를 자유롭게 도입할 수 있다는 견해를 언어적 자유주의라고 하자. 언어적 자유주의는 L－일원주의와 충돌하지 않는다. 피더슨은 언어적 자유주의를 받아들이지만 L－일원주의에 대한 인정은 다원주의 전반에 대한 타격으로 이어지지 않는다. 그것은 강한 L－다원주의에만 타격이 될 뿐이다. 아울러 이는 강한 L－다원주의를 승인하는 것은 다원주의자들에게 올바른 선택이 될 수 없음을 보여준다.

혼합의 문제에 대한 해결책으로서의 선언적 진리는 이와 어떻게 연결되는가? 다양한 대안적 진리 술어들을 T1 … Tn이라고 하자. 그리고 모든 참인 문장에 적용되는 어떤 진리 술어를 Tn이라고 하자. 피더슨은 다원주의의 시각에서 볼 때 T1 … Tn이 Tn보다 설명적으로 더 기초적이라고 말한다. 즉, Tn은 T1 … Tn을 통해서 선언적으로 정의된다. 하지만 그 역방향의 의존은 거부된다. 선언문과 선언지 사이의 추론 관계를 생각해 보자. <A>로부터 <A 또는 B>는 추론되지만 역방향의 추론은 성립하지 않는다. <A 또는 B>의 참은 <A>가 참이라는 것 또는 <B>가 참이라는 것에 의해 설명되는 것이지, 그 역방향으로 설명이 이루어지는 것은 아니라는 것이다. 이 유비에서, '<A 또는 B>의 참'이 바로 일원론적 진리 술어에 해당한다. 다시 말해, 주어진 명제는 그것이 속한 특정한 논의 영역에서 특정한 다원적 진리 술어가 적용된다는 것에 의해서 그것이 공통 진리 술어가 적용된다는 것이 설명되는 것이지, 그 역방향으로 설명되는 것은 아니다. 즉, 일원적 진리 술어의 적용에 의해서 여러 다원적 진리 술어 가운데 하나의 적용이 설명되는 것은 아니라는 것이다. 이러한 설명적 비대칭성은 다원주의자들에게 강한 L－일원주의에 반대할 이유를 제공한다. 왜냐하면 설명적으로 더 근본적인 T1 … Tn은 결코 제거될 수 없기 때문이다.

이번에는 술어가 아닌 속성에 주목해 보자.

(M-다원주의)	둘 이상의 진리 속성이 존재한다.
(강한 M-다원주의)	둘 이상의 진리 속성이 존재하고, 어떠한 진리 속성도 모든 참인 문장에 의해 담지되지는 않는다.
(M-일원주의)	모든 참인 문장에 의해 담지되는 진리 속성이 있다.
(강한 M-일원주의)	모든 참인 문장에 의해 담지되는 진리 속성이 단 하나만 존재한다.

M-다원주의는 M-일원주의와 양립 가능하지만, 강한 M-다원주의는 M-일원주의와 양립 가능하지 않다. 그리고 두 종류의 M-다원주의 모두 강한 M-일원주의와 충돌한다. 두 종류의 M-다원주의 모두 둘 이상의 진리 속성이 있다고 말하지만, 강한 M-일원주의는 정확히 하나만 있다고 말하기 때문이다. 다원주의를 겨냥한 비판 가운데 하나는, 형이상학적으로 볼 때 다원론자들도 M-일원주의를 받아들일 수밖에 없으므로 그들은 강한 M-다원주의가 아닌 M-다원주의에 만족하는 것에 그쳐야 한다는 것이다. 이 비판은 속성의 존재는 그렇게 쉽게 도입될 수 있는 것이 아니라는 교리에 기초한다. 그렇다면 선언적 속성인 'T1 또는 … Tn임'('T1* … Tn*'이라고 하자)이 과연 형이상학적으로 도입이 허용되는 속성에 해당하느냐가 관건이 된다. 언어적으로는 선언적으로 설명되는 술어를 허용하면서 형이상학적으로는 단 하나의 진리 속성만을 허용하는 것, 즉 해당하지 않는다고 인정하는 백기 투항은 당연히 다원주의자들이 원하는 선택지가 아니다. 피더슨이 제안하는 선택지는, 선언적 술어가 나타내는 일원적 진리 속성을 '희박한 속성'으로서 인정하는 것이다. 다시 말해 다원론자들의 주장을 강한 M-다원주의에서 M-다원주의로 완화하자는 것이다. 이 결과는 일견 보는 것과 달리 다

원론자들에게 불편한 선택이 아니라고 피더슨은 주장한다. 그 근거는 술어에서의 설명적 비대칭성과 마찬가지이다. 피더슨에 따르면 선언적 속성 T1* … Tn*는 일원적 속성 Tu*보다 설명적으로 더 근본적이다. 어떤 명제 p*가 왜 Tu*냐고 물으면, 다원론자들은 그 명제가 T1* … Tn* 중 최소한 하나이기 때문이라고 답하는 것으로 충분하다. 하지만 그 역방향의 설명은 성립하지 않는다. 결과적으로 다원주의자들이 희박한 일원적 속성 Tu*를 받아들인다 하더라도, 그것은 M－일원주의에 그칠 뿐 강한 M－일원주의로 전락할 우려는 없다는 것이다.

다원주의자들이 혼합의 문제를 해결 혹은 해소하기 위해 이와 같은 다양한 방안을 시도한다는 것은, 역설적으로 혼합의 문제가 다원주의가 지닌 심각한 약점이라는 것을 방증한다. 혼합의 문제는 진리의 다원성이라는 다원주의의 핵심과 곧바로 연결되어 있기에 다원주의자들이 내놓는 해결이 만족스러우면 만족스러울수록 그 해결은 다원주의의 근간을 흔들거나 왜곡할 위험성은 그만큼 더 높아진다. 진리의 일원성을 '다원주의를 위협하지 않을 만큼만' 그러면서도 '딱 혼합의 문제까지만 해결할 만큼' 허용한다는 것은 고난도의 줄타기이다.

우리는 기분 좋은 거짓은 탐욕스럽게 삼키지만
쓰디쓴 참은 조금씩만 홀짝인다.

－ 드니 디드로

4.2.4. 논의 영역 구획의 문제

4.2.3에서 살펴본 혼합의 문제에 대한 다원주의자들의 대처는 공통적으로 개별 원자 명제가 어떤 논의 영역에 속하는가가 명확히 구획된다는 전제하에서만 작동한다. 이 전제는 과연 그럴듯한가? 진리의 다원성은 논의 영역의 다원성 위에 발을 딛고 있다. 그러므로 만약 논의 영역 사이의 다원성이 허상에 불과하다면 다원주의는 무너지고 말 것이다. 다원주의의 핵심 주장을 거칠게 말하면, 명제는 논의 영역에 따라서 참1이지만 참2는 아닐 수 있다는 것이다. <바로 이 순간, 우주의 별들의 수는 홀수이다>를 예로 들어 보자. 이 명제는 사실과 대응하지만 초주장가능하지는 않다. 아무리 이상적인 인식적 정당화를 가정하더라도 이 명제의 참은 그러한 정당화의 범위 바깥에 놓여 있기 때문이다. 사실과의 대응과 초주장가능함은 다원주의에 따르면 모두 진리에 해당한다. 그럼에도 다원주의가 이 명제가 참이면서 동시에 거짓이라는 수용할 수 없는 귀결을 회피할 수 있는 까닭은, 이 명제가 속하는 논의 영역이 사실과의 대응은 진리이지만 초주장가능함은 진리가 아닌 논의 영역에 해당하기 때문이다. 따라서 다원주의자들에게 명제가 속하는 논의 영역을 어떻게 배타적이고 소진적으로 구획할 것인가가 중대한 문제로 떠오른다.

하지만 사실적 영역, 윤리적 영역, 수학적 영역 등이 '칼로 두부 자르듯' 구획될 수 있을지는 역시나 의문이 든다. 첫째로, 많은 논의 영역은 두 범위에 걸쳐 있다. '순수하게 사실적인' 관계란 없으며 모든 사실 보고에는 이론이나 가치가 내재된다는 관찰의 이론-적재성 논제는 철학자들에게 익숙하다. 윤리적 용어를 포함하는 어떤 명제가 근본적인 윤리적 원리를 나타내는 명제들로부터 순전히 논리적인 추론에 의해서만 도출되는 경우, 그것의 참과 관련된 논의 영역을 윤리적 논의 영역으로 보아야 할지 혹은 논리적 논의 영역으로 보아야 할지는 불분명하다. 혹은 하나의 명제가 속하는 논의 영역이 두 개 이상에 걸쳐 있는 경우도 있다. <숭례문은 복원되었다>라는 명제는 사실적 영역에 속한다고 볼 수 있지만 다른 한편으로는 최초 건설부터 최근까지 이어져 온 크고 작은 파손과 복구의 연속을 과연 원본 문화재에 대한 진정한 '복원'이라 할 수 있는가에 관한 가치 평가의 영역에 속하기도 한다.

요약하면 다원주의자들이 직면한 문제는 이것이다. 첫째, 논의 영역 사이의 구획은 어떻게 이루어지는가를 설명해야 한다. 둘째, 주어진 명제가 어떤 논의 영역에 속하는가를 애매하거나 모호하지 않게 결정할 만족스러운 기준을 제시해야 한다. 셋째, 하나의 명제가 어느 논의 영역에 속하는가가 불분명하거나 혹은 둘 이상의 논의 영역에 모두 속하는 것이 분명해 보이는 사례들에 대한 해명을 제공해야 한다.

린치에 따르면, 한 명제가 어떤 논의 영역에서 속한다는 것은 그 명제가 무엇을 지향(about)하는가에 따라 부수적으로 분류된다. 논의 영역이란 그저 각 명제가 지향하는 대상과 속성들에 따라 명제들을 거칠게 종으로 분류한 것에 불과하다는 것이다. 예를 들어, <지구는 태양 주위를 공전한다>는 지구와 태양이라는 우주에 실재로 존재하는 물리적 대상들에 대한 명제이다. 그러므로 그에 부수적으로 이 명제의 논의 영역이 정해지며 그에 따라 사실과 대응함이라는 속성을 가짐으로써 이 명제의 진리 속성이 발현된다는 것이다. (Lynch, 2013) 하지만 지구와 태양은 그렇다고 쳐도 "공전한다"가 순수하게 사실적 영역을 지향하는 술어인가? 어떤 천체의 움직임을 공전으로 규정하는 것은 천문학을 위시한 믿음 체계 내의 다른 명제들과의 논리적 관계로도 읽을 수 있다. 다원주의자들에게 필요한 논의 영역 구획은 이 정도의 느슨한 무리 짓기만으로 충분할지 모르지만, 아마도 많은 철학자들은 더 엄격한 구획 기준을 기대할 것이다.

와이어트는 명제들의 집합인 '논의 영역'과 명제가 지향하는 주제인 '화제'를 구별한다. 논의 영역과 화제는 다르다. 가령 <1 더하기 1은 2와 같다>라는 명제는 수학에 관한 것이지 수학의 명제들의 집합에 관한 것은 아니다. 와이어트에 따르면 화제는 논의 영역을 결정하지만 그 역방향의 결정은 성립하지 않는다. 그렇다면 관건은, 주어진 명제의 화제가 어떻게 정해지느냐를 설명하는 것이고, 그렇게 정해진 화제가 어떻게 논의 영역을 결정하는가를 설명하는 것이다. 첫 번째 문제에 관한 답변은 린치와 와이어트 모두, 원자 명제의 화제는 그 명제를 구성하는 개념들이 나타내는 개체, 속성, 관계의 종류에 의해 결정된다는 것이다. 다만 앞서 살펴본 것처럼 린치는 하나의 원자 명제가 한 개의 논의 영역에만 속한다는 선행 가정을 받아들이는데 와이어트는 이 가정이 잘못되었다고 비판한다. 예를 들어 보자. <돌이는 아름답다>는 주어 "돌이"와 술어 "는 아름답다"로 구성된다. 돌이는 세계 내에 존재하는 특정한 대상이므로 주어 "돌이"는 사실적 논의 영역에 속한다. 반면 아름다움에 대한 평가는 가치적 문제이므로 술어 "는 아름답다"는 평가적 논의 영역에 속한다. 그러므로 <돌이는 아름답다>가 단 하나의 논의 영역에 속한다는 가정은 위협받게 된다. 이에 와이어트는 그러한 선행 가정을 거부하고, 하나의 원자 명제가 두 개 이상의 논의 영역에 속할 수 있다고 주장한다. 이것이 어떻게 가능한가? 와이어트는 진리 속성을 표상적 진리 속성과 인식적 진리 속성으로 이분법적으로 구별한다. 이러한 이분법적 분류에 따라 그는 이른바 'K-종류 개념'을 정의한다. K-종류 개념이란, 그것을 구성 요소로 가지는 명제는 표상적 진리 속성을 발현할 수 없는 그러한 개념이다. K－종류 개념으로 구성된 명제는 인식적 진리 속성을 발현한다. 요지는, 표상적 진리 속성을 다원적 진리의 기본값으로 간주하고, 그러한 속성에 해당하지 않는 진리 속성은 모두 인식적 진리 속성이라고 이분법적으로 분류하는 것이다. 예를 들어 <돌이는 아름답다>에 포함된 '아름답다'라는 개념은 평가적이므로 표상적 진리 속성을 발현할 수 없다. 따라서 이 개념은 K－종류 개념이다. 그러므로 이분법적 구도에 따라서 <돌이는 아름답다>는 인식적 진리 속성을 발현한다는 것이다. 이러한 제안에 따르면, 한 명제의 원자 명제의 진리 속성 발현자(manifester)는 단 하나이지만, 그 명제는 두 개 이상의 논의 영역 집합에 속할 수 있다. <돌이는 아름답다>가 어떤 진리 속성을 발현하는지를 결정하는 발현자는 K－종류 개념인 '아름답다', 단 하나이므로 이 명제의 화제도 평가적 화제, 단 하나이다. 그러나 이 명제는 표상적 논의 영역과 평가적 논의 영역 모두에 포함된다. 이러한 제안이 가지는 장점은, 해당 명제가 왜 특정한 진리 속성을 발현하는가에 대한 설명을 제공한다는 점이라고 와이어트는 주장한다. 린치의 이론에서 중요한 것은 주어진 명제의 지향 즉 그 명제가 무엇에 관한 명제인가인 반면, 와이어트의 이론에서 중요한 것은 주어진 명제가 어떤 발현자를 구성 요소로 가지는가이다. 와이어트에 따르면 린치의 이론은 한 논의 영역에 속하는 명제가 특정한 진리 발현을 가진다는 것만을 말할 뿐이다. 즉, 논의 영역과 진리 발현 사이의 연동만을 이야기할 뿐이다. 하지만 특정한 심적 상태가 특정한 물리적 상태에 수반한다는 것에서 그치는 이론보다는 또 다른 연동의 기반에 의해서 그러한 수반 관계를 설명하는 이론이 더 나은 설명인 것과 마찬가지로, 자신의 이론은 왜 <돌이는 아름답다>가 인식적 진리 속성을 발현하는지를 그 명제에 포

함된 발현자라는 기반에 의해서 설명까지 해낼 수 있다고 와이어트는 주장한다. (Wyatt, 2013)

한편 에드워즈도 주어진 명제가 어느 논의 영역에 속하는가를 구획할 나름의 대안을 제시한다. 그에 따르면 원자 문장의 구성 요소는 의미론적 구성 요소와 형이상학적 구성 요소로 분류된다. 의미론적 구성 요소는 원자 문장을 구성하는 이름, 술어 등이며, 형이상학적 구성 요소는 의미론적 구성 요소들이 지칭하는 대상, 속성 등이다. 술어의 종류는 그것이 어떤 속성을 지칭하는가에 따라 나뉜다. 도덕적 술어와 물리적 술어는 도덕적 속성과 물리적 속성을 각각 가리킨다. 속성들의 종류는 속성이 수행하는 기능적 역할에 따라 분류되며 그러한 속성들 사이의 분류는 우리에게 암묵적으로 알려져 있다고 에드워즈는 주장한다. 이를 뒷받침하는 현상으로 그는 어떤 주장이 미학적 주장인지 아니면 물리학적 주장인지 등을 우리가 실제로 구분하고 있다는 사실을 든다.

속성은 다시 유명론적(abundant) 속성과 보편자적(sparse) 속성으로 나뉜다. 유명론적 속성은 명사가 지칭하는 대상에 특정한 술어가 적용된다는 것에 의해서 그 대상들이 그 술어가 적용되는 속성을 가진다는 것이 설명되는 속성이며, 보편자적 속성은 설명의 방향이 반대로서 그 대상들이 그러한 속성을 가진다는 것에 의해서 그 대상들을 지칭하는 명사에 그 속성을 지칭하는 술어가 적용된다는 것이 설명되는 속성이다. 유명론적 속성은 그 속성을 지칭하는 술어들이 적용되는 외연들의 집합에 해당한다. 반면 보편자적 속성의 경우에는, 그 대상들이 서로 유사하기 때문에 그 대상들에 같은 술어가 적용된다. 그리고 그 유사성은 그들이 하나의 보편자를 분유한다는 것에 의해 설명된다. 비슷한 방식으로 에드워즈는 명사를 유명론적 단칭명사와 보편자적 단칭명사로 분류한다. 보편자적 단칭명사는 그것이 바로 그 대상을 지칭하기 때문에 그 단칭명사를 포함하는 명제가 참인 것이고, 유명론적 단칭명사는 거꾸로 그것을 포함하는 명제가 참이기 때문에 그 단칭명사가 바로 그 대상을 지칭한다.

에드워즈에 따르면 논의 영역을 구획하는 핵심은 명제의 술어이다. 명제의 주어는 그 명제가 무엇에 관한 것인가를 나타내지만, 명제의 술어는 그 지향 대상이 어떻게 표상되는가를 서술한다. 그러므로 명제의 진리와 직결되는 것은 술어인 것이다. 와이어트와 마찬가지로 에드워즈도 원자 명제의 논의 영역 결정의 문제에서 술어에 천착함을 알 수 있는데, 필자도 이는 합당한 선택이라고 본다. 주어가 똑같이 "모나리자"라고 하더라도 <모나리자는 루브르에 있다>는 대응적으로 참이고 <모나리자는 아름답다>는 평가적으로 참이라는 것은 명백하기 때문이다. 그렇다면 술어는 어떻게 명제의 논의 영역을 결정하는가? 에드워즈에 따르면 이는 의미론적 그리고 형이상학적으로 이루어진다. 형이상학적인 측면에서 보면 술어가 지칭하는 속성이 보편자적 속성이라면 논의 영역을 결정하는 것은 바로 그 속성이다. 술어가 지칭하는 속성이 유명론적 속성이라면 그 술어의 기능적 역할, 즉 그 술어에 대한 우리의 판단 실행을 지배하는 언어적 사용이 명제의 논의 영역을 결정한다. 반면 의미론적 측면에서 보면 술어의 종류에 따라서 논의 영역이 구획된다. 그러므로 <돌이는 아름답다>의 진리 속성 발현자는 평가적이지만 그 명제는 표상적 논의 영역과 인식적 논의 영역 둘 다에 속할 수 있다고 보는 와이어트와 달리, 에드워즈에게 이 명제는 오직 인식적 논의 영역에만 속한다. 이를 일반화하여, 그는 하나의 원자 명제는 단 하나의 논의 영역에만 속한다고 주장한다. (Edwards, 2018)

필자의 생각으로는 다원주의는 논의 영역의 결정을 결국 명제의 지향에 기대어 할 수밖에 없을 것 같다. 그래서 어떤 명제가 어떤 집합에 속하는가와 그 명제가 무엇에 대한 것인가 가운데 후자가 더 근본적이라는 데 대해 필자는 와이어트에 동의한다. 린치, 와이어트, 그리고 에드워즈의 방안은 세부적으로는 차이가 있지만 명제의 지향 혹은 구성요소의 개념을 바탕으로 논의 영역을 결정한다는 것을 확인할 수 있었다. 하지만 앞서 예로 들었던 <숭례문은 복원되었다>의 경우와 같이 하나의 명제의 지향이 다수일 수 있다는 것 또한 부인할 수 없다. 그래서 하나의 명제가 단 하나의 지향만을 가진다는 전제는 지탱하기 어려우며, 명제의 논의 영역의 결정은 근본적으로는 그 명제의 지향에 의존하므로, 하나의 명제가 단 하나의 논의 영역에만 속한다는 주장 또한 방어가 어려울 것으로 생각된다. 필자는 비록 다원주의자는 아니지만, 다원주의자들에게 한 가지 가능한 대안은 동치 도식에 기반한 답변이라고 제안한 바 있다. 다시 말해, <p>라는 명제는 p에 관한 것이다. 즉, <모나리자는 아름답다>는 모나리자는 아름답다는 것에 관한 명제이고, <지구는 태양 주위를 공전한다>는 지구는 태양 주위를 공전한다는 것에 관한 명제이다. 이 가정만으로도 다원주의가 의도하는 목표인, 명제에 따라 서로 다른 진리가 있다는 논제가 구성될 수 있다. 이는 린치가 "다원주의자들은 각각의 명제를 있는 그대로(as it comes) 받아들이면 된다."(Lynch 2013, pp. 33-34)고 말하는 것과 같은 방향이다. 다만 존재하는 명제의 개수만큼 서로 다른 논의 영역이 있다고 말하는 것은 불합리할 것이므로, 결국 다원주의자들은 논의 영역이라는, 가족 유사성을 지니는 것들끼리의 느슨한 묶음이라는 개념과는 결별해야 한다. (김동현, 2020) 이는 논의 영역의 구획이 애당초 불가능하다는 회의적인 결론과 다름없을 수도 있다. 하지만 "명제들은 서로 다른 진리를 가진다."가 "명제들은 종류에 따라 서로 다른 진리를 가진다."를 사전 전제하는 것은 아니기에, 어쩌면 다원주의자들에게 큰 손해는 아닐지도 모른다.

진실의 입을 막고 땅속에 묻어버리더라도 진실은 자라날 것이다.

- 에밀 졸라

4.2.5. 다원주의의 우회 시도 (1): 개념 다원주의

지금까지 필자가 정리한 것과는 상이한 방식으로 이론을 전개하면서 진리 다원주의를 표방하는 철학자들이 있다. 필자는 그들의 견해를 '다원주의'라고 부르는 것이 적절한지 몹시 의심스럽지만, 다원주의에 대한 이해를 심화하기 위해 비교해 볼 가치가 있다. 먼저 살펴볼 것은 쾰벨의 개념 다원주의이다. (Kölbel, 2008, 2013) 표제에서 이미 짐작하겠지만, 쾰벨의 입장은 진리 속성이 아닌 개념에 대한 다원성을 옹호하는 것이다. 진리 '속성'의 다원성은 곧 진리 '속성'의 팽창성으로 이어지며, 그 점에서 다원주의는 축소주의와 대척점에 놓이게 됨은 앞서 서술한 바와 같다. 반면 진리 '개념'의 다원성은 그러한 속성 팽창성으로 반드시 이어지는 것은 아니다. 쾰벨은 자신의 다원주의가 축소주의와 대립하지 않으며 오히려 축소적 진리 개념이 다원적 진리 개념의 하나로 편입될 수 있다고 주장한다.

쾰벨에 따르면 진리 표현 "…은 참이다"는 일상적인 언어 사용에서 적어도 두 가지 서로 다른 용법을 가진다. 두 용법은 각각 다음의 두 진리 개념 TD와 TS를 나타낸다.

(TD) 이 용법에서 진리 표현은 다음과 같이 사용된다. 모든 논의 영역의 모든 주장적 진술 p에 대해서, 〈"p"는 참이다〉, 〈"p"는 참이 아니다〉, 〈"p"는 참인지 아닌지 결정되지 않았다〉는 〈p이다〉, 〈p가 아니다〉, 〈p인지 아닌지 결정되지 않았다〉와 차이가 없다.

(TS) 이 용법에서 진리 표현은 TD에 더해서 다음의 조건이 추가되는 논의 영역에서만 한정적으로 적용된다. 어떤 담지자에 대해서 참을 적용하는 것이 옳다면 누구라도 그 담지자의 참을 부인하는 것은 옳지 않다.

TS에서 추가되는 조건은 객관성이다. 반면 TD는 "참이다"라는 표현이 제거 가능함을 나타내고 있다. 따라서 TS는 팽창적, TD는 축소적 진리 개념을 나타낸다고 도식화할 수 있다. 이러한 서로 다른 두 가지 용법이 나타나는 예는 다음과 같다.

"애니메이션 「이 멋진 세계에 축복을!」이 웃기다는 것은 참이지만, 무엇이 웃긴지에 대해서는 참/거짓이 있을 수 없다."

위 문장에서 "참"이라는 표현은 두 번 나타난다. 두 표현의 의미가 만약 같다면 위 문장은 모순적이게 될 것이다. 그러나 퀼벨은 우리가 위와 같은 문장을 모순적이라고 여기지 않는다고 주장한다. 그 이유는 첫 번째로 등장하는 "참"은 TD 개념을, 두 번째로 등장하는 "참"은 TS 개념을 나타내기 때문이다. 즉, 두 표현은 서로 다른 의미를 가진다는 것이 퀼벨의 주장이다. 물론 어떤 독자들에게는 위 문장이 모순적이라는 직관도 여전히 강할 것이다. 필자가 보기에도 일상적 사용이라고 하기엔 저런 식의 어법은 상당히 작위적일 뿐 아니라 부자연스럽다. 다만 퀼벨의 의도는 저와 같은 표현을 가지고 의사소통을 하는 것이 실제로 가능하다는 쪽에 방점을 찍는 것으로 보인다. 즉, 그에게 언어의 사용은 언어의 개념보다 이론적으로 선행한다. 그러므로 위 문장이 실제로 모순적인가의 여부는 퀼벨에게 중요하지 않다. 그의 논점에서 중요한 것은, 우리가 실제로 저런 표현을 일상에서 주고받더라도 뜻이 통한다는 점이다.

어쨌든 두 개념은 중요한 차이가 있다. TD는 모든 논의 영역에 공통적으로 적용되는 개념이다. 사실적 영역이든, 수학적 영역이든, 윤리적, 미학적 영역이든, 동치 도식의 예화는 똑같이 성립한다. 반면 TS는 적용되는 영역이 대응적 영역으로 국한된다. 그러므로 TS는 TD의 특수 경우로 볼 수 있다. 퀼벨은 이러한 관계를 다음과 같이 일반화한다.

> (KD) 모든 담지자 p에 대해서, p가 TS-참이라면 그리고 오직 그 경우에만 p는 객관적이면서 TD-참이다.

그러므로 TD-참의 외연은 TS-참의 외연을 포함한다. 이처럼 같은 표현이 서로 다른 두 개념을 나타내며 두 개념 중 어느 하나가 다른 하나의 외연을 포함하는 경우는 "참" 이외에도 또 있다. 퀼벨이 드는 예는 영어의 "오리(duck)"이다. 이 단어는 영어에서 오리 일반을 가리키기도 하고 수컷 오리를 가리키기도 한다. 그래서 암컷 오리를 두고, "이것은 duck이지만 duck은 아니다."라고 말하는 것이 모순은 아니게 된다.

퀼벨의 제안은 일단은 다원주의자들에게 솔깃할 것이다. 무엇보다도 다원주의를 괴롭히는 가장 어려운 난제인 혼합의 문제가 간단히 해결된다. 각 논의 영역에 따라 다른 진리 개념이 있지만, 혼합 추론에서 유지되는 것은 TD-참이라고 하면 추론의 타당성이 설명되기 때문이다. 예를 들면 다음과 같다.

> 만약 모나리자 그림이 아름답다면 지구는 태양 주위를 공전한다.
> (TD-참) (TD-참, TS-참) (조건문 전체는 TD-참)
> 모나리자 그림은 아름답다.
> (TD-참)
> 따라서 지구는 태양 주위를 공전한다.
> (TD-참, TS-참)

앞의 추론에서 전제의 TD-참이 결론에서 보존되므로 위 추론의 타당성은 다원주의적으로 설명될 수 있다.

그러나 하나의 진리 표현이 나타내는 팽창적 그리고 축소적 '속성'이 각각 있다는 퀼벨의 주장은 몇 가지 이유에서 미심쩍다. 먼저, 객관성이라는 조건이 더 추가된다고 하여 진리 속성이 팽창된다고 볼 수 있을까? 객관성을 우리의 인식과 독립적으로 성립하는 성질이라고 규정한다면, 동치 도식의 예화가 성립하는 것 또한 우리의 인식으로부터 독립적이다. 진리의 객관성은 진리 속성의 팽창성과 축소성에 관한 논쟁과 무관하게 인정되는 진리의 자명한 본성이다. 그러나 더 심각한 문제가 있다. 퀼벨의 제안에서 TS-참을 간단히 팽창적 속성이라고 가정해 보자. 그러면 축소주의는 다원적 진리 속성의 하나로서 다원주의에 충돌 없이 포함되는가? 그럴 수 없다. 왜냐하면 축소주의의 주장은 논의 영역에 관계없이 모든 진리 속성은, 그것이 속성이라면, TD-참 외에는 없다는 것이기 때문이다. TD-참이 다원적 진리 속성의 하나로 인정된다는 주장은 TD-참만이 유일한 진리 속성이라는 주장과 양립 불가능하다. 반면에 "같은 진리 표현이 서로 다른 두 개념을 다의적으로 나타낸다."는 주장을, 진리 표현의 언어적 사용 규칙에는 팽창적 용법과 축소적 용법의 두 가지가 있다는 주장으로 약화해서 읽는 경우, 퀼벨의 주장은 진리의 다원성과는 관련이 없는 사소한 주장이 되고 말 것이다. 철학의 용어들은 많은 경우 일상 언어에 뿌리를 두고 있으며, 일상 언어의 표현들은 거의 모두 다의적이거나 모호하다. 많은 경우, 언어적 다의성에 기대어 어떤 종류의 다원주의를 철학적으로 뒷받침하는 것은 그다지 승산이 높지 않다. 가령, 용어 "도덕"은 담론의 맥락에 따라서 시대와 공간을 초월한 원리를 가리키는 광역적 용법으로도 특정한 시대와 시기에 적용되는 국소적 용법으로도 쓰이지만, 그러한 언어적 행태가 도덕 다원주의의 무게 있는 근거가 되기는 어렵다.

카스퍼스는 개념 다원주의를 다른 각도에서 시도한다. 그 또한 진리 속성이 아닌 진리 개념에 관한 다원주의를 주장한다는 점에서는 퀼벨과 같지만, 진리의 언어적 사용에 주목한다는 점에서는 퀼벨과 차이를 보인다. 정확히 말하면, 그가 내세우는 진리의 다원성이란 개념의 다원성이라기보다는 언어 사용 차원에서의 다원성이다. 그러나 "참"을 비롯한 언어 표현의 개념은 사용에 의해서 주어진다는 것은 보편적인 공감대이므로, 개념 다원주의로 분류하여 논의하더라도 크게 틀리지 않을 것이다.

그의 주장의 골자는, 어떤 논의 영역에서는 진리가 표준 즉 규범을 제공하는 언어적 도구로 사용되는 반면, 다른 논의 영역에서는 진리가 정당화의 책임을 전가하는 언어적 도구로 사용된다는 것이다. 즉, 논의 영역에 따라서 "참"은 서로 다른 언어 게임을 가진다는 것이다. 그는 자신의 입장을 프라이스의 견해(Price, 2022)와 비교한다. 프라이스에 따르면 모든 주장적 논의 영역은 진리 규범을 가진다. 예를 들어, 수학의 논의 영역에서는 같은 수학적 믿음을 공유해야 할 일종의 의무가 있다. 건물을 철거하는 경우든, 짓는 경우든, 같은 믿음을 공유해야만 소기의 목표를 달성할 수 있기 때문이다. 이러한 논의 영역에서 진리는 일종의 '따라야 할 표준'으로서의 규범성을 가진다. 하지만, 모든 주장적 논의 영역이 진리 규범을 가진다는 프라이스의 주장은 예를 들어 미각의 논의 영역과 같은 반례에 부딪치는 듯 보인다. 이 논의 영역에서는 내가 다른 사람이 가진 "민트초코 아이스크림은 맛있다."라는 믿음과 똑같은 믿음을 공유하지 않더라도 미각을 만족시키겠다는 나의 목표를 달성하는 데 지장이 없다. 하지만 프라이스는 미각의 논의 영역도 진리 규범성을 가진다고 본다. 예를 들어, 다음의 두 문장을 비교해 보자.

(J1) 민트초코 아이스크림은 맛있다.
(J2) 나는 민트초코 아이스크림을 좋아한다.

J1에 대해서는 동의 또는 부동의가 가능하지만 J2에 대해서는 그렇지 않다. J1과는 달리 J2에서는, 그저 내가 좋아할 뿐이고, 그것이 전부이다. 그 진위를 놓고 사람들 사이에서 논쟁이 벌어질 여지가 없는 것이다. 그러나 프라이스에 따르면 J2는 J1과 J2 모두에 적용되는 진리 규범을 회피하려는 말하기 방식 혹은 그의 표현으로는 "탈출 해치"에 지나지 않는다. J2는 "난 어쨌든 그걸 좋아해."라고 말하는 것이나 마찬가지라는 것이다. J1에 대해서는 동의와 부동의가 가능한 반면 J2에 대해서는 그렇지 않은 차이가 이를 통해 설명된다고 프라이스는 주장한다.

그러나 카스퍼스는 J1과 J2의 차이를 설명하는 프라이스의 견해에 반대한다. 카스퍼스에 따르면, J1과 J2는 둘 다 미각의 논의 영역에 속하는데, 그 논의 영역 자체가 진리 규범성을 가지지 않는 논의 영역이다. 그는 진리의 추구가 실천적 이익으로 이어지는 논의 영역에서만 진리는 규범성을 가진다고 주장한다. 사실적 논의 영역, 예컨대 수학의 논의 영역과 달리, 미각의 논의 영역은 진리의 추구가 실천적 이익으로 이어지는 논의 영역이 아니므로 그 영역에 속한 명제들은 모두 진리 규범성을 가지지 않는다. 서술한 것처럼, "민트초코 아이스크림은 맛있다."에 대해 우리는 같은 믿음을 공유해야 할 의무가 없기 때문이다. 대신, 미각과 같은 논의 영역에서 진리는 규범성을 가지는 표준으로서의 도구가 아니라, 정당화 부담을 전가하는 언어적 도구로만 사용된다고 카스퍼스는 주장한다. J1에서는 동의 또는 부동의가 가능한 반면, J2에서는 그렇지 않은 차이가 이를 통해 설명된다. J1과 달리 J2에서 진정한 동의 또는 부동의가 일어날 수 없는 이유는, 프라이스의 주장처럼 진리 규범성이 회피되기 때문이 아니라, 정당화의 이유를 묻고 답하는 언어 게임의 규칙에 따라 부담을 떠넘기는 것이 허용되지 않기 때문이다. 다시 말해, 우리의 언어 실행의 규칙에서 "당신이 민트초코 아이스크림을 좋아한다는 것은 왜 참인가?"라고 묻는 것은 허용되지 않지만, "민트초코 아이스크림이 맛이 있다는 것은 왜 참인가?"라며 J1과 같은 주장을 한 사람에게 왜 그런지 이유를 제시할 책임을 전가하는 것은 허용된다. 이처럼 미각의 논의 영역에서는 진리가 따라야 할 표준이라는 도구가 아니라 정당화 부담을 전가하는 언어적 도구로 사용된다는 것이다. 진리가 논의 영역에 따라 서로 다른 언어 사용 도구로 사용될 수 있는 것은, 마치 망치라는 단일한 도구가 호두를 깨는 목적과 못을 박는 목적이라는 서로 다른 두 목적을 위해 사용될 수 있는 것과도 같다. (Kaspers, 2023)

진리가 논의 영역에 따라 아예 규범성을 갖지 않을 수도 있다는 카스퍼스의 견해는 확실히 독특하다. 앞서 살펴본 것처럼, 논의 영역에 따른 진리의 차이를 논하는 다원주의자들은 전통적으로 진리의 규범성을 본래적인 것으로 인정하기 때문이다. 카스퍼스의 견해가 가지는 또 하나의 독특한 특징은 진리의 다원성을 속성이나 관계와 같은 형이상학적 측면에서 모색하는 것이 아니라 언어적 사용 수준에서의 차이에서 찾는다는 점이다. 그는 진리는 우리의 언어 게임에서 그것이 수행하는 역할에 의해 완전하게 기술될 수 있으며, 진리를 이해하기 위해 언어 사용 이상의 것을 들여다볼 필요는 없다고 논증한다. 하지만 필자는 이러한 카스퍼스의 결론이 다원주의 진영에 얼마나 도움이 될지 의문스럽다. 일상 언어에서 진리 표현이 카스퍼스가 말하는 것과 같은 적어도 두 가지의 명백히 다른 사용을 가진다는 것은 분명하며, 어쩌면 더 많이 있을지도 모른다. 그러나 진리 표현의 다양한 사용이 있다는 것과 다원적 진리가 존재한다는 것은 층위가 다른 주장이다. 실은 우리가 일상적으로 쓰는 많은 언어적 표현들이 둘 이상의 범주로 분류할 수 있는 사용을 보이지만 그러한 현상이 해당 표현들이 지칭하는 속성이나 대상에 대한 다원성을 꼭 보장하는 것은 아니다. 무엇보다도 언어 사용은 근본적으로 규약인 반면에 진리, 특히 규범성을 지닌다고 카스퍼스도 인정하는 논의 영역에서의 진리는, 우리의 언어 규약과 같은 임의적 규약 이상의 무언가에 의해 구속되는 듯 보인다. 그런 면에서 언어 사용에 기초하여 진리의 다원성을 뒷받침하는 것이 얼마나 설득력이 있을지는 두고 볼 일이다.

개념 다원주의자들의 우회 시도들은 다원주의의 주류인 온건한 다원주의를 괴롭히는 이론 내재적인 이중성을 잘 드러낸다. 린치의 저서 제목인 『하나이면서 여럿으로서의 진리』만큼 온건한 다원주의의 정신을 잘 나타내는 표어는 없을 것이다. 그러나 보편자를 둘러싼 형이상학적 논쟁이라든가, 언어철학에서의 명제의 존재론적 위상 등에 관한 논쟁에서 보듯이, “하나이면서 여럿”이라는 답은 철학자들에게 언제나 ‘불편한 정답’이었다. 다원주의자들이 이 또 하나의 ‘불편한 정답’ 앞에서 얼마나 마음이 편할지는 미지수이다.

> 절반의 진실은 엄청난 거짓말일 때가 많다.
>
> - 벤저민 프랭클린

4.2.6. 다원주의의 우회 시도 (2): 상식적 다원주의

울라토프스키는 스스로 "상식적 다원주의"라고 부르는 견해를 제시한다. (Ulatowski 2017) 하지만 실은 그의 견해는 진리에 대한 다원주의는 아니고, "진리", "참"이라는 용어의 사용과 이해에 대한 실험 철학의 결론이다. 그는 "상식적 다원주의"에서의 "상식적"을 책의 제목과 같이 "commonsensical"로 표현하며 본문에서는 "endoxic"이라는 표현도 병용한다. "endoxic"이라는 말은 "독단(doxa)"이라는 말에서 파생된 것으로서, 철학자들의 독단적인 직관에 의존하는 진리 견해가 아니라 일반 사람들이 일상적인 개념으로서의 진리에 대해 실제로 가지는 직관을 실험을 통해 밝혀낸 경험적 증거가 진리 이론의 올바른 기초가 되어야 한다는 그의 의도를 나타낸다. 그는 기존의 진리 이론들이 철학자들의 독단적인 직관에만 의존해 왔지만 그것이 과연 만족스러운 경험적 뒷받침을 가지는가에 대해 의문을 던진다.

그는 저서를 통해 진리에 관한 다양한 실험 자료를 제시하는데, 그 가운데 우리의 주제와 관련도가 높은 실험은 대응 직관, 동치 도식, 객관성, 그리고 실용성에 관한 것들이다.

[실험 1] 대응 직관 (1)

다양한 가상의 상황을 제시받은 후, 피험자들은 그 상황과 관련하여 다음 진술 Q에 대한 동의 정도를 응답한다. 동의 정도는 강한 부동의를 나타내는 1에서부터 강한 동의를 나타내는 5까지이다.

(Q) 만약 어떤 주장이 세상 생긴 모습(how the world is)을 보고한다면, 그 주장은 참이다.

제시된 상황은 다음의 둘이다.

(안나) 안나는 간단한 계산을 수행한 후, 30 + 55 = 85라는 것을 발견했다.

(브루노) 브루노는 맑은 여름날 하늘의 색깔과 같은 페인트로 그의 집을 칠했다.
브루노는 그의 집이 파란색이라고 주장한다.

- 안나 상황에서 Q에 동의하는 정도: 2.81
- 브루노 상황에서 Q에 동의하는 정도: 3.63

여기서 Q에 등장하는 "어떤 주장"은 안나 상황에서는 <30+55=85>, 브루노 상황에서는 <브루노의 집은 파란색이다>가 된다. 울라토프스키는 이 실험 결과가 수학적 맥락에서보다 경험적 맥락에서 일반인의 대응 직관이 더 강하다는 것을 보여준다고 해석한다. 이 실험 결과는 놀랍지 않다. 일반인들뿐 아니라 철학자들조차 수학적 맥락보다는 경험적 맥락에서 대응 직관이 더 뚜렷하게 나타난다고 여기기 때문이다. 그러나 다음의 실험은 그 이상을 보여준다.

[실험 2] 대응 직관 (2)

실험 1과 마찬가지로 다음 상황을 제시받은 후, 피험자들은 Q에 대한 동의 정도를 응답한다.

(Q) 만약 어떤 주장이 세상 생긴 모습(how the world is)을 보고한다면,
그 주장은 참이다.

(브루노) 브루노는 맑은 여름날 하늘의 색깔과 같은 페인트로 그의 집을 칠했다.
브루노는 그의 집이 파란색이라고 주장한다.

(도나) 도나는 독일을 여행하고 있지만 독일어를 모른다. 그녀는 어떤 사람이 가게에서 "der Stadtplan"을 요청하고 도시 지도처럼 보이는 것을 건네받는 것을 목격한다. 도나도 그를 흉내내어 가게에서 der Stadtplan을 요청하고 도시 지도를 샀다. 도나는 여전히 독일어를 모르지만, der Stadtplan을 요청하는 것이 독일의 점원에게서 도시 지도를 얻는 좋은 방법이라고 믿는다.

	브루노 상황	도나 상황
Q에 동의하는 정도(남성)	3.96	3.56
Q에 동의하는 정도(여성)	3.07	2.60

사실적 논의 영역을 의도한 브루노 상황과 달리 도나 상황은 외국어 해석의 상황으로서 <der Stadtplan을 요청하는 것이 독일의 점원에게서 도시 지도를 얻는 좋은 방법이다>가 "어떤 주장"에 해당한다. 울라토프스키는 이 실험 결과를 놓고, 대응 직관이 성별과 같은 개인적인 차이에 따라서 유의미한 차이를 보이는 결과라고 해석한다. 그에 따르면 위의 브루노 상황과 도나 상황은 모두 경험적 맥락에 해당하는데, 두 상황 모두에서 남성 응답자의 동의 정도가 여성 응답자의 동의 정도보다 두드러지게 더 높다. 따라서 경험적 맥락의 다양성을 막론하고 남성의 대응 직관이 여성의 대응 직관보다 더 강하다는 것을 보여준다는 것이다. 앞서 여러 장에서 필자가 서술한 것처럼 철학자들은 고대부터 현대에 이르기까지 대응 직관을 그럴듯한 진리 이론이 보존해야 하는 진리의 명백한 특징의 하나로 여겨왔다. 그러나 울라토프스키는 그러한 철학자들의 통념에 대해 이의를 제기하고 있다. 일반인들이 일상적으로 가지는 진리 개념은 철학자들이 여기는 것처럼 대응 직관을 견고하게 포함하지는 않으며, 위 실험에서 나타나는 것처럼 성별이나 문화적 요소 등에 따라 가변적이라는 것이다.

[실험 3] 동치 도식

피실험자들에게 "p" 형식의 문장과 "p는 참이다." 형식의 문장을 제시한 후, 그 둘이 동의어인지의 여부를 묻는다.

(3-1) "5월 17일에 비가 온다."
"5월 17일에 비가 온다는 것은 참이다."
⇒ 긍정 답변: 87%

(3-2) "다윈의 자연 선택 이론"
"다윈의 자연 선택 이론은 참이다."
⇒ 긍정 답변: 56%

일단, 필자는 3-2의 경우에서는 실험 방식이 부적절하다고 생각한다. 동치 도식은 주어진 명제에 대해 "~는 참이다"를 부가한 명제가 원래의 명제와 서로 동치임을 나타낸다. 하지만 "다윈의 자연 선택 이론"은 명제의 이름이 아니라 명제들의 집합의 이름이다. 필자가 보기에는 실험이 적절하려면 피실험자들에게 "다윈의 자연 선택 이론에 의하면 p이다."와 "다윈의 자연 선택 이론에 의하면 p는 참이다."가 동의어인지의 여부를 묻는 방식으로 수행되었어야 했다. 어쨌든 그 점은 무시하고, 실험자들이 그에 따른 기술적 보정을 거쳤다고 가정하자. 이 실험의 결과는 일반인들은 동치 도식의 사례가 합당한가를 언어적 맥락에 따라 다르게 판정한다는 것을 보여준다. <p라는 것이 참이라면 그리고 오직 그 경우에만 p이다>의 성립 여부에 대한 일반인들의 판단은 p에 무엇이 대입되는가에 따라서 달라진다는 것이다. 반면 라이트를 포함한 다원주의자들이 전반적으로 동의하듯이, 동치 도식의 성립은 모든 논의 영역에서의 진리 술어가 공유하는 최소 진리이다. 그러므로 울라토프스키의 주장이 옳다면 이는 철학자들의 직관과 일반인의 직관이 중요한 지점에서 불일치함을 보여주는 사례가 된다.

[실험 4] 객관성

다음 네 가지 질문에 대해 동의하는 정도를 답변한다.
실험은 직업 철학자 그룹과 비-철학자 그룹으로 나누어 실시되었다.

(U) 어떤 주장이 참이라면, 그것은 모든 사람들에게 참이다.
(A) 모든 사람이 어떤 주장에 동의한다면, 그것은 참이다.
(F) 어떤 주장이 참이라면, 그것은 사실을 표현한다.
(O) 어떤 주장이 참이라면, 설령 그 누구도 그것이 참임을 발견하지 못했더라도 그것은 참으로 남아있다.

	U	A	F	O
철학자 그룹	**83.3%가 동의**	92.9%가 부동의	84.6%가 동의	85.2%가 동의
비-철학자 그룹	**44.3%가 동의**	88%가 부동의	86.2%가 동의	84.2%가 동의

U의 질문 의도는 질문에 나타난 바와 같다. A는 사람들 사이의 합의가 진리의 충분조건이라는 것에 동의하는가를, F는 진리의 개념이 사실과 긴밀히 연결된다는 것에 동의하는가를, O는 알려지지 않은 혹은 알려질 수 없는 진리가 있다는 것에 동의하는가를 측정하려는 의도이다. 만약 U, F, O에 대한 긍정이 높다면 피실험자의 직관은 진리의 객관성을 긍정한다고 해석할 수 있을 것이고, A에 대한 긍정이 높다면 그 반대로 볼 수 있을 것이다. 실험 결과에서 나타나듯, 철학자들과 비-철학자들 모두 A에 대해서는 부동의, F와 O에 대해서는 동의하는 경향이 뚜렷했다. A에 대해서는 동의한 비율이 철학자 그룹에서는 10%를 밑돌았고 비-철학자 그룹에서는 10%를 넘었다는 정도의 차이가 있었을 뿐이다. 이처럼 철학자와 비-철학자 모두 진리의 객관성, 즉 어떤 주장의 참은 관점 상대적으로 결정되는 것이 아님을 긍정한다는 것이 실험을 통해 확인된다.

주목할 만한 실험결과는 U이다. 유독 U가 철학자 그룹과 비-철학자 그룹 사이에서 큰 차이를 보인다. 심지어 비-철학자 그룹에서는 U에 부동의하는 비율이 동의하는 비율보다 더 높은 것으로 나타났다. 울라토프스키는 U를 둘러싼 이 차이가 비-철학자들이 "…에게 참(true for)"이라는 말과 "참"이라는 말 사이의 차이를 철학자들보다 더 민감하게 받아들이는 데서 비롯한다고 해석한다. 일반적으로 철학자들은 U를 "어떤 주장 P의 참임이 결정되었다면, P의 참임은 보편적이다."라는 뜻으로 받아들인다. 반면에 비-철학자들은 U를, "만약 내가 어떤 주장이 참이라고 생각한다면, 모든 사람들이 나에게 동의할 것이다."라고 읽는 경향이 있다는 것이다. 비-철학자들의 독해에 따른 U는 받아들이기 어려운 진술임이 당연하다. 비-철학자들이 철학자들에 비해 현격히 낮은 비율로 U에 동의했던 이유가 그러한 독해의 차이 때문이라는 것이 울라토프스키의 해석이다. 그는 만약 U를 비-철학자들의 독해로 바꾸어 철학자들에게 제시했더라면, 철학자들 역시 대부분 그에 부동의했을 것이라고 주장한다. 강단에서 철학을 가르치고 있는 독자라면 어느 정도 공감하겠지만, 철학에서는 용법이 고정된 평이한 진술조차도 철학에 물들지 않은 학생들이 그 진술을 전혀 엉뚱한 뜻으로 받아들이는 경우가 자주 있다. 그러므로 U뿐 아니라 Q를 포함한 실험의 모든 진술들에서 철학자들과 일반인들의 독해가 다를 가능성을 염두에 둔 울라토프스키의 판단에 필자는 전적으로 공감한다. 어쨌든 우리의 논의에서 중요한 것은 U가 아니라, 철학자와 비-철학자 모두 진리의 객관성을 긍정한다는 것을 실험을 통해 입증한 A, F, O이다.

[실험 5] 실용성

피실험자들에게 실험 1에서 사용했던 것과 똑같은 상황 진술을 제시한 후, 다음 두 진술에 대한 동의를 각각 묻는다.

(NP) 어떤 진술이 참이라면, 그 진술은 화자 또는 청자가 목적을 달성하는 데 도움을 준다.
(SP) 어떤 진술이 그의 목적 달성의 성공에 도움을 준다면, 그 진술은 참이다.

실험 결과는 다음과 같았다.

	안나 상황	브루노 상황	도나 상황
NP	3.39	3.40	3.48
SP	2.10	2.20	2.23

울라토프스키는 3을 넘으면 동의로, 3을 밑돌면 부동의로 볼 수 있으므로 세 경우 모두에서 NP와 SP가 유의미한 편차를 보였다고 해석한다. 일반인들은 SP에는 대체로 동의하지 않지만 NP에는 대체로 동의한다는 것이다. 그런데 울라토프스키는 실용주의적 진리 개념의 수용은 NP와 SP 둘 다에 대한 긍정으로 이어지기 때문에 이 실험 결과는 실용주의적 진리 개념이 일반인들의 직관과 어긋난다는 것을 보여준다고 주장한다. 이 결론은 미심쩍지만, 그에 앞서 필자는 그가 채택하는 전제가 적절한지를 묻고 싶다. 제임스와 같이 뚜렷한 반실재론적 입장을 취하는 '일부' 실용론자는 SP에 동의할 수도 있다. 그러나 3.3에서 서술한 것처럼 실용론은 그 스펙트럼이 매우 넓으며, 특히 퍼스의 입장은 NP를 강하게 긍정하면서 SP를 부정하는 입장에 해당한다. 그렇기에 일반인들이 NP와 SP 둘 다를 긍정하는 것은 아니라는 것을 근거로 삼아 그들의 직관적 진리 견해가 실용론적 진리와 다르다고 결론 내리는 것은 성급하다. 필자의 관점으로는 이 실험 결과로부터 합당하게 이끌어 낼 수 있는 결론은, 일반인들의 직관은 '반실재론적인 종류의 실용론'과는 부합하지 않는다는 것이다.

이상의 실험 결과들을 종합해 보자. 그 결과는 다음 두 가지로 요약된다. 첫째, 진리의 객관성에 대해서는 철학자들과 일반인들의 직관이 대체로 일치하며, 진리의 실용성에 대해서는 일부 일치한다. 둘째, 대응 직관과 동치 도식에 대해 일반인들은 논의의 맥락 그리고 여타의 조건에 따라 직관이 달라질 수 있다. 울라토프스키는 이러한 일련의 결과들을 근거로 다음의 주장으로 나아간다.

> "(i) 진리는 획일적인 종류의 대응으로 가장 잘 이해된다고 주장하는 그리고 이것이 진리의 일상적 개념에 대한 표현이라고 주장하는 철학적 견해는 지탱 가능하지 않다. (ii) [진리의] 일상적 개념이 지닌 [실험을 통해 확인되는] 명백한 복잡성은 또한 진리가 어떠한 유의미한 분석도 가지지 않는다는 원초주의적 주장을 지지하는 증거로 간주될 수 있다. (iii) 응답자들이 동의하는 것으로 보이는, [진리에 관한] 견해의 극단적인 다양성, 그리고 응답자들이 다른 맥락적 요소에 따라 다양한 모습을 보인다는 것은, 다원주의를 지지하는 일정한 뒷받침이 될 수 있다. (iv) 진리에는 진리 술어에 의해 선별되는 그 자체로서의 속성이 없다는 축소주의의 주장은 경험적 뒷받침을 가질 수 있다."
>
> - Ulatowski, 2017, p. 94.

그러나 필자는 이 결론에 동의하지 않는다. 먼저 (i)을 보자. 진리 개념이 대응을 포함한다는 주장과 진리 개념이 대응'만'으로 이루어진다는 주장은 다르다. "진리는 획일적인 종류의 대응으로 가장 잘 이해된다"고 주장하는 견해는 오늘날 찾아볼 수 없다는 점에서 (i)은 허수아비 공격에 해당한다. 굳이 실험 철학의 결과를 동원하여 공격할 필요도 없는 것이, 그 공격 대상 자체가 존재하지 않기 때문이다. 하지만 (i) ~ (iv)를 관통하는 더 근본적인 문제가 있다. 철학의 해명이 일반인들의 상식과 부합해야 마땅하다는 것은 맞지만, 철학적 개념의 분석이 일반적 상식과 어긋난다는 것이 그러한 개념 분석이 거짓이라는 것을 함축하지는 않는다. 역으로, 대부분의 사람들이 p라고 믿는다는 것도 p가 옳다는 근거가 되기에는 충분하지 않다. 용어 “선”에 대한 실험 철학의 연구 결과는 위 실험들과 마찬가지로 문화와 집단, 맥락 등에 따라 다른 것으로(아마도 그럴 것이다) 나타날 수 있지만, 그렇다고 해서 그것이 윤리적 다원주의를 뒷받침하는 근거로 간주될 수는 없다.

(ⅱ)와 관련하여, 일반인들이 맥락에 따라 “진리”의 개념을 다양하게 받아들인다는 것이 3.6에서 서술한 것과 같은 원초적 진리 개념의 근거가 된다는 것은 비약이다. 원초적 진리의 핵심은 진리가 그보다 더 기초적인 개념을 통해서 분석될 수 없다는 것이다. 실생활에서 나타나는 용어 “진리”의 다의성은 그와는 별개의 사안이다. 과학 용어 “열”은 일상에서 다의적으로 쓰이는 단어이지만 그 사실이 열 개념이 물리학에서 더 이상 분석될 수 없는 원초적 개념이라는 것을 뜻하지는 않는 것과 마찬가지이다. (ⅲ)은 필자가 울라토프스키의 상식적 다원주의가 실상은 진리 다원주의가 아니라고 단언하는 것과 관련된다. 지금까지 서술한 것처럼 다원주의의 핵심은, 진리 속성 혹은 그 속성이 나타나는 방식이 논의 영역의 다원성에 따라 복수로 존재한다는 것이다. 그러한 다원성은 서로 다른 성별, 문화, 언어, 배경 지식 등에 속하는 개인의 판단에서의 다원성과는 구별되어야 한다. 물론 그 둘이 어느 정도 관련이 있을 수 있음은 필자도 인정한다. 예를 들어, “용의자인 돌이의 사건 전날 행적이 수상하다.”라는 말의 참/거짓을 판단하는 기준은 일상 대화의 영역에서보다 법률적 영역에서 훨씬 더 엄격할 것이다. 하지만 그렇더라도 진리 다원주의가 말하는 다원성이 개인적 판단의 다원성이 아닌 논의 영역의 다원성이라는 점은 분명히 짚어야 한다.

끝으로 (ⅳ)는 진리 속성을 선별하는 공감대가 하나로 수렴하지 않는다는 실험 결과를 바탕으로 축소주의가 뒷받침된다는 결론으로 나아간다. 4.2.1에서 말한 것처럼 축소주의와 다원주의는 서로 대척점에 있는 견해이다. 하나의 실험 결과가 그 둘을 모두 뒷받침한다는 것은 무언가가 잘못되었음을 뜻한다. 필자의 견해로는 위 실험들이 뒷받침하는 것은, '영역 문제'가 실존하는 문제라는 것뿐이다. 영역 문제에 대한 두 갈래의 응답은 "없다"라고 말하는 축소주의와 "여럿이 있다"라고 말하는 다원주의이다. 어떤 문제가 실존한다는 실험 결과가, 그 문제에 대한 두 가지 서로 대립하는 대답 모두에 대한 입증 증거가 되는 것은 아니다.

이와 같이 "참"의 일상적 사용에서의 다의성과 진리의 다원성을 곧바로 연결 짓는 것은 부적절하다. 진리의 다원성에 대한 옹호는 팽창적 속성의 다원성에 대한 옹호여야 하며, 그 이외의 요소에서 나타나는 다원성을 통해 진리의 다원성을 간접적으로 뒷받침하려는 시도는 정당화되기 어렵다.

상식과 직관에 관한 이야기가 나온 김에, 이 대목에서 한국어 "참"의 일상적 사용과 관련한 두 가지 사족을 덧붙인다.

첫째, 진리 술어의 다의적 사용은 한 언어 내에서만 발생하는 것이 아니다. 특히 영어로 출판되는 철학적 논쟁을 다시 한국어로 소화해야 하는 숙명을 짊어진 우리 한국의 철학자들이 주목해야 할 다의성은 우리말 "참"과 영어 "true" 사이의 뜻의 차이이다. 일선의 철학자들은 두 용어 사이에 뜻의 차이가 애당초 없다고 여기거나, 혹은 "참"은 어디까지나 "true"의 번역어에 지나지 않는다고 여기는 것 같다. 하지만 필자는 영어와 한국어 용어 사이의 차이를 피부로 느끼곤 한다. 필자가 강의에서 학생들에게 게티어 문제를 전달한 후, "채용되는 사람의 주머니 안에는 10개의 동전이 있다."를 스미스가 알고 있다고 생각하는지 물어보면 대부분의 학생들은 "그렇다"고 답한다. 이러한 결과는 게티어 문제에 대한 아시아인과 서구인 사이의 직관 차이를 드러낸 유명한 실험 철학 사례를 통해 이미 잘 알려져 있으므로, 대다수의 학생들이 "스미스가 그것을 안다."라고 대답한다는 것 자체는 충분히 예상되는 결과이다. 문제는 학생들이 그렇게 생각하는 이유이다. 필자가 학생들로부터 들은 대답에 따르면 학생들은 "참이다"라는 조건에 어마어마한 가중치를 부여한다. 학생들은 "믿는다", "정당화된다" 등의 조건도 중요하기는 하지만, 일단 "참이다"가 성립하는 순간 나머지 모든 조건들이 그로 인해 아예 차폐되어 버린다는 식의 사고를 하고 있었음을 확인할 수 있었다. 필자가 질문을 약간 바꾸어 "객관식 시험에서 찍어서 맞은 경우 그 수험생은 문제의 답을 아는 것인가?"라고 질문했더니 대해 많은 학생들이 조금의 망설임도 없이 "그렇다"라고 답변했다. 한 학생은 강의실에서 다음과 같이 논변을 펼쳤다.

"찍어서 맞혔어도 그 답안은 정답으로 처리된다. 시험 시행 기관은 수험생이 찍었다고 해서 그 문제를 오답으로 처리하지 않는다. 수험생이 답을 모르고 찍었는지 알고 맞혔는지에 대해 시험 시행 기관은 고려하지 않으며, 사회에서도 찍어서 문제를 맞히는 것을 불공정하다고 생각하지 않는다. 답안을 제출할 당시의 수험생의 믿음이나 정당화 등은 전혀 고려사항이 아닌 것이다. 아무리 수험생 자신이 확고한 믿음을 가졌고, 답에 대한 정당한 근거를 머릿속으로 생각했다고 해도, 제출한 답안이 오답이면 그것은 오답으로 처리될 뿐이다. 중요한 것은 오직 제출한 답안이 정답과 일치하는가의 여부뿐이다. 정답으로 처리되었다는 것은 그 수험생이 답을 안다는 것과, 오답으로 처리되었다는 것은 그 수험생이 답을 모른다는 것과 똑같다."

여기서 이 학생의 의견을 옳다 그르다 평가하자는 것이 아니다. 단지 우리말 "참"이 가지는 특별한 의미에 대해 주목하고 싶을 뿐이다. 우리말 "참"은 "정답" 개념과 밀착되어 있고, 그 기저에는 지필식 시험의 결과가 인생의 큰 부분을 좌우하는 한국만의 독특한 사회 구조가 자리한다. 한국어의 "참"에는 "(문제나 질문에서 유일한 답을) 맞힘"이라는 함의가 있고, 그 "맞힘"의 함의에는 다시 "더 이상 이의를 제기할 수 없음"이라는 함의가 있다. 이것이 한국어 "참"에만 있는 특이한 문화적 용어법이다. 한국어 "참"에만 배어있는 이 독특한 의미는 철학의 진리 이론에서 다루어지지 않는 부분이다. 말의 의미는 철학에 큰 영향을 준다. 이는 한국어 "참"의 의미와 용법에 대해 우리 '한국인 철학자'들이 앞으로 해외의 이론에서 말하지 않는 부분까지 주목해야 할 필요를 보여준다. 다만 이 논점은 한국어 "참"의 의미가 왜곡되었다든가 오염되었다는 방향으로 흘러가서는 곤란하다. 중국사를 다룬 어떤 책에는 "중국 역사에서 남북을 잇는 운하의 건설은 필연적이었다."라는 구절이 나온다. 철학자가 그 구절을 두고 그게 우연적이지 왜 필연적이냐, 접근 가능한 모든 가능세계에서 성립하는 것은 아니지 않느냐 따위의 이의를 제기하는 것은 부적절하다. 학술 용어의 특수한 용법이 일상 용법을 뒤흔들 권리는 없다. 새로운 도로를 건설하기 전에 실행하는 타당성 검사는 추론의 타당성과는 아무 관련이 없지만 그렇다고 철학자들이 "타당성 검사"를 다른 용어로 바꾸라고 도로공사에 요구한다는 것은 터무니없다. "참"도 마찬가지이다. 한국어 "참"에 영어 "true"와 다른 무언가 특별한 것이 있다면, 철학자들은 그 사실을 우선 받아들인 다음에 그 특별한 것의 본질을 파헤쳐야 온당하다.

둘째, 실험 철학은 실험을 통해 철학자의 직관과 일반인의 직관 사이의 차이를 드러낸다. 그러나 철학 용어 "진리"의 의미는 심지어 철학자들 사이에서도 갈라지며 특히 어떤 철학 이론적 배경을 가지고 있느냐에 따라서 그 간극이 더욱 두드러진다. 필자는 현재 재직 중인 대학에 임용되기 이전에, 모 대학에서 비정년트랙 교수로 재직하면서 필수 과목으로 지정되어 있던 철학 토론 과목을 여러 교수들과 공동으로 가르친 경험이 있다. 당시 강의 내용을 통일하기 위해 자주 미팅을 가졌는데, 그 과목의 단원 중 하나가 '진리는 해석의 문제인가?'였다. 아마도 필자와 비슷한 학문적 배경을 지닌 사람이라면, 이 단원의 토론 주제는 같은 사안을 놓고 서로 해석이 달라져서 참/거짓의 판단이 달라지는 경우에 관한 주제라고 짐작할 것이다. 그러나 필자와 다른 학문적 배경을 지닌 교수들이 이 토론 주제를 자연스럽게 윤리의 문제로 취급하는 것을 보고 내심 놀란 기억이 생생하다. 그들은 예를 들어, 안중근 의사가 이토 히로부미를 처단한 사건이 만국공법에 따라 윤리적이라고 판단될 수 있는가 등의 문제로 이 토론 주제를 이해하고 있었다. 필자는 그 단원의 제목에서 "진리"라는 말을 "역사적 진실"로 바꿨더라면 혼란을 초래할 소지가 훨씬 적지 않았을까 생각한다. 필자의 소소한 경험을 감히 일반화시킬 수는 없지만, 철학적 배경 그러니까 '철학 중에서도 어느 철학'인가에 따라서 "진리"라는 용어는 "진실" 혹은 "역사적 진실"에 더 가까운 뜻으로 취급된다는 것만큼은 분명하다. 1.2에서 서술했듯이, 영어 "truth"는 우리말에서는 맥락에 따라 때로는 "진리"로 때로는 "진실"로 번역된다. 문제는 우리말에서 "진리"와 "진실" 사이의 개념적 간격이 예상 밖으로 크다는 데 있다. “진실”은 확실히 윤리적 가중치가 더해진 용어이다. 일부 철학 영역에서는 진리가 진실에 포함되는 개념인 것처럼 취급되지만, 형식적으로 분석하면 진실(historical truth)이 진리(truth)에 포괄되는 개념이다. 학문적 배경의 다양성에 우리말 낱말의 미묘한 뜻 차이까지 더해져 그 차이가 더 증폭되는 것이다. 이 또한 옳다 그르다를 따질 문제는 아니다. 그러한 학문적 간극이 있다면, 그것을 있는 그대로 받아들이고서 그 본질을 파고들어야 마땅하다. 필자가 아는 한, 국내 연구 가운데서 철학 영역에 따른 용어 “진리”, “참”의 용법의 차이를 주제로 삼은 연구는 아직까지 없다. 하지만 이 주제는 한국어로 철학을 하는 한국의 철학자들이 꼭 한 번은 고민할 가치가 있다고 생각된다.

> 예술은 진실이 아니다.
> 예술은 우리에게 진실을 깨닫게 하는 거짓이다.
>
> – 파블로 피카소

4.3
진리 동일론(Identity Theory of Truth)

4.3.1. 동일론의 동기와 윤곽

철학에 물들지 않은 일반인에게 "왜 에펠탑이 파리에 있다는 말이 참인가?"라고 묻는다고 하자. 아마도 그가 내놓을 가장 그럴듯한 대답은 "에펠탑이 파리에 있다는 것이 사실이니까."일 것이다. 상식에 기초한 대답을 하는 일반인들은 에펠탑이 파리에 있다는 명제가 에펠탑이 파리에 있다는 사실과 대응한다는 따위의 복잡한 구도를 염두에 두지는 않는다. 그의 대답의 요지는 간단히 말해서 "그 말이 사실이니까."이며, 그것이 전부이다. 그것으로 모든 대답은 제시되었으며 더 이상 명쾌하게 밝혀야 할 것은 없다고 그는 여길 것이다.

"그 말이 사실이니까."라는 상식적인 대답은 진리 동일론의 직관을 집약할 뿐만 아니라, 동일론의 직관이 어떤 면에서는 대응론의 직관보다도 더 상식에 가까이 다가가 있을 수도 있다는 것 또한 보여준다. 그래서인지 동일론은 철학에서 적어도 대응론만큼 혹은 그보다 더 유서가 깊다. 2.1에서 필자는 아리스토텔레스의 진리 이론이 동일론으로서의 특징을 가진다고 주장하였는데, 그러한 특징을 공유하는 관점은 그리스 철학자들 사이에서 드물지 않게 발견된다. 동일론의 아이디어 자체는 이처럼 오랜 세월 동안 철학자들과 일반인들의 뇌리에 자리했음에도, '동일론'이라는 이론은 20세기 무렵이 되어서야 체계를 갖추어 문헌에 등장하기 시작했다. 말하자면 동일론은 아주 옛날부터 수면 아래에 도사리고 있다가 최근에야 수면 위로 떠 오르기 시작한 셈이다. 그런 면에서 동일론은 아주 오래된 견해이기도 하고, 동시에 최신의 견해이기도 하다.

동일론의 시원으로 프레게와 스트로슨의 다음 유명한 언급이 자주 거론된다.

"사실이란 무엇인가? 사실은 참인 사상이다."

– Frege, 1918, p. 342.

"사실이란 (참일 때의) 진술 그 자체이지,
진술이 지향하는 무언가가 아니다."

– Strawson, 1950, p. 453.

실은 프레게와 스트로슨의 위 언급은 진리에 대한 정의가 아니라 사실이란 무엇인가에 대한 해명이다. 두 철학자 모두 진리 동일론자는 아니었다. 진리에 대한 프레게의 입장은 "용어 '참'의 내용은 독자적이며 정의 불가능하다"(Frege, 1918, p. 327.)는 것이었으며, 스트로슨은 3.4에서 소개한 진리 수행설을 제안했었다. 그러나 이들의 견해와는 별도로,

위의 두 짧은 언급은 현대의 진리 동일론자들에게 중요한 영감을 제공한 출발점이 되었다.

동일론의 논제는 여러 방식으로 제시되지만, 대략 다음과 같이 요약된다.

(IT) 참인 명제 〈p〉는 p라는 사실과 동일하다.

진리 정의 IT는 참과 세계 사이에 긴밀한 밀착이 있다는 대응론의 자명한 직관을 유지하면서도 대응론이 겪는 여러 어려움은 회피할 수 있다는 장점을 지닌다. 대응론 부분에서 서술했듯, 진리 실현자, 진리 담지자, 그리고 대응이라는 세 개의 요소를 모두 존재론적으로 긍정하는 데다가 이 존재자들을 가지고 참과 세계 사이의 연결을 설명하기까지 한다는 것은 갖가지 까다로운 문제들을 일으킨다. 가장 근본적인 어려움은 세계 내 존재인 진리 실현자와 언어적 내지는 관념적 개체인 진리 담지자라는 두 이질적인 대상 사이에 성립하는 대응이라는 불가해한 관계에서 비롯한다. 하지만 IT는 그런 신비스러운 관계를 동일성이라는 친숙한 논리적 관계로 대체해 버리기에 그와 같은 난제가 원천 차단된다. 아울러 존재론적으로 논란이 많은 진리 실현자라는 대상과 진리 실현이라는 관계도 일거에 소거된다는 장점까지 지닌다. 그 밖에도 동일론을 뒷받침하는 근거는 몇 가지가 더 있다. 가령, 다음 I1과 I2는 자명하다.

(I1) p라면 그리고 오직 그 경우에만 〈p〉는 참이다.
(I2) p라면 그리고 오직 그 경우에만 p라는 것은 사실이다.

그런데 I1과 I2로부터 다음의 I3가 논리적으로 함축된다.

(I3) 〈p〉가 참이라면 그리고 오직 그 경우에만 p라는 것은 사실이다.

물론 동일성 관계와 필요충분조건 관계는 다르기 때문에 I3와 IT는 같은 도식은 아니다. 그러나 I3를 부인할 수 없다는 것은 IT가 정당하다는 일종의 간접적인 정당화가 된다. I1은 필연적 참인 것이 확실하며, 비록 논란의 여지가 있지만 I2 또한 필연적 참으로 간주할 여지가 있다. 만약 그렇다면 그로부터 함축되는 I3 또한 필연적 참일 것이다. 그리고 어떤 필요충분조건 관계가 필연적으로 성립한다면 그 두 조건에 포함된 대상 사이에 동일성 관계가 포함된다는 것은 그럴듯한 가설이다. 실제로 동일론자들은 자신들의 문헌에서 IT보다는 I3의 형태로 주장을 제시하는 경우가 더 많다.

또한, 동일론 논제는 우리의 일상 언어 사용과도 잘 조화되는 듯 보인다. 앞서 언급한 <에펠탑은 파리에 있다>의 참에 대한 상식적 대답도 그렇고, 일상 언어에서 사실을 나타내는 that－절과 참인 명제를 나타내는 that－절은 어떠한 손실도 없이 상호 대체된다는 점도 그렇다. "존은 트럼프가 총에 맞았다고 믿는다."는 믿음의 대상으로서의 명제 that－절을 포함한다. 이를 "존은 트럼프가 총에 맞았다는 사실을 믿는다."와 같이 사실 that－절을 포함하는 문장으로 바꿔쓰더라도 의미의 손실은 발생하지 않는다. 물론 이러한 상호 대체는 해당 명제가 참인 경우에만 성립하지만 말이다.

듣고 보면 참인 명제 <p>와 p라는 사실이 동일하다는 주장은 확실히 그럴듯하게 들린다. 하지만 과연 그렇기만 할까? 아마도 철학의 훈련을 받은 사람은 IT를 보는 순간 이 의문부터 들었을 것이다. "언어적 개체인 명제가 세계 내 존재인 사실과 어떻게 존재론적으로 동일할 수 있지?"

언어 또는 이해와 결부된 존재자인 '명제'와 세계의 구성 요소로서의 '사실'이라는 두 이질적인 요소가 서로 '동일하다'는 주장은 그 둘 사이에 대응 관계가 성립한다는 주장 못지않게 난해하다. 앞으로 보겠지만, 바로 이 질문이 동일론을 불안정한 이론으로 만드는 근본적인 결함이다. IT는 간편하지만 조악한 논제이다. "배트맨은 브루스 웨인과 동일하다."와 같이 동일성 진술에서 양변에 위치하는 대상은 같은 범주에 속해야 한다. 하지만 사실과 명제가 같은 범주에 속하는가부터 일단 의문스럽다. 애당초 동일성 관계가 성립할 수 없는 두 대상 사이의 동일성을 주장하는 데서 혼란이 발생하는 것이다. 물론 "마음은 두뇌의 물리적 작용과 동일하다."에서 보듯, 철학에서 서로 다른 범주에 속하는 것 사이의 동일성 주장을 하는 것 자체가 잘못된 것은 아니다. 다만 이러한 주장은 동일성이 주장되는 두 대상 가운데 어느 하나가 다른 하나로 존재론적으로 환원된다는 것을 전제하거나 함축하는 것이 보통이다. 반면 동일론 논제를 그러한 존재론적 환원을 주장하는 논제로 여기기는 어렵다. 동일론 논제는 궁극적으로 진리의 본성에 대한 정의여야 한다.

IT가 정확히 무엇을 말하는가는 동일론을 둘러싼 첨예한 쟁점들과 연동된다. 다시 말해, IT를 어떻게 그럴듯한 논제로 만들 것인가의 문제는 곧, 명제와 사실 사이의 개념적 그리고 존재론적 간극을 어떻게 극복할 것인가의 문제로 귀결된다. 그 간극 사이에 교량을 놓을 한 가지 유력한 후보는 동치 도식 ES를 활용하는 것이다.

(ES) 〈p〉가 참이라면 그리고 오직 그 경우에만 p이다.

동치 도식은 좌변의 이름과 우변의 명제라는 서로 다른 의미론적 값을 지니는 두 대상 사이의 논리적 관계를 문법에 맞게 표현한다. 마찬가지로 명제와 사실은 존재론적으로 상이한 지위를 가지지만, 좌변의 "<p>"는 명제를 가리키는 이름으로서 그리고 우변의 "p"는 사실에 대한 기술로서 그 둘 사이의 관계가 문법에 맞게 제시될 수 있다. 하지만 동치 도식은 동일론이 IT를 통해 말하고자 하는 바를 완벽하게 표현하기엔 역부족이다. 왜냐하면 동일론의 핵심 주장은 진리 즉 참인 명제와 세계 사이의 밀착에 있기 때문이다. 축소주의 진리론을 서술하면서 비유했듯 동치 도식은 '무엇이든 담을 수 있는 텅 빈 그릇'에 지나지 않는다. 동치 도식 단독으로는 동일론이 기대하는 진리와 세계 사이에 성립하는 그와 같은 팽창적 관계를 표현하지 못한다.

진리는 분명히 세계와 밀접하게 관련된다. 진리 이론가가 그 명백한 관련을 무시하기란 거의 불가능하다. 하지만 참인 명제와 사실은 개념적으로 그리고 존재론적으로 층위가 다르다. 따라서 그 둘 사이의 동일성 관계를 어떻게 납득시키는가가 동일론 이론가들의 핵심 과제가 된다. 그 간극이 과도하게 좁혀지면 IT는 당연히 참된 동일성 주장이 되겠으나 동어반복에 지나지 않는 사소한 논제가 되어버리고 만다. 반면 그 간극이 너무 벌어지면 IT는 받아들이기 힘든 주장이 되어버린다. 기껏해야 그것은 '세상은 우리가 생각하는 것의 총체'라는 식의 소박한 관념론을 표현하거나, 혹은 정반대로, 진리 대응론의 또 다른 변주에 불과할 것이다. 바람을 채운 풍선을 손으로 쳐가며 더 올라가지도 않고 더 내려가지도 않도록 제자리에 머무르게 하는 것이 가장 어려운 법이다. IT를 동일론자들이 원하는 '바로 그 자리'에 딱 위치시키는 것은 만만치 않은 도전이다.

진리는 마치 금과 같다. 금은 금이 아닌 모든 것들로부터 그것을 씻어냄으로써 획득된다.

– 레오 톨스토이

4.3.2. 참인 명제로서의 사실

사실과 명제는 다르다. 사실은 인과력을 지닐 수 있으며, 시공간적 위치를 점유할 수도 있다. 하지만 명제는 그렇지 않다. “그 사실이 그 화재의 원인이다.”라거나 “그 사실은 2024년 12월 3일 서울에서 있었다.”와 같은 표현은 비록 일상 표현으로는 어색한 부분이 있을지언정 철학적으로 말은 된다. 하지만 이 표현들에서 “사실”을 “명제”로 바꾸면 일상적으로는 물론 철학적으로도 전혀 뜻이 통하지 않는 표현이 되어버린다. “…라는 것은 참이다”와 “…라는 것은 사실이다”는 일상적인 맥락뿐 아니라 많은 철학적인 맥락에서도 손실 없이 혼용된다. 그러므로 우리는 참인 명제와 사실이 같다고 해야 할지 다르다고 해야 할지 망설이게 된다(동일론과 관련한 논의에서 사실과 동일하다고 주장되는 것은 어디까지나 ‘참인’ 명제이지만, 서술의 자연스러움과 가독성을 위해 이후에는 ‘참인’을 생략하고 명제로만 쓴다. 특별히 거짓인 명제를 비교하는 부분에서만 참인 명제와 거짓인 명제를 명시하여 서술하기로 한다).

이처럼 동일론은 명제와 사실이 서로 다르다는 것을 인정하면서, 그 둘 사이의 동일성을 주장해야 하는 난제에 직면한다. 이에 대처하는 동일론자들의 전략은 두 갈래이다. 하나는 사실과 동일한 것으로서의 명제의 올바른 정의를 확립하는 것이다. 다른 하나는 명제와 동일한 것으로서의 사실의 올바른 정의를 확립하는 것이다. 전자의 선택지를 먼저 검토해 보자. 명제는 미묘한 철학적 개념이다. 명제의 개념은 심적인 영역과 사실적 영역 양측에 걸쳐 있다. 그중 어느 쪽에 가중치를 두느냐에 따라 명제의 개념은 다르게 이해될 수 있다. 동일론의 논제를 떠올리면, 명제를 전적으로 사실적 영역에 속하는 것으로 이해하는 것이 동일론자들에게 유리할 것처럼 보이기도 한다. 그런 면에서, 3.1에서 언급했던 초기 러셀의 명제 이론이 대안의 하나가 될지도 모른다. 하지만 러셀식의 명제에서는 명제의 거짓이란 없다는 점이 가장 큰 문제이다. 동일론은 참인 명제뿐 아니라 거짓인 명제의 존재도 받아들여야 한다. 그렇지 않으면 명제의 참이 사실과의 동일성을 통해 정의된다는 그들의 주장은 힘을 잃을 것이기 때문이다. 따라서 전통적인 명제의 개념(문장의 의미, 사상, 진리 조건 등)을 되도록 유지하면서 사실의 개념을 그와 조화되도록 규정하는 것이 동일론자들에게 더 전망이 있는 작업 방향이다.

현대의 동일론은 사실을 무엇으로 간주하느냐에 따라 온건한 동일론과 강경한 동일론으로 나뉜다. 온건한 동일론은 참인 명제와 동일한 것으로서의 사실을 지시체의 영역이 아닌 뜻의 영역에 위치시킨다. 즉, 프레게의 정의 그대로, 사실은 참인 사상으로 정의된다. 사상은 뜻의 복합체이고, 뜻은 지시체를 제시하는 방식(mode of presentation)을 포함한다. 그러므로 온건한 동일론에서 명제, 즉 사실은 그 명제를 구성하는 표현들의 지시체들의 제시 방식에 의해 개별화된다. 이와는 대조적으로 4.3.3에서 살펴볼 강경한 동일론은 사실을 지시체의 영역에 위치시킨다. 그렇다고 온건한 동일론이 사실이 우리의 심적 작용으로부터 독립적이라는 것을 부정하는 것은 아니다. 그리고 사실과 마찬가지로 명제의 참/거짓도 우리의 인식과 독립적이라는 것 또한 긍정된다.

> "사상은 외부 세계 안의 대상도 아니고 관념도 아니다."
>
> - Frege, 1918, p. 336.

그래서 온건한 동일론과 강경한 동일론 사이의 경계에는 모호한 구석이 있다. 사실 개념을 어떻게 볼 것인가를 두고, 온건한 동일론자라고 해도 전적으로 온건할 수만은 없고, 강경한 동일론자라고 해도 전적으로 강경할 수만은 없다. 그렇기에 동일론의 취지를 가장 잘 표현하는 입장은 어쩌면 사실은 외부 세계에 속하면서 동시에 우리의 내적 영역에도 속한다는 중도적 입장일 수도 있다. 이를 잘 보여주는 진리 동일론자가 맥도웰이다. 맥도웰의 철학 체계는 데카르트의 마음-세계 이원론을 비판하는 것에서부터 시작한다. 데카르트식 이원론 구도는 믿음과 내용의 지향성을 설명할 수 없게 만든다는 것이 가장 큰 난점이다. 이러한 인식론적 간극을 극복하기 위해 맥도웰이 제안하는 대안은 일종의 칸트적 구성주의이다. 이는 그의 진리 동일론으로 이어진다. 그는 사실이라는 용어 대신 '생각할 수 있는 것(thinkables)'이라는 용어를 도입한다. 프레게의 뜻 그리고 명제의 뜻인 사상은 우리의 사유의 영역에 속하지만, 이와 달리 '생각할 수 있는 것'은 세계를 구성하는 실재론적 요소라는 점이 차이이다. 그러나 '생각할 수 있는 것'은 대상과 속성 등을 구성요소로 지니지는 않는다는 점에서 '성립하는 사태'와는 또 다르다. 그런 면에서 맥도웰의 동일론은 강경한 동일론과 온건한 동일론의 중간에 위치한다고 평가할 수 있다. 그는 다음과 같이 말한다.

> "우리가 의미할 수 있는 종류의 대상들 혹은 일반적으로 우리가 사유할 수 있는 종류의 대상들과, 성립할 수 있는 대상들 사이에는 어떠한 존재론적 간극도 없다. 누군가가 참되게 사유한다면, 그가 사유하는 것은 성립하는 것이다."
>
> – McDowell, 1994, p. 27.

사실은 사유 안에 침투하고 사유는 사실 안에 침투한다는 맥도웰의 난해한 상호침투성 논제는, 동일론자들이 다루는 '사실'의 개념을 명료하게 확보하는 것이 간단치 않다는 것을 보여준다. 이후에서 드러나겠으나, 사실의 개념은 과연 동일론자들에게 두고두고 골칫거리로 남는다.

그렇다면 온건한 동일론의 논제는 어떻게 표현되는가? IT는 "<p>는 참이다."와 "p라는 것은 사실이다."가 같은 주장이라고 말한다. 그리고 온건한 동일론은 p라는 사실을 "p"라는 문장의 뜻으로 이해한다. 그렇다면 온건한 동일론하에서 IT는 진리에 대해 아무것도 말해 주지 않는 그야말로 동어반복에 불과하게 될 것이다. 이를 피하기 위해 도드는 다음과 같은 도식을 IT를 대신할 동일론의 대안으로 제시한다. (Dodd, 2013)

(MIT) $\forall x(x\text{는 참이다} \leftrightarrow \exists p(x=\langle p\rangle \wedge p))$

x에는 명제, p에는 사실이 대입된다. MIT는 동치 도식과 달리 팽창적인 특징이 두드러지게 나타난다. 첫째로, 동치 도식과 달리 MIT는 사실 p가 있다는 존재 주장을 명시적으로 포함한다. 둘째로, 동치 도식

과 달리 MIT에는 진리 담지자와 사실 사이의 동일성 주장이 명시적으로 포함된다. 도드가 강조하는 MIT의 장점 중 하나는, 동치 도식의 예화들은 MIT로부터 논리적으로 따라 나오기 때문에 MIT는 동치 도식보다 더 근본적이라는 것이다. 예를 들어 "<눈은 희다>가 참이라면 그리고 오직 그 경우에만 눈은 희다."는 MIT에 기초하여 증명될 수 있다. 하지만 필자의 견해로는 이것을 장점이라고까지 말하는 것은 너무 나간 것 같다. 왜냐하면 MIT는 팽창적인 논제이므로 그로부터 더 약한 논제인 동치 도식 ES의 예화들이 그로부터 도출되는 것은 어떻게 보면 당연하기 때문이다. 또 다른 팽창적인 논제인 고전적 대응론의 논제로부터도 동치 도식의 예화들이 도출될 수 있지만, 우리는 그런 것을 두고 대응론의 장점이라고 말하지는 않는다.

필자가 생각하는 MIT의 가장 곤란한 부분은 동일성 주장인 "x=<p>"이다. 사실인 p와 달리 <p>는 명제임에 주의하자. 진리 담지자인 x가 명제 <p>와 동일하다는 주장은, 실은 그 자체만으로 말해 주는 것이 별로 없는 주장이다. 프레게적 뜻으로서의 사실과 참인 명제 사이에는 존재론적 간극이 전혀 없다는 점을 고려하면, MIT는 다음의 진술이 정보적이지 않은 것과 똑같은 이유에서 정보적이지 않다.

⟨p⟩ = ⟨p⟩

게다가 술어 "참"은 거의 모든 경우에서 제거가 가능한 잉여적인 표현이며 적어도 이 맥락에서는 확실히 제거 가능하다. MIT에서 진리 술어를 제거하고 나면 결국 다음과 같은 주장과 다르지 않게 된다.

p ↔ p

이 주장은 진리 표현을 전혀 포함하지 않을 뿐 아니라 진리에 관한 어떠한 통찰도 제공하지 않는다. 물론 도드도 이러한 우려를 인지하고 있는 듯 보인다.

"동일성 주장은, 동일한 대상들에 관한 본체적인 무언가가 말해지지 않으면 공허해질 위험을 안는다."

- Dodd, 1999, p. 225.

그럼에도 도드가 사실을 프레게적 뜻의 영역에 위치하는 것으로 규정하는 가장 중요한 동기는, 동일론 논제를 받아들이면서 동시에 사실을 뜻이 아닌 지시체의 영역에 위치시키는 입장은 이른바 '프레게 퍼즐'에 의해서 반박되기 때문이다. 사태가 지시체로 구성된다고 가정하자. 샛별이 행성이라는 사태와 개밥바라기가 행성이라는 사태는 동일한 지시체를 구성 요소로 공유하므로 동일한 사태이다. 한편, 우리 믿음의 대상을 명제라고 가정하자. 누군가는 샛별이 행성이라는 것과 개밥바라기가 행성이라는 것 중 어느 하나는 믿지만 다른 하나는 믿지 않는 것이 가능하므로, 샛별이 행성이라는 명제는 개밥바라기가 행성이라는 명제와 동일하지 않다. 그러므로 <샛별은 행성이다>와 <개밥바라기는 행성이다>는 사태로는 동일하지만 명제로는 동일하지 않다. 따라서 명제와 사태는 동일할 수 없으므로 명제의 구성 요소는 지시체가 아니다.

그러므로 명제와 동일한 것으로서의 사실 또한 지시체로 구성될 수 없다는 결론에 다다른다.

사실을 세계 내에 위치시키지 않는 온건한 동일론에서 "참인 명제와 사실은 동일하다."라는 논제는 존재론적으로 한결 부담이 없어진다. 이것이 온건한 동일론이 가지는 가장 큰 장점이다. 두 번째 장점은, 온건한 동일론에서는 사실의 구조를 설명하는 문제, 즉 어떻게 대상과 속성, 관계가 하나의 결합체를 이루는가를 설명할 부담이 회피된다. 물론 온건한 동일론에서는 그 대신 술어의 지시체인 개념이 어떻게 대상과 결합하는가를 설명해야 할 어려운 문제를 짊어지지만, 개념은 속성과 달리 불포화되어 있기 때문에 사실의 구조를 설명하는 것보다는 명제의 구조를 설명하는 것이 그나마 상대적으로 더 용이하다. 도드가 제시하는 세 번째 장점은, 강경한 동일론에 비해 온건한 동일론은, 동일론 논제 하에서 명제가 거짓의 진릿값을 어떻게 산출할 수 있는가를 설명하기가 더 유리하다는 점이다. 곧이어 서술하겠지만, 명제의 거짓을 설명하는 문제는 동일론 전반을 위협하는 또 하나의 난제이다.

장점이 있으면 단점도 있게 마련이다. 필자가 생각하는 온건한 동일론의 가장 큰 문제점은 앞서 서술한 것처럼 동일론 논제가 사소한 주장으로 전락할 위험이 크다는 것이다. 아울러 온건한 동일론은 두 가지 심각한 문제에 추가로 직면한다. 하나는 공외연적 표현의 문제이고, 다른 하나는 명제의 거짓을 정의하는 문제이다. 먼저 공외연적 표현의 문제부터 살펴보자. 다음 두 명제는 같은 지시체에 대해 서로 다른 제시의 방식, 즉 뜻을 포함하므로 다른 명제이다.

〈율곡의 어머니는 조선시대 사람이다〉
〈신사임당은 조선시대 사람이다〉

그러나 우리의 직관에 따르면 두 명제와 관련된 사실은 단일한 사실이다. 율곡의 어머니가 조선시대 사람인 사실과 신사임당이 조선시대 사람인 사실이 따로 있다고 생각하기는 어렵다. 그 단일한 사실을 A라고 하자. 그리고 위의 두 서로 다른 명제를 각각 P1과 P2라고 하자. 온건한 동일론에 따르면 A＝P1이고 A＝P2이다. 이로부터 P1＝P2가 함축된다. 그런데 이는 P1≠P2라는 가정과 충돌한다. 따라서 공외연적 표현을 포함하는 명제의 경우에서 참인 명제와 사실이 동일하다는 온건한 동일론의 주장은 위협받게 된다. 이러한 문제는 "율곡의 어머니", "신사임당" 등의 표현을 포함하는 명제의 참을 설명하기 위해 세계 내의 실제 대상인 지시체와 그 명제를 연결시켜야 하기 때문에 발생한다. 온건한 동일론은 명제를 뜻의 영역에 위치시키기에 명제의 참과 세계 사이에 단절이 발생하는 것이다.

이 비판에 대한 도드의 대처는 두 명제에 관련된 사실이 단일하다는 우리의 직관을 수정하는 것이다. 그에 따르면, 명제의 구성 요소의 뜻을 파악한다는 것은 예를 들면, "율곡의 어머니"가 신사임당을 지칭한다는 하나의 진리(a truth), 그리고 "신사임당"은 신사임당을 지칭한다는 하나의 진리를 파악하는 것이다. 그리고 뜻은 지시체를 결정하므로 이름의 뜻을 아는 것은 그 이름이 무엇을 지칭하는지를 아는 것이다. 위의 두 명제는, 그 명제를 이해하는 사람이 명제의 구성 요소에 대한 진리를 알고 있느냐 그렇지 않느냐에서 차이가 발생한다. 참인 명제와 사실은 동일하며, 사실은 뜻의 영역에 위치하고, 뜻은 우리의 이해의 산출물이므로, 둘은 서로 다른 사실이라는 결론에 도달한다. 이는 술어의 경우에도 마찬가지이다. 다음의 두 명제를 보자.

〈신사임당은 조선시대 사람이다〉
〈신사임당은 조선시대 호모사피엔스 종이다〉

술어의 지시체는 개념이며, 도드에 따르면 명제의 구성 요소인 술어의 뜻을 안다는 것은 ＜대상 o가 '사람이다'를 만족하기 위한 필요충분조건은 o가 사람이라는 것이다＞, ＜대상 o가 '호모 사피엔스 종이다'를 만족하기 위한 필요충분조건은 o가 호모 사피엔스 종이라는 것이다＞ 등의 진리를 '아는' 것이다. 그러므로 위의 두 참인 명제는 각각 사실과 동일하지만, 그 사실들은 서로 다른 사실이다. (Dodd, 2008)

이러한 답변은 이론 내적인 정합성을 확보한다. 위의 명제들이 서로 다른 명제라는 전제도 부정되지 않는다. 그러나 신사임당은 조선시대 사람이라는 사실과 율곡의 어머니는 조선시대 사람이라는 사실이 서로 다른 사실이라는 것은 사실에 대한 우리의 일상적인 개념과 어긋날 뿐더러 사실을 지나치게 세분화한다는 지적을 피할 수 없다. 더불어 이러한 해결책은 명제 즉 문장의 내용이 마땅히 외재적이어야 한다는 마땅한 요구를 무시한다. 앞서 강조한 것처럼 명제의 개념은 심적 영역과 외재적 영역에 걸쳐 있다. 명제는 전적으로 심적일 수도, 전적으로 외재적일 수도 없다. 도드의 답변은 명제의 내용 혹은 진리 조건에 외재적 요소가 포함되어야 한다는 요구에 충분히 부응하지 못하는 듯 보인다. 이 점은 3.1에서 살펴본 현대적 대응론이 세계－언어 관계를 명시적으로 받아들임으로써 의미의 외재성을 담보하는 것과 비교하면 더 분명하게 두드러진다. 물론 프레게의 이론에서 '제시의 방식'은 공적인 표상이기에 주관적이지도 심리적이지도 않다는 점은 맞다. 그러나 공적임과 외재적임은 별개의 사안이다. 공외연적 표현의 문제는 진리가 어떻게든 외부 세계와 연결되어야 한다는 요구를 보여준다. 필자의 견해로는, 온건한 동일론이 이 난관을 돌파하기 위해서는 어떻게든 대응론적 장치를 가져올 수밖에 없을 것 같다. 대응론적 장치의 도입을 끝까지 거부한다면 사실을 세분화하는 방식으로 어떻게든 해결이야 할 수 있겠지만, 그것이 온건한 동일론을 환영받을 만한 이론으로 가꿔나갈 올바른 방향인지는 퍽 의심스럽다.

한 가지 흥미로운 점은, 도드의 답변이 2.1에서 살펴본 아리스토텔레스의 진리 이론과 유사한 측면을 보인다는 점이다. 아리스토텔레스에 따르면 명제를 판단할 선행조건은 '형상에 의한 비분할자', 즉 개별적 실체에 대한 판단이다. <신사임당은 조선시대 사람이다>를 판단할 선행조건은 신사임당이라는 개별적 실체에 대한 진리 판단이라는 것이다. 그러나 아리스토텔레스 진리 이론과 온건한 진리 동일론 사이에는 중요한 차이가 있다. 아리스토텔레스가 추구한 인식과 존재의 합일은 진리의 추구가 세계 내에 존재하는 실체들에 뿌리를 두기를 지향한다. '세계 내에 존재하는 실체들'은 오늘날의 용어로는 지시체에 해당한다. 이는 아리스토텔레스의 시각에서 동일론이 유의미한 이론이 되기 위해서는 진리 개념을 팽창시켜야 함을, 다시 말해 세계와 명제 사이의 실체적 연결을 긍정해야 함을 의미한다. 사실을 우리의 이해와 결부된 영역에만 국한하는 것은 아리스토텔레스의 의도와는 차이가 있다.

다음으로 온건한 동일론이 직면하는 또 하나의 문제인 거짓을 어떻게 정의할 것인가의 문제를 살펴보자. 참인 명제가 사실과 동일하다고 치면, 그럼 거짓인 명제는 무엇과 동일한가? 우선 나올 수 있는 답변은 다음과 같다.

거짓인 명제는 사실이 아닌 것과 동일하다.

하지만 이 답변은 그 자체로 거짓이다. 책상, 의자, 사람 등도 모두 사실이 아닌데 거짓인 명제가 그런 것들과 동일할 리는 없기 때문이다. 그렇다면 다음의 답변은 어떨까?

거짓인 명제는 사실이 아닌 명제와 동일하다.

이 대답도 만족스럽지 않다. "참인 명제"와 "거짓인 명제"는 서로 부정의 관계로서 쌍을 이룬다. 그런데 동일성 관계의 맞은편에 서 있는 "사실"과 부정의 관계로서 쌍을 이루는 것이 "사실이 아닌 명제"라는 것은 받아들이기 어렵다. 참인 명제와 사실을 동일하다고 주장하면서, 왜 참/거짓의 쌍에서는 명제와 사실을 차별해야 하는가? 이에 대처하는 한 가지 가능한 대안은 동일론의 주장인 "참인 명제는 사실과 동일하다."를 다음과 같이 조정하는 것이다.

참인 명제는 사실인 명제와 동일하다.

이 새로운 동일론 논제에 따르면 동일성 관계의 한 편에는 참인 명제와 거짓인 명제가 한 쌍을 이루고, 맞은편에는 사실인 명제와 사실이 아닌 명제가 한 쌍을 이루게 되어, 그럭저럭 형식적 적합성은 갖추는 듯 보인다. (David, 2001) 하지만 이 대안적 논제는 동일론의 입장에서는 받아들이기가 곤란하다. 원래의 논제인 "참인 명제는 사실과 동일하다."와 달리, 이 새로운 논제는 동어반복에 지나지 않는 듯 보이기 때문이다. 동일성 관계의 양측에 자리한 "참인"과 "사실인"을 개념적으로 팽창시키면 새로운 논제를 사소하지 않게 독해할 수는 있겠으나, 이는 동일론자들이 의도하지 않았던 결과, 즉 대응론의 구도를 다시 소환하는 결과로 이어진다. 온건한 동일론에는 무언가 다른 대안이 필요하다.

명제의 거짓을 설명하기 위해 도드가 택하는 답변은 현대적 대응론과 비슷한 구도로 수렴한다. 개념은 그 술어가 어떤 논항 즉 대입값에 의해 만족되는가를 제공하기 때문에 명제의 참/거짓 또한 그것을 통해 곧바로 설명된다는 것이다. 가령 "신사임당"이라는 이름의 뜻이 대입값으로 산출되는 경우 거짓의 진릿값을 산출한다는 것은 "…은 남자이다"의 개념을 구성한다는 것이다. (Dodd, 2008) 하지만 이번에도 대응론적 요소의 도입은 불가피해 보인다. 왜냐하면 이 설명은 대응론과 마찬가지로 대상 혹은 지시체가 어떤 방식으로든 진릿값의 결정에서 역할을 해야 한다는 것을 받아들이기 때문이다. 하지만 그 역할이 진리 실현자로서의 역할은 아니라는 데서 온건한 동일론의 어려움이 발생한다. 신사임당은 세계 내에 존재하는 대상이지만 "신사임당"이라는 이름의 뜻은 지시체와 다르다는 대답만으로 모든 문제가 말끔히 해결되는 것 같지는 않다. 설령 동일론을 온건한 논제로 후퇴하더라도, 뜻의 영역에 속한 제시의 방식이란 다름 아닌 지시체를 제시하는 방식 즉 다른 것이 아닌 세계 안에 존재하는 사물들을 제시하는 방식이라는 점, 그리고 진리의 결정은 그 방식에 의존한다는 것을 전면 부정할 수는 없는 노릇이다. 진리는 무언가에 기반(ground)해야 한다. 기반 관계란 무엇인가를 해명하는 것은 어려운 문제이지만, 최소한 "그 어떤 것에도 기반하지 않는다"라고 말할 수는 없다는 것만은 명백하다. 그렇다고 참인 명제가 자기 자신에 기반해서 참이 된다는 생각도 터무니없다. 가장 상식적인 경로는 기반 관계를 명제 바깥의 '세계'에서 찾는 것이지만 동일론자들은 이 선택지를 주저할 것이 분명하다. 그들이 그토록 혐오하는 대응 관계를 다시 불러올 우려가 있기 때문이다.

공외연적 표현의 문제와 명제의 거짓을 규정하는 문제는 온건한 동일론이 대응론과 어디까지 거리를 둘 수 있는가의 고민을 드러낸다. 두 문제 모두 해결 과정에서 대응론적 장치의 개입을 요청하는 듯 보이기 때문이다. 이는 필자가 언급한 근본적인 문제, 즉 온건한 동일론의 논제는 사소한 동어반복에 지나지 않을 수도 있다는 우려의 연장선상에 놓여 있다. 온건한 동일론의 논제를 사소하지 않게 만든다는 것은 그 논제가 말하는 바를 팽창시킨다는 것을 의미한다. 그러면서도 그 팽창이 대응론적 팽창이어서는 안 된다. 이 요구들을 함께 만족한다는 것은 역시나 쉬운 작업이 아니다.

사실은 많지만 진실은 하나이다.

- 라빈드라나트 타고르

4.3.3. 성립하는 사태로서의 사실

온건한 동일론은 일상적인 그리고 철학에서 별다른 설명 없이 통용되는 '사실'의 개념을 큰 폭으로 수정한다. 사실이 세계의 구성 요소로서 세계 내에 위치하지 않는다거나, 사실은 지시체들로 구성되지 않는다는 생각은 철학 이전에 상식적인 수준에서 보아도 고개를 갸웃하게 된다. 반면에 사실을 세계 내에 성립하는 사태로 간주하는 강경한(immodest) 동일론은 우리가 지닌 일상적인 사실 개념을 보존한다. 그에 따르면 사태는 세계 안에 존재하는 대상과 속성이 특정한 방식으로 결합된 복합체이며, 그중 성립하는 사태가 사실이라고 정의된다. 따라서 세계는 비트겐슈타인의 언명을 따라 성립하는 것들의 총체이자 사실들의 총체로 간주된다.

최근 강경한 동일론을 명시적으로 주장하는 철학자로는 트루먼을 꼽을 수 있다. (Trueman, 2021) 그의 주장은 의존 논제 즉 명제의 진릿값은 세계에 비대칭적으로 의존한다는 일견 그럴듯해 보이는 논제가 거부되어야 한다는 것에서 시작한다. 의존 논제에 따르면, 명제는 세계가 그러하기 때문에 참/거짓이지만, 명제가 참/거짓이기 때문에 세계가 그러한 것은 아니다. 그런데 트루먼은 이 자명해 보이는 생각을 왜 거부하는 것일까? 세계와 진리 사이의 비대칭적 의존은 "세계가 명제를 참인 것으로 만든다."는 식의 구도를 함의한다. 그러나 트루먼은 그러한 구도가 성립할 수 없다고 논증한다. 첫째로, 이 구도는 무한 퇴행에 빠진다. 판단 주체가 p라고 판단을 한다는 것은, 세계와는 다른 무언가인 <p>와 주체 자신 사이의 관계에 대한 판단을 하는 것이라고 가정하자. 그렇다면 그 판단은 어떻게 이루어졌는가? 그 대답이 '세계가 <p>를 참이게끔 하기 때문'이라고 가정하자. 이 가정이 옳다면, 그 주체는 실은 <세계가 <p>를 참이게끔 한다>라는 판단을 한 셈이 된다. 하지만 그러한 판단 내용 자체가 또 다른 명제이며 이 쳇바퀴는 무한이 반복된다. 따라서 세계가 <p>를 참이게끔 하기 때문이라는 가정은 폐기되어야 한다는 것이다. 트루먼이 비대칭적 의존을 이론을 거부하기 위해 드는 또 다른 근거는, 그것이 "참인 명제는 자기 자신에 기반하여 참이다."라는 불합리한 결론을 낳기 때문이다. 트루먼에 따르면 비대칭적 의존을 표현하는 가장 그럴듯한 방식은 다음이다.

(AD) ⟨p⟩가 참이다 → (p이기 때문에 ⟨p⟩는 참이다)

그런데 동치 도식에 근거하여 진리 술어는 손실 없이 제거가 가능하므로 AD는 다음의 AD′로 변형된다.

(AD′) p → (p이기 때문에 p)

하지만 AD′는 모든 사실이 자기 자신을 설명한다는 불합리한 원칙으로서 거부되어야 한다. 그러므로 AD 역시 거부되어야 한다는 것이다.

우리는 비대칭적 의존을 거부하는 두 논증 모두 하나의 아이디어를 공유하고 있음을 발견하게 된다. 세계가 따로 있고, 참인 명제가 따로 있어서, 어느 하나가 다른 하나를 일방향으로 참이게끔 만든다는 구도는 성립할 수 없다는 것이다. 다시 말해, 세계와 참인 명제를 별개의 존재론적 항으로 놓는 생각은 출발부터 잘못되었다는 것이다. 이는 자연스럽게 진리 동일론의 아이디어로 이어진다. 그 둘은 별개로 존재하는 것이 아니라, 세계의 구성 요소가 곧 참인 명제이고, 참인 명제가 곧 세계를 구성한다는 것이다. 그렇다면 무엇이 세계를 구성하는가? 이 지점에서 트루먼은 도드의 온건한 동일론과 갈라진다. 온건한 동일론에 따르면 사실은 뜻의 영역에 위치한다. 그런데 뜻이란 다른 것이 아니라 바로 지시체를 제시하는 방식이다. 바로 이 점에서, 트루먼의 시각에서 온건한 동일론은 비대칭적 의존 논제의 변형에 지나지 않게 된다. 참인 명제는 세계 내의 지시체를 제시하는 특정한 방식에 기반한다는 구도는, 트루먼이 보기에는 결국 "p이기 때문에 <p>는 참이다."와 근본적으로 다르지 않은 것이다.

그렇다면 대안은 무엇인가? 트루먼은 세계, 사태, 사실 등에 대한 프레게의 개념 정의를 따르게 되면 강경한 동일론 논제가 곧바로 도출된다고 본다. 그에 따르면 사태는 세계 안의 대상과 속성, 관계 등이 특정한 방식으로 결합된 복합체로서 일종의 0항 속성이다. 그것은 1항 속성, 2항 속성 등과 달리 대상에 의해 만족되지 않는다. 0항 속성으로서의 사태 S는 다음과 같은 방식으로 표현될 수 있다.

(IIT) S는 p이면 그리고 오직 그 경우에만 참이다.

도식 IIT가 의미하는 것 중 하나는, 사태의 성립은 "S"라는 완연한 문장에 의해서 표현될 수밖에 없다는 것이다. 프레게가 지적했듯, 문장은 이름과 다르다. 이름의 의미론적 값은 대상인 반면 문장의 의미론적 값은 명제, 다시 말해 사물들이 존립할 방식(ways for things to be)이다. 그리고 명제 중에서 '참인' 명제는 사물들이 존립하는 방식(ways that things are)으로 정의된다. 사물들이 존립하는 방식이 바로 사실이다. 예를 들어 "눈은 희다."의 의미론적 값은 눈이라는 사물이 존립할 특정한 방식이고, "눈은 희지 않다."의 의미론적 값은 눈이라는 사물이 존립하지 않을 특정한 방식이다. 그런데 전자는 참인 문장이므로 그것의 의미론적 값인 참인 명제는 사실 즉 성립하는 사태가 된다. 반면 후자의 의미론적 값은 성립하지 않는 사태이다. 그런데 명제는 문장의 진리 조건으로 흔히 이해되지 않던가? 하지만 진리 조건과 사태는 다르다. 거짓인 문장도 진리 조건을 가지지만, 트루먼의 용어법에서는 거짓인 문장의 진리 조건은 사태가 아니기 때문이다. 다시 말해, 사태는 진리 조건 가운데 참인 문장의 진리 조건과만 동일하다. 그러므로 트루먼의 용어법에서 '성립하는 사태'와 '참인 문장의 진리 조건', 그리고 '사실'은 모두 같다고 할 수 있다. 지금까지 등장한 용어들을 다음과 같이 정리해 보자.

(T1) 성립하는 즉 0항-만족되는 사태 = 참인 문장의 진리 조건
(T2) 사실 = 성립하는 사태
(T3) 명제 = 문장의 진리 조건

따라서 '참인 명제'는 '참인 문장의 진리 조건'과 동일하게 된다. 그러므로 이로부터,

(T4) 성립하는 사태 = 참인 명제

라는 것이 이끌어져 나온다. 그런데 성립하는 사태는 사실과 동일하므로,

(T5) 사실 = 참인 명제

이라는 강경한 동일론의 논제가 곧바로 도출된다. 그리고 T5에서의 '사실'은 T2에서와 같이 '성립하는 사태'라는 점에서 강경한 동일론 논제는 도드의 온건한 동일론 논제와 확연한 차이를 나타낸다.

일단, T1부터 T3까지의 전제들은 각각 그럴듯해 보인다. 그리고 그 전제들로부터 강경한 동일론 논제 T5가 타당하게 추론된다는 것 또한 부인할 수 없어 보인다. 하지만 필자의 견해로는 트루먼의 추론에는 한 가지 함정이 있다. 바로 T1과 T3를 동시에 받아들이고 있다는 것이다. 다시 말해, 위 논증은 다음의 T6를 암묵적으로 전제하고 있다.

(T6) 문장의 진리 조건은, 사태이면서 또한 명제이다.

우리는 흔히 사태와 명제를 구별한다. 전자는 비-언어적인 세계 내 개체인 반면에 후자는 언어적이고 추상적인 개체라고 여기곤 한다.

하지만 전제 T6는 사태와 명제 사이의 경계를 흐리고 있다. 트루먼은 문장의 진리 조건이란 곧 내용이라고 말한다. 명제란 명제적 내용을 가지는 추상적 개체가 아니라, 명제 자체가 바로 내용이라는 것이다. '문장의 진리 조건'이라는 말은 얼핏 들으면 마치 언어적 혹은 개념적 개체를 가리키는 것처럼 보인다. 그러나 곰곰이 생각해 보면 문장의 진리 조건이란 세계 내에서 벌어지는 비-언어적인 상황이다. 명제란 명제가 나타내는 내용 그 자체라면, 참인 명제에서 그 내용이란 다른 것이 아니라 바로 성립하는 사태일 것이다. 그렇기에 명제는 사태와 동일할 수 있는 것이다. "사실은 그저 참인 명제인 것만은 아니다. 사실은 또한 성립하는 사태이기도 하다."(Trueman, 2021, p. 195.)는 그의 언명은 이러한 아이디어를 잘 나타낸다. 이처럼 강경한 동일론은 우리가 가진 일상적인 사실 개념에 가깝게 '사실'을 정의하는 동시에, 사실이 '참인 명제'와 동일하다는 논제에 설득력을 더하려 시도한다. 또 이러한 개념 정리 하에서는 온건한 동일론을 괴롭혔던 진리의 외재성의 문제도 애당초 발생하지 않는다. 나아가 동일론 논제에서 동일성이 주장되는 두 항인 명제와 사실 사이의 존재론적 간극도 덩달아 메꿔지는 듯 보인다. 트루먼의 이론에 따르면 주체가 참되게 p라고 판단할 때, 주체가 판단하는 것은 사물이 존립할(to be) 방식이 아닌 존립하는(are) 방식이므로 참되게 판단된 <p>는 p라는 사실과 말 그대로 '똑같다'. 그런 면에서 강경한 동일론이 의도하는 진정한 핵심을 담은 논제는 어쩌면 T6일 수도 있다.

그렇다면 강경한 동일론은 4.3.2의 '프레게 퍼즐'에 대처할 수 있는가? 도드의 비판이 옳다면 프레게 퍼즐은 강경한 동일론이 이론 내적으로 비일관적이라는 것을 보여준다. 대상과 속성의 복합체, 즉 세계 내의 사태를 Com이라고 해 보자. 그리고 다음의 두 명제 T7과 T8에 대해서,

갑이 하나는 믿으면서 다른 하나는 믿지 않는 것이 가능하므로 그 둘이 서로 다른 명제라는 것은 그럴듯한 가정이다.

(T7) 샛별은 행성이다.
(T8) 개밥바라기는 행성이다.

두 명제가 나타내는 천문학적 사실은 단일한 사실이다. 그러나 두 명제에 포함된 지시체들을 제시하는 방식은 서로 다르다. 그 제시의 방식 각각을 Mod1, Mod2라고 하자. Mod1≠Mod2인데, 온건한 동일론에 따르면 Mod1=T7, Mod2=T8이다. 그런데 우리의 전제에 따르면 T7과 T8은 다르다. 그렇기에 온건한 동일론에서는 비일관성이 발생하지 않는다. 그러나 강경한 동일론에 따르면 Com1=T7, Com2=T8이다. 그런데 세계 내에서 샛별과 개밥바라기라는 두 대상이 지니는 천문학적 속성의 복합체는 오직 하나만 존재한다. 그러므로 Com1=Com2이다. 하지만 이는 전제인 T7≠T8과 충돌한다. 따라서 강경한 동일론자들은 P1≠P2라는 전제를 거부하거나, 아니면 Com1=Com2라는 전제를 거부해야 한다. 어느 쪽도 달가운 선택지는 아닐 것 같다.

이에 대한 트루먼의 응답은 T7≠T8이라는 전제를 거부하는 것이다. 즉, 그 둘은 같은 명제라는 대답이다. 그는 사태와 명제가 동일하다는 것과 사태가 대상과 속성으로 구성된다는 것을 시인한다. 그가 강조하는 지점은, 명제는 그것의 구성 요소 뜻들에 대한 것이 아니라 구성 요소 뜻들이 제시하는 지시체에 대한 것이라는 점이다. "갑은 개밥바라기가 행성이 아니라고 믿는다."라고 할 때, 갑이 믿는 명제는 개밥바라기와 행성에 대한 것이지 '개밥바라기'의 뜻과 '행성'의 뜻에 대한 것이 아니라는 것이다. 뜻은 뜻에 의해 제공될 수 없다(Trueman, 2022, p. 113)는 그의 말에서 알 수 있듯, 우리의 믿음이나 판단의 대상이 되는 명제의 뜻을 제공하는 것이 또 다른 뜻일 수는 없다. 그것은 지시체, 즉 세계 내의 대상이어야 한다. 그래서 동일론자에게 옳은 선택은 지시체를 기준으로 하여 명제를 사실만큼 "성글게" 개별화하는 것이라는 것이라고 그는 주장한다.

하지만 필자의 진단으로는, 사실 개념의 다의성을 허용하는 것은 더 근본적인 문제를 여전히 해결되지 않은 채로 남겨둔다. 사실을 참인 명제이면서 '동시에' 성립하는 사태로 규정하는 트루먼의 개념 정리는, 명제 개념을 문장 또는 진술의 의미라는 언어적 영역에 위치시키는 전통적인 이해를 훼손하지 않으면서 동시에 참인 명제를 세계 내에 위치하는 존재로 확립하려는 트루먼의 욕심을 드러낸다. 설리번도 비슷한 지점을 비판한다. 그는 트루먼이 '세계'라는 개념을 어떤 맥락에서는 사실 즉 참인 명제들의 무한한 연언인 것으로, 또 어떤 맥락에서는 '세계라는 대상'인 것으로 쓰고 있다고 지적한다. 트루먼의 용어법에서 '세계'는 사물들이 존립하는 '방식'이기도 하고 또 한편으로는 그런 방식으로 존립하는 '사물들'의 복합체이기도 한 것이다. (Sullivan, 2022) 만약 전자를 선택한다면 트루먼의 이론을 의도와는 달리 강경한 동일론이 아닌 도드의 온건한 동일론과 별반 차이가 없는 견해로 만드는 결과로 이어질 것이다. 반면 후자를 선택한다면 앞서 T7과 T8을 같은 명제로 간주하는 것과 같이, "명제는 문장의 의미이다."라는 통상적인 이해에 대한 왜곡을 피할 수 없다. 모든 참인 문장의 의미가 사실인 것은 아니다. <모든 x에 대해 만약 x가 남자라면 x는 남자이다>는 참이지만 그와 같은 '사실'이 존재한다는 것은 어색하게 들린다. T1과 T3의 동시 수용에서부터 나타나는 이러한 개념적 다의성의 근원에는, 사실을 '성립하는 사태'로 보는 것과 '문장의 진리 조건(즉, 의미)'으로 보는 것 어느 쪽도 완벽하게 만족스러운 선택이 아니고 또 그러면서도 완벽하게 포기할 수 있는 선택도 아니라는 난처함이 놓여 있다. 예를 들어 이 테이블 위에 사과가 놓여 있는 특정한 방식(mode)이 그 사과라는 사물을 구성 요소로 포함하느냐의 질문에 대한 답은, '방식'이라는 말을 어떻게 규정하는가에 따라 달라질 것이다. '방식'은 우리의 언어적 표현의 뜻, 즉 명제를 통해 표상되는 관계를 가리킬 수도 있고, 혹은 사과와 테이블이라는 구체적인 물리적 대상들 사이에 성립하는 세계의 한 부분을 가리킬 수도 있다. 두 대답 모두 우리의 일상적 직관에도 들어맞을 뿐 아니라, 철학자들의 이론화도 두 방향 모두로 전개될 수 있다. 한 대답은 옳고 한 대답은 틀리다고 단정하기 어려운 것이다. 근본적으로 이는 '방식'이라는 용어의 정의에 관한 사안이기에, '방식'이라는 용어의 두 해석을 모두 수용하면서 동시에 두 답변 중 어느 하나를 배척하는 것은 공정한 입장이 아니다. 트루먼은 '사실'을 '참인 명제의 내용 그 자체'와도 '성립하는 사태'와도 동일시한다. 후자의 정의는 온건한 동일론과 충돌하지만 전자의 정의는 그렇지 않다. 그렇다면 두 정의를 모두 넘나드는 그의 이론이 온건한 동일론의 논제를 공정하게 반박한다고 보기는 어렵다.

이상의 논의는 동일론의 태생적인 난점을 보여준다. 온건한 동일론은 공허한 주장으로 전락하거나 혹은 그 외견과는 달리 실상은 대응론과 다르지 않은 이론이 될 것 같다. 강경한 동일론은 온건한 동일론과 별반 차이가 없는 주장이 되거나 혹은 명제 개념에 대한 우리의 통상적인 이해를 크게 수정해야 할 것 같다. 이는 동일론 논제 IT를 어떻게 읽을 것인가의 질문으로 다시 회귀한다. IT는 존재론적으로 동일한 대상 사이의 동일론을 주장하면서 진리의 본성에 관해 아무것도 말하지 않는 사소한 논제이거나, 혹은 존재론적으로 동일할 수 없는 대상 사이의 동일성을 주장하기에 그 자체로 받아들일 수 없는 논제이거나, 둘 중 하나이다. 두 독해 중 어느 쪽도 동일론자들은 택하고 싶지 않을 것이다. 트루먼의 이론에서 나타나는 '사실' 개념의 이중성은 두 선택 사이에서 방황하는 동일론자들의 고뇌를 상징한다. 동일론을 만족스러운 이론으로 확립하는 것보다는 '차라리' 대응론을 정당화하는 쪽이 철학자들에게 더 쉬운 선택일 수도 있다. 동일론의 직관이 대응론의 직관만큼이나 오래되었음에도, 대응론과 달리 동일론은 최근 들어서야 명시적인 이론으로 떠오른 이유가 어쩌면 그 때문일지도 모른다.

> 사실의 반대말은 거짓이지만, 한 심오한 진리의 반대말은 아마도 또 다른 심오한 진리일 것이다.
>
> \- 닐스 보어

제5장

응용

5.1
진리와 삶

지금까지 필자가 소개한 진리 이론들은 너무 전문적이어서 보통 사람들의 현실의 문제와는 동떨어진 것처럼 보인다. 하지만 실제로는 그렇지 않다. 진리에 관한 철학적 고민은 현실의 삶 곳곳에서 밀접하게 연결된다. 가장 친숙한 예는 진리와 윤리 사이의 관계 즉 윤리적 진술 및 판단의 참/거짓에 관한 문제이다. "무엇을 해야 하는가?"는 우리 삶의 전부를 지배하는 것이나 다름없는 질문이고, 실천철학의 으뜸은 단연 윤리학이다.

윤리가 삶에서 중요하지 않았던 적은 없지만 우리 시대에 들어서 그 중요성이 더 커지고 있다. 이는 거시적 측면과 미시적 측면으로 나누어 진단할 수 있다. 거시적으로 보면, 과거에는 종교나 주술사가 일러주는 대로 살면 되었기 때문에 나의 행위와 사고, 결정이 왜 특정한 규범을 따라야 하는가에 대한 고민을 할 필요가 적었다. "우리 민족의 오랜 전통" 따위의 가면으로 포장된 무형의 사회적 폭력도 개인의 주체적 행위에 대한 윤리적 부담을 전가하는 역할을 했다. 종교나 전통 등에 의해 외부에서 주입되는 강제 규범이 있는 사회에서는 연장자가 어린 사람에게 함부로 손찌검을 하더라도, 선임병이 후임병에게 가혹행위를 하더라도, 양심의 가책을 느낄 필요가 전혀 없었다. '전통'이 그러라고 시킨 것이지, 나의 주체적 판단에 따라 그 행위를 하기로 판단하고 결정한 것이 아니기 때문이다. 나도 부모에게 두들겨 맞으며 자랐으니, 나도 내 자식을 두들겨 때리며 키운다. 그런 사회에서는 내 자식을 때리는 주체는 '나'가 아니라고 발뺌할 수 있다. 즉, 종교나 전통 등이 규범을 주입하는 것은 그만큼 개인이 지닌 자율적 행위자로서의 위상을 약화하며, 이는 개인에게 부가되어야 할 윤리적 의무와 책임을 감소시키는 결과를 낳는다. 의무와 책임이 적으니, 윤리적 문제에 대해 고민할 필요도 별로 없다. 반면 우리 시대에는 그러한 외부적 강제가 존재하지 않는다. 오늘날의 사람들은 더 이상 성직자의 명령이나 '집안 어르신들 말씀' 따위에 휘둘리며 살지 않는다.

미시적으로 보면, 은폐된 사회적 규범의 강제 주입이 차지했던 빈자리를 오늘날에는 무엇이 대신하고 있는가가 중요한 질문으로 떠오른다. 그것은 미디어, 누리소통망(SNS), 그리고 인공지능이다. 우리 부모 세대에 '집안 어르신들 말씀'이 발휘하던 위력보다 훨씬 더 큰 영향력을 지금 세대들에게 유튜브가 발휘하고 있다. 그리고 유튜브를 포함한 누리소통망 및 인터넷 공간에서 유통되고 있는 정보의 상당수가 생성형 인공지능에 의해 생산되고 있다. 생성형 인공지능이 내놓는 '답변'의 신뢰성에 대한 비판은, 흥미롭게도, 전통적 형태의 진리 정합론에 대한 비판과 평행하게 적용된다. 생성형 인공지능들이 활동하는 데이터 공간 자체는 하나의 정합적 믿음 체계로 간주할 수 있으며 생성형 인공지능들이 산출하는 진술들은 세계와의 대응이 아닌 그 믿음 체계와의 정합성만을 고려하기 때문이다. 생성형 인공지능에게 "대한민국 충주시 무학시장에 지금 사람이 많은가?"라고 질문하면 무언가 대답이야 내놓겠지만 인공지능은 실제로 무학시장에 사람이 얼마나 있는가의 사실관계를 직접 조사하거나 알아보고서 그러한 답을 내놓지는 않는다. 기존에 축적된 데이터들 사이의 관계에만 기반하여 답을 생성할 뿐이다. 우리 시대 윤리적 규범 결정의 강제권을 이어받은 '권력'이, 진리 이론의 관점에서 평가할 때 지극히 취약한 체계라는 것은 받아들이기 힘든 현실이다. 따라서 자율적 도덕 주체로서의 각 개인의 역할과 중요성은 과거 그 어느 때보다도 더 커졌다는 결론에 이르게 된다.

개인이 자율적 도덕 주체가 된다는 것은, 이를테면 "지금 이 행위는 옳다."와 같은 문장의 참/거짓 판단을 누군가에게 물어보고서 답을 구하는 것이 아니라 스스로 답을 내린다는 것을 의미한다. 윤리와 자율성의 문제는 도덕 문장에 대한 참/거짓의 문제와 밀접히 연관되는 것이다. 이른바 분석윤리학이라 불리는 이러한 접근 즉 윤리의 문제를 도덕 문장에 대한 언어적 분석의 문제로 전환하여 고찰하는 것은 흄 이래로 윤리학의 정당한 접근 방식의 하나로 인정되어 왔다. 분석윤리학에서는 도덕 그 자체가 아니라 도덕적 진술의 '의미'를 분석한다. 의미의 문제는 진리의 문제와 동전의 양면이다. 도덕적 진술의 의미를 분석한다는 것은 도덕적 진술의 진리 조건을 분석하는 것과 같다.

문제는 윤리적 진술은 사실적 진술과 달리 그 진리의 기반을 뚜렷하게 특정하기가 쉽지 않다는 점이다. 그러다 보니 그 반작용으로 20세기 초에는 극단적인 견해들이 등장하기에 이르렀다. 이러한 견해들을 통칭하여 비인지주의라고 부른다. 비인지주의의 한 갈래는 정서주의이다. 이 견해에 따르면 도덕 문장은 일종의 감탄문이기에 진리 적합성(truth-aptness) 즉 참/거짓일 수 있다는 성질을 갖지 않는다. 정서주의를 내세운 에이어에 따르면 진리 적합성을 갖는 모든 문장은 분석적으로 참이거나 종합적으로 참이다. 그런데 도덕 문장은 물론 분석적이지 않다. 반면 선은 눈으로 관찰하거나 만져볼 수 있는 것도 아니다. 즉, 도덕 문장은 경험적으로 참인 것도 아니다. 이로부터 에이어는 도덕 문장은 진리 적합성을 갖지 않는다는 결론에 이른다. 그러므로 평서문의 외양을 가진 것과는 달리 도덕 문장은 우리의 감정이나 태도를 표현하는 정서적 의미만을 가진다는 것이다. 단, 모든 도덕 문장이 감탄문은 아니며 때때로 도덕 문장은 사실을 기술할 수도 있다. 그러나 그것이 기술하는 사실은 어떤 행위가 사회적으로 배척된다는 사실일 뿐 도덕적 사실은 아니라는 것이다. (류지한, 2016) 비인지주의에 속하는 또 다른 견해는 규정주의이다. 이 견해에 따라서도 도덕 문장은 진리 적합성을 가지지 않는다. 규정주의자인 헤어는 도덕 문장의 의미가 진리 조건에 의해서만 결정된다고 여기는 것은 '기술주의적 오류'이며, 명령 등 화용론적 의미도 가진다고 주장한다. 예를 들어, "살인은 나쁘다."라는 문장은 기술적인 평서문과 같은 외양을 지니고 있지만 실상 그 내용은 "살인을 하지 말라."라는 명령문이라는 것이다. (이대희, 2011) 그러나 오늘날 정서주의나 규정주의를 받아들이는 철학자는 찾아보기 어렵다. 도덕 문장은 진리 적합하다는 강력한 공감대가 있기 때문이다. 윤리의 영역에서 실천의 정당성은 믿음의 정당성에 의존하며, 믿음의 정당성은 더 근본적인 도덕 원리의 참에 의존한다는 것은 부인하기 어려운 가정으로 받아들여진다.

그렇다면 철학 특히 윤리학의 임무는 도덕 문장의 진리 조건을 어떻게 제시할 것인가이다. 이 문제에 직접 답하는 것은 우리의 주제를 벗어나지만, 이러한 문제가 제기된다는 사실만으로도 진리의 본성에 관한 철학의 고민이 우리의 일상적인 실천과 밀접하게 관련된다는 점이 분명하게 드러난다. 한 가지 예를 들어보자. 윤리학의 중요한 과제는 윤리 상대주의를 물리치는 것이다. 윤리 상대주의는 윤리의 보편적 원리를 흔듦으로써 행위의 윤리적 적합성 전반을 위협하기 때문이다. 윤리 상대주의는 진리 상대주의와 짝을 이룬다. 여성 할례가 문화에 따라 윤리적일 수도 그렇지 않을 수도 있다는 것은, 곧 <여성은 할례를 받아야 한다>라는 명제가 관점에 따라 참일 수도 거짓일 수도 있다는 주장으로 변환된다. 그런데 4.2.1에서 서술한 것처럼, 진리 다원주의는 진리 상대주의와 다르다. 진리 상대주의는 관점에 따른 참/거짓의 차이를 옹호하는 반면, 진리 다원주의는 논의 영역에 따른 진리 속성이나 진리 개념의 차이를 주장하기 때문이다. 그렇다면 만약 철학자들이 윤리 상대주의를 관점이 아닌 논의 영역에 따른 진리의 다름을 수용하는 견해로 발전시킨다면, 윤리 상대주의는 좀 더 설득력 있는 견해로 변모할 수 있지 않을까?

필자의 주장은 그렇지 않다는 것이다. 왜냐하면 4.2.4에서 서술한 것처럼, 진리 다원주의는 주어진 명제가 하나의 논의 영역에 배타적으로 속한다는 가정에 크게 의존하기 때문이다. 따라서 같은 명제가 어느 논의 영역의 맥락에서 바라보는가에 따라 서로 다른 진릿값을 동시에 가질 수 있다는 주장은 오히려 진리 다원주의의 전제와 충돌한다. 예를 들어, 한 관점에 의하면 동성애 성향은 피부색이나 눈동자 색깔처럼 선천적인 생물학적 특징으로 간주된다. 다른 관점에 의하면 동성애 성향은 후천적 요인에 기인하는 건강하지 못한 상태로서 질병으로 간주되며 치료를 필요로 한다. 전자의 관점에서 <동성애는 질병이 아니다>는 참, 후자의 관점에서는 거짓이므로 진리 상대주의자들은 이 명제의 진릿값이 관점에 의존하여 달라질 수 있다고 주장할 것이다. 상대주의자들의 주장은 진리 다원주의에서도 용납될 수 있는가? 그 명제가 속할 수 있는 가능한 논의 영역은 크게 두 가지이다. 첫째, 사실과의 대응에 의해 참이 발현되는 사실적 논의 영역이다. 둘째, 현대 의학 이론 체계를 중심으로 하는 우리의 믿음 체계 내에서의 인식적 정당화나 혹은 주관적인 정서에 기초하여 참이 발현되는 인식적 논의 영역이다. 그런데 다원주의의 주류인 온건한 다원주의자들은 다음 두 가지를 주장한다. 첫째, <동성애는 질병이 아니다>는 원칙적으로 두 논의 영역 중 어느 하나의 논의 영역에 속한다. 만약 두 논의 영역에 동시에 속한다면, 그것은 이 명제의 해석이 둘 이상 존재하는 것이다. 즉, 두 논의 영역에 속하는 <동성애는 질병이 아니다>는 실은 두 개의 서로 다른 명제이다. 둘째, 어느 논의 영역에 속하든, <동성애는 질병이 아니다>가 가지는 참 또는 거짓의 진리 속성은 단일하다. 사실적 논의 영역에 속한다는 가정하에서의 <동성애는 질병이 아니다>가 가지는 참과, 인식적 논의 영역에 속한다는 가정하에서의 <동성애는 질병이 아니다>가 가지는 참은, 공통된 진리 속성이다. 즉, 진리 다원주의에서 '여러 진리가 공존하는 것'은 결코 아니다. 이렇게 볼 때, 진리 다원주의에 따르면 <동성애는 질병이 아니다>가 관점에 따라 참이면서 거짓일 수 있다는 주장은 거부되어야 한다. (김동현, 2017) 이는 윤리적 상대주의, 다른 말로 하면 윤리적 담론에서의 진리 상대주의가 적어도 다원주의에 기대는 방식으로는 지탱될 수 없음을 의미한다.

그렇다면 진리 축소주의적 견해에서 이 명제를 바라보면 어떨까? 어떤 철학자가 <동성애는 질병이 아니다>는 참이라면 그리고 오직 그 경우에만 동성애가 질병이 아니라는 것만을 받아들일 뿐, 그 이외의 논의에 대해서는 침묵한다고 가정하자. 이와 같은 태도는 얼핏 보면, <동성애는 질병이 아니다>를 참이라고 또는 거짓이라고 받아들이는 것에 대한 규범성이 보건, 사회 질서, 개인의 행복 등 다양한 외재적 요소에 의존적이라는 견해로 오해되기 쉽다. 즉, 동치 도식의 성립에만 주목할 뿐 이 명제의 참이 가지는 현실적 연결에 대해서는 무관심한 태도라는 것이다. 그러나 진리 축소주의는 진리와 현실 사이의 연결에 대해 무관심한 태도를 권장하는 철학적 견해가 아니다. 4.1에서 살펴본 것처럼, 축소주의자들은 명제와 사실 사이에 아무런 관련이 없다고 주장하지는 않는다. 다만 명제가 참이 된다는 것을 그러한 다양한 사실들과의 관계에 의존해서 규정하는 것에 반대하는 것이다. 따라서 진리 축소주의의 시각에서 보더라도 <동성애는 질병이 아니다>가 참인가 거짓인가는 사회 현안에 관한 치열한 참여와 토론을 요구하는 사안이다. 다만 <동성애는 질병이 아니다>가 참이라는 것이 무엇인가에 대한 올바른 대답을 얻으려면, "참"이라는 용어에 무언가 철학적으로 대단한 것이 얹혀 있을 것이라는 억측은 걷어내야 한다는 것이다. 이처럼 축소주의 또한 진리 상대주의자들에게 안락한 도피처가 되기 어렵다. 철학에서 진리 상대주의가 발을 디딜 만한 땅은 좁디좁다.

이와 같은 예시들은 진리가 윤리의 문제와 관련된다는 것 특히 윤리적 판단의 객관적 기준의 문제가 진리의 본성의 문제와 밀접히 관련된다는 것을 선명하게 보여준다. 다시금, 철학의 많은 논의들은 일견 우리의 삶과는 무관한, 철학자들만의 어려운 말놀이처럼 보이곤 한다. 그러나 철학의 논의들이 대부분 그렇듯이, 진리라는 주제는 "보이는 것보다 더 가까이" 삶에 다가가 있다. 진리는 철학자들의 논문 위에서만 맴도는 허상이 아니다. 그것은 우리 삶의 한 부분이다.

진리는 우리를 자유롭게 할 것이지만, 그 전에 우리를 가련하게 만든다.

– 제임스 A. 가필드

5.2
탈진실: 거짓 그 이상

누리소통망과 유튜브가 전통적인 언론 매체를 대신하는 우리 시대에 탈진실(post-truth)은 상수가 된 지 오래다. 또한 이름에서 알 수 있듯, 철학적으로도 진리라는 쟁점과 밀접하게 관련된다. 피상적으로 생각하면 탈진실은 결국 '거짓인 명제' 혹은 '거짓인 명제에 대한 믿음' 정도의 범주를 벗어나지 못하는 것처럼 보인다. 그러나 필자의 견해로는, 탈진실 현상은 '거짓 믿음이 만연하는 현상'과 같지 않다.

"post-truth"의 한국어 번역어인 "탈진실"은 두 부분으로 이루어진 합성어다. 하나는 "탈"이라는 접두어이고, 다른 하나는 "진실"이라는 명사이다. "post"는 '이후'라는 뜻도 있고 진실이 무의미할 정도로 '퇴색' 되었다는 의미도 있다. 필자는 "탈진실"에서의 "post"라는 말에는 '이후'와 '퇴색'의 두 의미가 혼재한다고 생각한다. 비슷한 사례가 "포스트휴머니즘(post-humanism)"이라는 용어이다. 이 단어에 포함된 "post"는 근대 계몽주의의 휴머니즘이 '퇴색'되었다는 뜻도 있고, 4차 산업혁명 시대 '이후'에 새롭게 나타난 인간 개념에 대한 정의라는 뜻도 있다. 마찬가지로 탈진실 현상은 SNS, 인터넷 등 정보통신 기술의 발달과 보급 이전에 광장 같은 곳에서 뜬소문이 퍼지는 것과 같은 현상을 지칭하지 않는다. 탈진실 현상은 그 '이후'에 나타나기 시작한 현상이다.

탈진실이라는 단어의 사용이 크게 증가한 것은 2016년 무렵이다. 2016년은 미국에서 도널드 트럼프 대통령이 처음으로 당선된 해이며 영국이 EU에서 탈퇴하는 브렉시트가 일어난 해이기도 하다. 두 이벤트 모두 국민의 투표에 의해 이루어졌다는 공통점이 있는데, 투표 결과를 결정하는 여론 형성 과정에서 사실과 거짓 사이의 경계가 모호해지는 현상이 두드러지게 발견된다. 더불어 2016년을 전후한 시기는 누리소통망을 통한 정보의 전달과 재생산이라는 그 이전에 볼 수 없었던 형태의 여론 형성 양상이 급속히 떠오른 시점이기도 하다. 그에 따라서 "탈진실"이라는 어휘가 주로 문학 분야에서 소수의 사람들만 쓰던 신조어를 벗어나 우리 생활 속 일상어로 자리 잡게 된다. 하지만 학자들이 "탈진실"이라는 단어의 의미를 학술적으로 합의하여 결정한 것은 아니기에 그 단어의 의미를 명확히 정의 내리기는 어렵다. 국내에서 탈진실과 관련하여 많이 참고되는 책은 매킨타이어의 『포스트트루스』이다. 매킨타이어 또한 책의 서술에서 탈진실 개념의 일상적인 사용에서 나타나는 유연성을 반영하고 있다. 이는 어디까지나 좋게 말해서 그렇다는 것이고, 나쁘게 말하면 신조어가 대개 그렇듯 탈진실 개념은 '그때그때 다르다'는 말도 된다.

매킨타이어에 따르면 탈진실 현상은 세 단계로 진행된다. 첫째는 진실이 아닌 정보가 생성, 전파되는 단계이다. 진실이 아닌 정보는 사람들의 인식적 한계나 착오에 의해서도 발생하지만, 이는 탈진실 현상과 구분해야 한다. 근대 이전에는 태양이 지구 주위를 돈다는 틀린 믿음이 사람들에게 전파되었지만 그런 것을 탈진실 현상이라고 부르지는 않는다. 그들에게는 무엇이 진실인지를 확인할 과학적 수단이 아직 부족했기 때문이다. 탈진실 현상의 핵심은, 무엇이 진실인지를 사람들이 얼마든지 확인할 수 있음에도 불구하고 잘못된 정보가 아무런 여과 없이 전파된다는 데 있다. 둘째는 자기기만이다. 정보를 재생산하는 사람 스스로 그 정보가 미심쩍다고 혹은 부정확하다고 암묵적으로 인지함에도 이를 억누르고 그 정보를 진심으로 참이라고 믿으려 애쓰는 단계이다. 마지막 세 번째는, 진실과 거짓 사이의 경계가 모호해지는 병리적 단계이다. 이 단계가 되면 무엇이 진실인가의 쟁점은 더 이상 중요하지 않게 된다. 거짓 정보를 신봉하는 사람들에게 이 단계에서 중요한 것은 자신들의 믿음이 실제로 참이냐가 아니라 자신들이 그 정보를 믿고 있다는 사실 자체이다. 경악스럽게도 자신들의 믿음이 사실관계를 결정할 수 있는 것이나 마찬가지라고 여기게 되는 것이다(매킨타이어, 2019).

서두에서 밝힌 것처럼 필자는 '탈진실'과 '거짓'은 다르다고 생각한다. 이는 개념적인 부분과 윤리적인 부분의 두 부분으로 나누어 생각할 수 있다. 개념적으로, 탈진실은 거짓 정보의 전파와 '동의어'가 아니다. 탈진실은 여론 형성에서 개인적인 믿음이나 감정이 사실관계보다 더 중요시되는 현상을 가리키는데, 이 현상은 "무엇이 참인가?"에 대한 관심의 부재로부터 발생한다는 점에 주목해야 한다. 이와는 대조적으로 거짓말쟁이는 무엇이 참인지에 관심이 많을 뿐 아니라 무엇이 참인지를 잘 알기에 의도적으로 거짓말을 할 수 있다. 필자가 생각하는 탈진실 개념의 핵심은, 무엇이 참인지를 확인할 수 있음에도 불구하고 그 확인을 회피하려는 태도에 있다. 예를 들어 "오바마는 미국에서 출생하지 않았다."의 경우, 누구나 간단한 구글 검색만으로 그 정보가 거짓임을 확인할 수 있다. 확인을 할 수 있음에도, 감정 등의 이유로 그 간단한 확인조차 한사코 거부하면서 오바마가 미국에서 출생하지 않았다고 굳게 믿는 것이 탈진실 현상에서 나타나는 두드러진 특징이다.

윤리적인 부분에서도 탈진실과 거짓은 갈라진다. 일반적으로 누군가가 거짓인 믿음을 가지는 것 자체에 대해 우리는 윤리적으로 비난하지 않는다. 실제로 적지 않은 이들이 지구가 평평하다고 진지하게 믿고 있지만, 우리는 그들을 비웃을지언정 적어도 그들이 부도덕하다고 판단하지는 않는다. 그런데 때때로 지구 평평설을 주장하는 행위가 비윤리적인 행위로 간주될 때가 있다. 그 행위가 의도적으로 인식을 회피하려는 태도에서 비롯했을 때가 바로 그것이다. 탈진실이 비윤리적인 근본 이유는, 허용 가능한 수준의 태만이나 인지적 실수에서 거짓인 믿음을 가졌기 때문이 아니라, 정보의 습득을 의도적으로 회피하거나 거부하는 적극적인 태도를 취하기 때문이다. 이는 마치 의도적으로 눈을 감고 횡단보도를 건너다가 차에 치이는 경우 그 보행자에게 사고의 책임이 귀속되는 것과 같다. (김동현, 2022)

탈진실 현상과 관련해서 일차적으로 따져야 하는 것은 당연히 해당 믿음이 참인가의 여부이다. 4.2에서 소개한 진리 다원주의에서는 논의 영역을 대체로 사실적 논의 영역과 인식적 논의 영역의 둘로 나눈다. 그러한 다원주의의 분류를 잠정적으로 따른다면, 탈진실의 문제와 관련해서 진리를 사실적 진리와 평가적 진리로 나누어 생각해 볼 수 있다. 믿음이 참이 된다는 것은 그 믿음의 내용이 사실관계와 부합한다는 것이라고 통상적으로 이해된다. 사실적 진리는 이런 참에 해당한다. 하지만 모든 진리가 사실적 진리는 아니다. <살인은 나쁘다>는 명백히 참이지만, 이것이 살인이 나쁘다는 사실과 부합하기 때문에 참이 된다고 보기는 어렵다. '나쁨'은 사실의 일부로서 세상에 존재하는 속성이 아니라 특정한 윤리적 기준에 의한 가치평가의 결과로서 귀속되는 속성이기 때문이다. 이러한 참은 평가적 진리로 분류할 수 있다. 탈진실 문제와 관련하여 우리는 사실적 진리에만 주목하는 경향이 있지만 평가적 진리를 도외시해서는 안 된다. 신문과 TV 뉴스를 포함한 언론 보도에는 사실관계에 대한 기술을 넘어 가치평가가 교묘하게 내재되는 경우가 많기 때문이다. 현실이 이러하므로, 사람들은 흔히 다음 둘 중의 하나를 선택하고 싶은 유혹에 빠진다. 첫 번째 선택은 오직 사실적 진리만이 진리이고 윤리적 평가와 같은 가치평가는 각자가 평가를 내릴 사안일 뿐 그것에 진리는 없다고 여기는 것이다. 두 번째 선택은 아예 세상엔 진리, 즉 참이란 없다는 회의적인 입장을 택하는 것이다. 현실에서 우리가 마주하는 믿음들 거의 전부에 사실과 평가가 혼재되어 있다면 무엇이 참인지 우리는 영영 결정할 수 없다는 식의 자포자기이다. 그러나 두 선택 모두 탈진실 현상에 정면으로 맞서는 대안이 될 수 없다. 필자의 제안은 사실적 진리와 평가적 진리 둘 다 상호주관적 소통이라는 수단을 통해 확보된다는 것이다. 두 종류의 진리가 개념적으로는 구분됨에도 불구하고, 적어도 탈진실 문제와 관련해서는 두 진리가 하나의 처방으로 귀결된다. (김동현, 2022) 3.6에서 간략히 소개한 데이빗슨의 이론이 한 가지 방법론을 제공한다. 문장의 진리 조건에 대한 파악은 세상의 객관적 모습에 대한 파악, 그리고 같은 언어를 주고받는 상대방의 생각에 대한 파악과 입체적으로 맞물려 있다. 이러한 구도를 데이빗슨은 삼각측량에 비유한다. 멀리 떨어진 물체 c의 위치를 파악한다고 하자. 나의 위치는 a이다. a만 가지고는 c를 알아낼 수 없다. 이때는 깃발 b를 꽂아서 삼각형 구도를 만들면 된다. 그래서 a와 b 사이의 거리, 그리고 a에서 측정한 c의 각도와 b에서 측정한 c의 각도를 통해서, c의 위치를 파악할 수 있다. 여기서 a는 나 스스로의 생각에 대한 자기 지식, b는 나와 의사소통을 나누고 있는 상대방의 생각에 대한 지식, 그리고 c는 객관적 세계 사실에 대한 지식이다. 우리는 b 즉 상대방과의 소통을 통해서 c 즉 객관적 세계에 대한 지식에 도달하게 되는 것이다. 그런데 a와 b 사이의 거리는 또 어떻게 알 수 있을까? 그것은 거꾸로 c를 기준으로 하여 측정된다. 즉, 동일한 세계 c에 대해 나와 상대방이 각각 어떻게 생각하고 말하는가를 통해서 서로의 '거리'를 측정할 수 있는 것이다. 데이빗슨은 a, b, c라는 세 종류의 지식은 어느 것도 다른 어느 것으로 환원될 수 없는 지식이라고 주장한다. 세 종류의 지식은 마치 카메라의 삼각대처럼 서로 맞물려 지탱되는 것이며, 어느 하나라도 없으면 다른 둘은 서 있을 수 없는 것이다. (Davidson, 2001) 탈진실 문제와 관련하여 데이빗슨이 우리에게 제공하는 통찰은, 세계 내의 객관적 사실에 대한 왜곡 없는 이해는, 나와 대화를 나누는 상대방의 생각에 대한 이해와 근본적으로 분리될 수 없다는 것이다.

또 다른 처방은 추론주의에서 구할 수 있다. 셀라스는 우리 인간은 신이 아니므로 결코 진리에 도달할 수 없다는 것, 그리고 그럼에도 우리는 생존을 목표로 한다는 것, 이 두 가지 분명한 전제로부터 논의를 시작한다. 한 개인의 인식이 주변 상황에 대한 올바른 믿음을 모두 포괄할 수는 없으므로 우리는 생존을 위해서 같은 공동체 구성원들과 사회적 활동을 분업해야만 한다. 여기서 분업이 이루어지는 활동이란, '정당화 근거를 묻고 답하는 실천'을 가리킨다. 이성(reason)에는 '이유'라는 뜻도 있다. 즉, 인간이 지닌 이성이란 인간들이 가진 믿음을 설명하고 정당화하는 능력 즉 이유를 묻고 답하는 능력을 말한다. 그러한 문답 과정 속에서 어떤 믿음이 옳게 주장될 수 있는지가 선택될 것이며 그렇지 않은 믿음은 기각될 것이다. 우리의 생존에 필요한 최고의 설명적 정합성을 갖는 세계상을 획득하기 위해, 서로 힘을 합쳐서 우리의 개념 체계를 점진적으로 개선해 나가는 것이다. 그러므로 셀라스에 따르면 올바른 정당화는 사회 실천에 의존한 정당화이다. (이병덕, 2022) 이와 유사하게 브랜덤은 언어 표현의 역할은 우리가 암묵적으로 따르는 추론적 관계를 명시적으로 드러내 보이는 것이라고 주장한다. 의미는 사용을 통해 설명되며, 평서문의 경우 가장 핵심적인 사용은 그 평서문이 나타내는 주장의 이유를 묻고 답하는 게임이라는 것이다. 어떤 문장을 사용할 줄 안다는 것은 곧 그 문장을 추론의 전제나 결론으로 사용할 수 있다는 것이다. 문장 "도널드 트럼프는 지금 미국의 대통령이다."를 주장하거나 받아들인다면 "미국은 대통령제 국가이다."도 시인(commit)해야 한다. 이 경우, 전자의 문장은 후자의 문장을 위한 추론적 전제의 역할을 한다. 또한 "트럼프는 가장 최근의 대선에서 승리했다."를 수용한다면 그 조건에 의해 "트럼프는 지금 미국의 대통령이다."를 주장할 자격(entitled)을 가지게 된다. 이 경우에서는 주장되는 문장이 추론에서 결론 지위를 갖는다. 문장뿐 아니라 문장을 구성하는 단어들의 의미 또한 이처럼 이유를 묻고 답하는 게임에서의 기여를 통해 파악된다. (Brandom, 2000) 탈진실 현상에 맞서는 수단으로서의 '소통'이 바로 '이유를 묻고 답하는 실천'이다. 그러한 실천의 좋은 모범이 되는 것은 과학자들의 연구 활동이다. 과학 활동은 투명하고 정보가 공개되기에 다른 연구자들이 증거를 물을 수 있고, 연구 결과를 검증할 수 있으며, 공개적으로 실험을 재현할 수도 있다. 오늘날 누리소통망을 비롯한 정보통신 환경의 발전은 탈진실 현상이 창궐한 온상이지만, 거꾸로 정보의 투명성이 확보되는 경로이기도 하다. 탈진실 현상은 고의적인 데이터 은폐 또는 외면을 흔하게 동반한다. 누리소통망은 정보 접근과 이유를 묻고 답하기라는 두 측면 모두에서 더없이 편리한 도구이다. 누리소통망의 긍정적인 역할이 발휘되는 조건하에서라면 탈진실이 힘을 발휘하기는 어렵다.

탈진실과 밀접하게 관련된 또 다른 이슈는 가짜뉴스이다. 실은 "가짜뉴스"라는 표현 자체가 형용모순이다. 가짜라면 뉴스가 될 수 없을 것이기 때문이다. 이러한 형용모순적 용어가 일상적으로 통용된다는 사실이 참과 거짓 사이의 경계가 모호한 탈진실 현상을 반영하고 있다고 볼 수 있다. 필자가 강조한 것처럼, 탈진실과 거짓은 동의어가 아니다. 탈진실 현상은 단순히 거짓인 정보가 퍼져나가는 현상을 넘어, 무엇이 진실인가에 대한 확인을 의도적이고 적극적으로 외면하려는 태도라는 양태로 나타난다. 바로 이 점이 가짜뉴스가 탈진실과 밀접하게 연관되는 지점이다. 가짜뉴스에는 진실과 거짓이 모호하게 중첩되어 있기에 진실을 외면하는 뉴스 수용자의 태도에 심리적 편안함을 가져온다. 또한 가짜뉴스는 특성한 신념을 지닌 사람들에게 확증 편향의 좋은 증거로 채택된다. 가짜뉴스를 대하는 바람직한 대처는 두 가지이다. 첫째, 자신에게 이익이 되는 선택이 합당하다는 자명한 원리를 기억하는 것이다. 러셀은 『우리는 합리주의자이기를 포기했는가?』에서 비이성적인 행동은 이성적인 행동보다 자신에게 이익이 되는 경우가 드물다는 사실을 지적한다. 비이성적인 행동의 대표적인 예가 감정에 휩쓸려서 누군가에게 상해를 입히는 경우이다. 그런 행동은 스스로에게 결국 손해를 가져온다. 그래서 러셀은 사람들 각자가 자기에게 무엇이 이익이 되는지를 파악하면서 행동한다면 세상은 살기 좋은 곳이 될 것이라고 말한다. 셀라스의 통찰에서 확인되듯, 우리가 올바른 세계상을 지녀야 하는 까닭은 그것이 우리의 이익 그리고 궁극적으로는 생존에 도움이 되기 때문이다. 감정에 휩쓸려서 특정한 정보를 맹목적으로 받아들이는 것과, 그 정보가 올바른가를 반복 가능하고 투명한 방법에 따라 묻고 답하는 것 가운데 어느 쪽이 스스로에게 더 이익이 될지 그 답은 분명하다. 둘째는, 상호 심의에 대해 열린 자세를 갖는 것이다. 우리는 자신의 말과 생각이 옳은가를 '다른 사람들에게 검사받는다'고 하면 상당한 두려움과 거부감을 느끼곤 한다. 그러나 셀라스가 말하듯 올바른 세계상을 찾아나가는 작업은 공동체 전체가 분업을 하는 협동 작업이다. '나'라는 한 개인의 인식적 능력은 너무나 보잘것없다. 뿐만 아니라 상호 심의는 민주주의의 정신과도 부합한다. 민주주의가 토론과 대화, 그리고 타협을 강조하는 이유는, 그 어느 개인도 최선의 결론을 혼자 찾아낼 만한 엄청난 지혜를 가지지 않기 때문이며, 또 동시에 이성을 지닌 시민 모두의 공적인 상호교환을 통해 최선의 결론에 도달할 수 있다는 신뢰가 있기 때문이다. 가짜 뉴스를 접함으로써 가지게 된 나의 믿음이 과연 옳은지를 공동체 내의 다른 사람들에게 물어보는 것을 거북하게 여기지 않는 자세가 요청되는 것이다.

가짜뉴스에 대응하는 수단으로서 '팩트체크'가 자주 거론된다. 팩트체크는 가짜뉴스에 대한 근본적 해결책이 될 수 있을까? 여기에는 몇 가지 맹점이 있다. 3.1과 4.3에서 언급했던 것처럼, "사실이란 무엇인가?"부터가 철학적으로 매우 어려운 질문이다. 사람들은 흔히 사실이란 있는 그대로의 물질적 상태와 같은 것이라고 생각하지만 하나의 물질적 상태를 두고 "고양이가 테이블 위에 앉아 있다."로도 "고양이 엉덩이가 테이블 표면에 닿아 있다."로도 표현할 수 있다. 둘 다 참이긴 하지만 전달되는 맥락적 톤은 분명 다르다. 확실한 것은 팩트체크 그 자체에도 관점이 개입할 수밖에 없다는 점이다. 그 관점은 물론 팩트체크를 공급하는 언론의 관점이다. 언론이 공급하는 팩트체크는 분명 가짜뉴스에 맞서기 위한 유용한 수단이 될 수 있다. 전술한 것처럼 투명한 정보의 공개와 유통 속에서는 탈진실이 설 자리가 없는데, 팩트체크가 바로 그러한 정보 공개의 효과적인 통로가 될 수 있기 때문이다. 즉, 언론이 해야 할 역할은 시민들에게 더 많은 정보를 투명하게 드러내 보이는 것이고, 그 방법의 하나로 팩트체크를 활용할 수 있다. 그러나 팩트체크 자체가 가짜뉴스에 대한 근본적 해결책이 될 수는 없다. 왜냐하면 팩트체크도 하나의 뉴스이기에 그에 대한 검증은 최종적으로 공적인 협업을 통해 이뤄내야 하는 우리의 임무이기 때문이다. 말하자면 문제를 해결할 마지막 열쇠는 언론이 아닌 시민들이 쥐고 있는 셈이다. 판단은 결국 우리의 몫이되, 언론이 해야 할 일은 우리의 판단에 도움이 되게끔 최대한 투명한 정보 소스를 제공하는 것이다.

아이러니하게도 탈진실 현상은 민주주의의 발전에 따른 산물이다. 의견의 나름을 허용하지 않는 사회에서는 탈진실 현상이 발생할 수조차 없다. 여론 형성 과정에서 개인의 감정이나 신념이 개입할 여지가 없기 때문이다. 탈진실 현상은 민주주의의 고도화, 누리소통망과 같은 정보 교환 수단의 발전, 그리고 개인이 자유롭게 의견을 표현하고 또 전달할 수 있는 자유에 따르는 일종의 반대급부인 셈이다. 따라서 탈진실 현상을 우리 사회에만 국한된 것으로 볼 수도 없고, 또 우리 사회를 이해하기 위한 핵심적 속성으로 보기도 어렵다. 우리가 현재 겪고 있는 탈진실 현상은 보다 성숙한 단계의 열린 사회로 나아가기 위한 일종의 성장통으로 보아야 한다.

나는 대중을 굳게 믿는다. 진실이 주어진다면 대중들은 어떠한 국가적 위기에도 대처할 수 있다. 중요한 것은 그들에게 실제 사실을 전하는 것이다.

- 에이브러햄 링컨

5.3
미신: 참 / 거짓은 중요하지 않다

사람들은 미신을 믿는다. 미신을 신봉하는 인간의 성향은 사회의 지적 수준의 발전과는 무관해 보인다. 과학과 문명이 발달한 지금의 사람들도 원시인들이 가졌던 무속적 믿음을 여전히 간직하고 있다. 사람들이 왜 미신을 믿는 성향을 지니는가에 대한 진화심리학적 설명은 이 책의 주제를 벗어나는 것이다. 그러한 믿음이 왜 논리적으로 오류인가 또한 여기서 다시 서술할 필요는 없다. 진리의 문제와 관련해서 우리가 주목해야 할 부분은 미신을 믿는 것이 여타의 거짓 믿음과 무엇이 다른가이다. 필자가 주장하는 미신적 믿음이 지닌 병폐적 특징은, 그 믿음이 참인가 거짓인가에 대한 진지한 관심이 믿음 주체에게 없다는 것이다. 왜 그것을 믿는 것이 잘못인가는 그로부터 파생적으로 도출된다. 이는 탈진실의 경우와 대비되는데, 탈진실은 무엇이 참인지 거짓인지에 대한 인지적 확인을 의도적으로 거부하는 것이 특징인 반면, 미신은 무엇이 참인지 거짓인지 자체가 그 믿음의 향유에서 애당초 크게 중요하지 않게 취급된다는 것이 특징이다. 이를 잘 보여주는 예가 일기예보와 '오늘의 운세'이다. 우리는 일기예보의 예측이 틀리면 기상청을 비난하고 화를 낸다. 반면 오늘의 운세가 틀렸다고 해서 그 운세를 제공한 역술가에게 항의를 하는 경우는 거의 없다. 무당이나 타로 카드 점술가가 어떤 점괘를 내놓았을 때, 그 점괘가 틀렸다고 해서 무당에게 환불을 요구하는 경우도 좀처럼 볼 수 없다. 그 이유는 물론 현실에서 벌어진 결과를 모호하게 제시된 점괘에 어떻게든 끼워 맞추기 때문이기도 하지만, 그보다 더 근본적으로는, 점괘를 보는 사람이 애당초 그 믿음의 참/거짓의 문제에 진지한 관심이 없기 때문이다. 점을 보는 사람의 관심사는 오직 점쟁이가 무슨 점괘를 내놓는가이며 그것이 전부이다. 이와 비슷한 예가 "사람의 이름을 빨간색으로 쓰면 안 된다."와 같은 사회적 금기이다. 사람들은 실제로 사람의 이름을 빨간색으로 쓴 다음 그에게 어떤 나쁜 일이 생기는가를 일일이 경험적으로 검증하려 들지 않는다. 빨간색으로 이름을 쓰는 것은 금기시된다는 규범만이 중요하게 취급될 뿐이다. 혹은 테러단체가 성조기를 불태우는 퍼포먼스를 했다고 하자. 국제정치 전문가들뿐 아니라 그런 퍼포먼스를 하는 사람들조차, 그런 저주의 의미를 담은 일종의 주술 행위가 실제로 효과가 있는지 없는지에는 아무도 관심이 없다. 중요한 것은 그런 행위를 했다는 사실 자체이다. 미국 국무부 대변인은 그런 퍼포먼스가 인과적으로는 미국에 어떠한 실질적인 피해도 야기하지 않을 것임을 잘 알고 있지만, 그럼에도 이를 미국에 대한 모독으로 간주하면서 분노를 표할 것이다. 믿음의 참/거짓에 대한 관심이 없으니 당연히 그 믿음에 대한 공적인 상호 검증 또한 이루어지지 않는다. 바로 이것이 미신이 잘못된 믿음인 근본적인 이유이다. (김동현, 2023)

그럼 미신에서 사람들은 왜 믿음 내용에만 관심을 가지고 정작 그 믿음의 참/거짓에는 관심이 없을까? 그 근본적인 이유는, 미신에서는 설령 어떤 믿음이 참인 것으로 밝혀지더라도 그것이 '왜' 참이 되었는지를 궁금해하지 않기 때문이다. 다시 말해, 그 믿음의 정당화에는 관심을 기울이지 않기 때문이다. 정당화되지 않은 믿음은 운 좋게 참이 될 수는 있어도 미래에도 계속 좋은 실천적 결과를 산출할 것을 보장하지 않는다. 여기서 우리는 '단순히 참인 믿음'과 '참이면서 정당화된 믿음', 즉 지식을 구별하게 된다. 예를 들어, 용하다고 소문난 점쟁이가 미래에 대해 예언을 했고 그의 점괘가 참인 것으로 판명되었다고 하자. 그렇더라도 그 점쟁이가 미래에 대한 지식을 가지고 있다고는 볼 수 없다. 이는 마치 수백 명의 사람을 대상으로 동전 던지기 결과를 알아맞히는 내기를 하는 것과 같은 상황이다. 앞면 혹은 뒷면의 예측 결과를 맞힌 사람만 남고 나머지는 퇴장한다. 그렇게 여러 차례 시도를 반복하다 보면 끝까지 살아남는 한 사람이 있게 마련이다. 그는 지금까지의 동전 던지기 결과를 한 번도 틀리지 않고 정확히 예측한 사람이다. 하지만 그의 믿음은 정당화 과정을 결여하므로 미래의 동전 던지기 결과에 대한 지식을 가지고 있다고 볼 수 없다. 따라서 그의 다음 번 동전 던지기 결과 예측을 신뢰하는 것은 합리적이지 않다. 다음 시행에서도 맞힐 것이라는 보장이 전혀 없는 것이다. 이른바 용한 점쟁이의 점괘를 신뢰한다는 것 역시 지식이 아닌 단순히 참인 믿음을 받아들이는 것과 같이 불합리한 행위이다. 주어진 점괘가 실제로 참인 것으로 판명된다는 것은, 그 미신적 믿음의 합리성을 평가하는 데 있어서 중요한 차이를 가져오지 않는다. 단지 참이라는 이유만으로 '모든 것이 용서되지는' 않는 것이다.

플라톤 이래로 철학자들은 '그저 참이기만 한 믿음'과 '지식' 사이의 차이를 줄곧 강조해 왔다. 플라톤의 대화편 『메논』에서 플라톤은 다음과 같은 예를 든다. 라리사로 향하는 행인이 갈림길에 서 있는데 어느 쪽 길이 라리사로 이어지는지 모른다. 그는 아무런 정당한 이유도 없이 어느 한쪽 길이 라리사로 가는 길이라고 믿었다. 그런데 운 좋게도 그 길은 라리사로 이어졌다. 그 행인은 라리사로 가는 길에 대한 지식을 가지고 있지 않지만 그의 믿음은 우연히 참이다. 이와 같은 예에서 우리는 행인이 지닌 단순히 참일 뿐인 믿음은 지식에 비해 덜 가치가 있다고 여긴다. 플라톤은 그 이유를 다음과 같이 설명한다.

> "[다이달로스]의 작품들 중에서도 풀리어 있는 것을 소유하는 것은 그다지 큰 가치가 없으이. 마치 도망가고 있는 노예처럼, 곁에 머물러 있지 않기 때문이지. 반면에 매여 있는 것은 많은 가치를 지니네. 그 작품들은 아주 훌륭한 것들이니까. 그런데 무엇 때문에 내가 이런 걸 말하고 있겠는가? 참된 판단(의견)들 때문일세. 왜냐하면 참된 판단(의견)들도 곁에 머물러 있는 그 기간 동안은 훌륭한 것이며 온갖 좋은 일을 해내니까. 하지만 이것들은 좀처럼 오래도록 머무는 법이 없고, 사람들의 혼에서 달아나 버리지. 그래서 누군가가 이것들을 원인(까닭: aitia)의 추론(구명: logismos)에 의해서 매어 두게 되기까진, 이것들은 그다지 많은 가치가 없으이. […] 바로 이런 까닭으로 앎(지식)이 옳은 판단(바른 의견)보다도 더 값지거니와, 앎(지식)이 옳은 판단(바른 의견)과 다른 것도 이 매어 둠(desmos)으로 해서일세."
>
> – 플라톤, 『메논』, 박종현 역주, pp. 372-373.

플라톤의 요지는, 단순히 참인 믿음은 장기적인 관점에서 보면 마치 다이달로스의 조각상과 같이 언제라도 "달아날" 수 있는 반면에, 지식은 단기적으로든 장기적으로든 그와 같은 상실의 우려가 없다는 것이다.

플라톤 혹은 소크라테스가 이러한 화제를 이야기하는 배경에는, 당시 벌어진 페르시아 전쟁에서 아테네는 유능한 정치가들의 인도로 생존할 수 있었다는 역사적 맥락이 자리한다. 소크라테스의 질문은 어떻게 역사에서 적재적소에 훌륭한 인물이 등장하여 활약하는가에서 시작한다. 소크라테스는 『메논』에서 그 이유를 "신적인 섭리" 즉 행운 때문이라고 진단한다. 라리사로 가는 길을 찾거나 전쟁에서 페르시아를 물리치거나 등의 실천(praxis)에 국한하면 단순히 참인 믿음 즉 "바른 의견"도 지식 혹은 실천적 지혜(pronēsis)만큼 좋다. 그러나 지식이 가진 가치는 그러한 평가 기준을 넘어선다는 것이다.

『메논』의 논의는 두 가지 함의를 지닌다. 첫째, 믿음의 참은 믿음의 합리성을 위한 필요조건이지만 충분조건은 아니라는 것이다. 믿음 P는 정당화를 거치지 않았지만 행운이라는 요인에 의해 참인 것으로 판명된 반면에 믿음 Q는 참일 뿐 아니라 정당화를 거친 지식이라고 하자. P와 Q가 참이라는 점에서 같다고 해서 두 믿음 P와 Q를 믿는 것이 동등하게 합리적인 것은 아니다. 3.2에서 살펴본 것처럼, 진리는 마땅히 객관적이어야 하지만 진리에 정당화라는 인식적 요소가 포함되지 않고서는 진리는 객관적일 수조차 없다. 둘째, 진리의 가치의 기반을 실용적 이익에서 찾는 것은 옳지 않다는 것이다. 라리사로 가는 길에 대한 믿음의 참이 가지는 가치는 실용적 이익에 대해서 설명될 수 있지만, 모든 진리가 그런 것은 아니다. 많은 철학자들은 선이나 행복과 마찬가지로 지식도 그것이 지니는 가치는 외재적인 것이 아니라 본래적인 것이라는 견해를 지닌다. 믿음의 참과 믿음의 실용성이 일치하지 않는 경우는 부지기수로 찾아볼 수 있기 때문이다. 어린 시절부터 지금까지 행복하게 살아온 돌이가 사실은 신생아였을 때 지금의 부모에게 입양되었다고 하

자. 돌이는 그 사실을 모르고 있다. 그러므로 “이 분들은 나의 친부모이다.”라는 돌이의 믿음은 거짓이다. 그렇다면 “이 분들은 나의 친부모가 아니다.”라는 참인 믿음은 돌이에게 실용적 이익을 가져다주는가? 단기적으로는 물론 장기적인 관점에서 보아도 그럴 것 같지는 않다. 오히려 참인 믿음을 가지지 않는 편이 돌이뿐 아니라 다른 사람들에게도 이익일지언정 손해는 되지 않는다. 이처럼 참인 믿음이 가지는 가치는 실용적 이익에 호소하지 않는 방식으로 설명되어야 한다. (Lynch, 2005) 이러한 두 가지 함의는 미신적 믿음의 가치를 어떻게 바라보아야 하는가에 대한 시사점을 제공한다. 전술한 것처럼, 믿음의 참/거짓을 중요한 것으로 간주하지 않는다는 것은 미신적 믿음이 지닌 특성이다. 그러나 설령 점괘에 의해 형성된 믿음이 운 좋게 참인 것으로 판명되거나 혹은 우리에게 때때로 실용적 이익이 되더라도 미신적 믿음을 가지는 것이 합리적이라든가 그 믿음이 여타의 참인 믿음이 가지는 것과 동일한 가치를 지닌다고 볼 수 없다.

지금까지 미신적 믿음을 진리의 문제와 연결하여 장황하게 서술하였지만, 어쩌면 독자들은 그다지 새로운 이야기는 없다고 느꼈을지도 모르겠다. 미신은 철학자들의 눈에는 그 불합리함이 너무나 명백해서 유의미한 철학적 논의의 주제에서 배제되는 경향이 있기 때문이다. 제도권 철학자가 타로카드를 주제로 하는 논문을 투고하면 아마도 심사과정에서 상당한 마찰이 있지 않을까? 그럼에도 필자는 철학자들이 미신을 논의하는 것이 의미가 있다고 확신한다. 오늘날 철학자들 중에 그리스 신화에 등장하는 신의 존재를 진지하게 받아들이는 사람은 없다. 철학자들은 그리스 신화의 내용이 허구라는 것을 잘 알고 있다. 그럼에도 신화의 스토리텔링과 세계관은 풍부한 철학적 문제의식과 연결되어 있으며 그것을 재해석하고 재구성하는 과정에서 새로운 통찰이 발견되기도 한다. 온 세상이 7일 만에 창조되었다거나 므두셀라가 969년을 생존했다고 액면 그대로 믿는 철학자는 오늘날 많지 않겠지만 그렇다고 『성경』이 지닌 학술적 가치와 흥미가 반감되는 것은 아니다. 그리스 신화와 비슷하게 타로카드나 점성술, 연금술 등도 나름 내적으로 정합된 이론 체계를 갖추고 있다. 필자가 강조한 것처럼 미신적 믿음을 신봉하는 사람들은 신탁의 참/거짓이라는 '결과'에 관심이 있는 것이 아니라 신탁의 내용이 무엇이며 그것이 어떻게 산출되었는가의 '과정'에 관심이 있다. 실제로 타로카드 점술가들은 정확하게 미래를 예측하는 것보다는 점을 보는 사람에게 조리 있는 스토리를 들려주는 것에 더 많은 공을 들인다. 철학은 물론 미신적 믿음을 비판해야 마땅하지만, "미신은 원래 엉터리이니까."로 그치는 철학적 태만은 곤란하다. 그들이 제시하는 스토리텔링이 어떤 구조와 의미를 가지고 있으며 그것이 어떤 점에서 불합리한가를 체계적으로 분석하는 것이 철학자들이 해야 할 일이고, 또 오직 철학자들만이 할 수 있는 일이다. 철학은 계몽시대 이래로 미신을 아예 상종조차 못할 지적 폐품 정도로 취급해 왔는데 필자는 이러한 철학자들의 거리두기가 오히려 오늘날까지 미신이 횡행하도록 방치하는 결과로 이어지지 않았는지 우려한다. 지금도 자칭 '재야 철학자'들은 명리학 등의 그럴싸한 명칭을 걸고 미신과 철학의 경계를 모호하게 하려는 시도를 벌이고 있다. 점쟁이의 말 한마디는 철학 교수의 학술 논문 100편보다 일반인들에게 훨씬 더 큰 영향력을 발휘한다. 이제는 철학자들이 적극적으로 미신을 연구하고 토론해야 할 때가 아닐까?

참이 출발할 채비를 채 하기도 전에

거짓은 벌써 지구 반 바퀴를 여행한다.

\- 윈스턴 처칠

5.4 민주주의: 다수의 믿음은 참인가?

많은 사람들이 민주주의를 다수결주의와 혼동한다. 필자가 근무하는 대학에서도 "민주적으로 결정합시다."라는 보직교수의 말은 "다수결로 결정합시다."라는 뜻으로 받아들이면 어느 정도는 맞다. 그러나 민주주의와 다수결주의는 엄연히 다르다. 민주주의는 모든 사회 구성원에게 정치 참여의 기회를 개방하는 체제를 가리킨다. 특히 신분과 같은 사회 계급에 따라 정치 참여의 기회에 차등을 두지 않는 것은 민주주의의 핵심 이념 가운데 하나이다. 민주주의와 많이 혼동하는 두 개념이 국민주권과 다수결주의이다. 국민주권은 주권이라는 개념이 등장한 근대 이후에 그 주권의 주체를 누구로 볼 것인가의 문제와 연관된 개념으로서 민주주의와 밀접하게 관련되기는 하나 동의어는 아니다. 다수결주의는 민주주의를 실현하기 위한 수단일 뿐 그 자체가 민주주의의 원칙은 아니다. 현대 민주주의 국가들 중에 국가 정책을 일일이 다수결로 결정하는 나라는 존재하지 않는다. 민주주의 국가에서 이루어지는 투표는 국민이 지닌 주권을 어느 세력에게 위임할 것인가를 결정하는 절차로서, 주권을 선출된 정치세력으로부터 회수하거나 재부여하는 기능을 한다. 일단 위임을 받으면 정책 결정의 권한은 전적으로 선출된 정치세력이 가진다. 물론 정책 결정 과정에서 여론 등을 고려할 수 있지만 원칙적으로 정책 결정은 국민 전체가 아닌 선출된 정치세력에 의해 헌법과 법률의 테두리 내에서 독점적으로 수행된다. 이러한 현실만 보아도 민주주의의 개념은 다수결주의의 개념과는 상당한 거리가 있음을 알 수 있다.

그런데도 사람들이 민주주의를 다수결주의와 동의어로 받아들이는 배경에는 두 이념 모두, 시민이 보편적으로 지닌 이성에 대한 신뢰가 자리하기 때문일 것이다. 대체로 민주주의를 짓밟는 행태는 그 신뢰의 결여에서 비롯하는 경우가 많다. 자신이 반대하는 정치세력이 선거에서 승리하는 것을 보고서 다수의 유권자들을 '선동과 가짜뉴스에 휩쓸리는 무지몽매한 자들'이라고 매도하는 경우라든가, 국민들이 단합된 행동으로 집단 의사를 표현하는 것을 두고 저토록 많은 국민들이 스스로의 판단에 따라 행동했을 리가 없으며 틀림없이 배후에 어떤 세력의 사주가 있을 것이라고 예단하는 것이 전형적인 예이다. 하지만 다수가 지닌 믿음이 거짓일 수 있다고 의심할 수는 있을지언정, 보편적 이성이 다수에 의해 공유됨을 부정하는 것은 실수이다. 평범한 유권자가 특정한 정치 현안을 두고 자신만의 의견을 가질 뿐 아니라 자신과 의견이 다른 누군가와 논쟁을 벌일 수도 있다는 것은, 상대의 의견에 대해 동의 및 부동의의 태도를 취한다는 것을 뜻하며 나아가 진리를 바탕으로 한 규범성을 따른다는 것을 뜻한다. 민주주의에서 의견의 다름이 탄압의 이유가 되어서는 안 되는 까닭이다. 그들과 우리가 언어적 의사소통에 성공하고 있다는 사실은 그들이 적어도 우리가 지닌 만큼의 합리적 이성을 공유하고 있다는 결정적인 증거가 된다.

단, 시민이 보편적으로 지닌 이성에 대한 신뢰는 다수의 판단은 참이라는 논제와는 엄연히 다르다. 그럼에도 많은 경우 민주주의는 다수결주의로 동치되고, 다수결주의는 다시 "다수의 판단은 참이다."라는 이른바 '군중에 호소하는 오류'로 치환되곤 한다. 이는 불합리한 귀결이다. 우리가 그토록 높은 가치를 매기는 민주주의가 어떻게 군중에 호소하는 오류에 불과할 수 있겠는가? 이러한 혼란은 시민이 보편적으로 지닌 이성에 대한 신뢰를 "다수의 판단은 참이다."라는 명백히 틀린 논제로부터 구별할 기준이 무엇인가의 질문에 대한 답이 불분명한 탓에 벌어진다. 일단 후자의 논제가 틀린 이유는 분명하다. 대중을 상대로 설문조사를 하면 사형제도 찬성 의견이 폐지 의견보다 훨씬 더 많이 나오곤 한다. 그러나 다수의 사람들이 "사형제도를 존치해야 한다."라고 믿는다는 사실이 사형제도의 존치가 정당하다는 것이 참임을 뒷받침하지는 않는다. 그러한 믿음을 가진 사람들의 숫자는 사형제도의 정당성과 무관하기 때문이다. 이는 마치 근대 이전 대다수의 사람들이 태양이 지구 주위를 공전한다고 믿는다고 해서 태양이 지구 주위를 공전한다는 것이 참이 되지는 않는 것과 같다. 그럼에도 불구하고 어떤 믿음이 다수에 의해 공유된다는 것은 때때로 그 믿음이 참일 개연성을 높이는 증거가 될 수는 있다. 그러한 경우는 해당 믿음에 대한 상호 이해와 검증을 공적으로 거침으로써 그 믿음이 다수에 의해 공유되게 된 경우이다. 다수에 의한 믿음 공유가 그러한 공적 과정을 통과했는가 그렇지 않은가의 여부가 '군중에 호소하는 오류'와 '건전한 상식'을 가르는 경계선이 된다. 민주주의가 구성원들 사이의 대화와 토론, 의견 교환을 필수적으로 요구하는 것이 바로 그 때문이다. (김동현, 2024)

탈진실의 경우와 마찬가지로 민주주의에 대한 철학적 논구 또한 객관적 진리를 우리의 주관적 인식과 어떻게 연관시킬 것인가의 문제를 그 중추로 삼는다. 이 책에서 소개한 여러 견해들은 그 중추 문제를 바라보는 시각이 얼마나 다양할 수 있는가를 보여준다. 그럼에도 모든 진리 견해들이 동의에 다다르는 하나의 공감대가 있다. 그것은 진리의 문제가 우리의 삶에 실제로 중요하다는 것이다. 철학자들이 고민하는 "진리란 무엇인가?"라는 질문은 달리 표현하면 "참이란 무엇인가?"라는 질문이며, 이 질문은 또한 "무엇이 참인가?"라는 질문이기도 하다. 무엇이 참이고 무엇이 거짓인가라는 객관적 질문에 나의 그리고 우리의 주관적 인식이 어떻게 답하는가는 우리의 실생활에 진정으로 중요하다. 그것은 우리의 모든 행위와 사고 그리고 목표 달성의 바탕이다.

> 거짓말과 기만의 문제점은, 그 효과가 전적으로 그 거짓말쟁이와 기만자들이 숨기기를 원하는 명백한 진실에 달려 있다는 것이다.
>
> \- 한나 아렌트

제6장

평가와 전망

지금까지 철학의 역사에서 중요한 진리 이론들을 개괄적으로 살펴보았다. 각각의 이론들은 모두 가치 있는 통찰을 담고 있는 한편으로 나름의 난점 또한 지닌다는 것을 확인할 수 있었다. 그렇다면 철학자들은 어떤 이론이 가장 설득력이 있다고 평가할 것인가? 이 책의 결론을 대신하여, 이 질문에 대한 필자의 개인적인 견해를 학술적인 엄밀함과 격식을 갖춘 서술이 아닌 가벼운 수필과 같은 편안한 글쓰기로 제시하고자 한다. 느슨하게 쓰는 까닭은, 첫째로, 여러 경쟁 이론 사이의 선택은 철학자 사회 내의 합리적 토론을 통해 수렴하는 것으로서 필자와 같은 한 개인이 단정할 수 없는 사안이기 때문이다. 둘째로, 이론의 평가에는 평가 기준이 적용되는데 어느 기준을 채택할 것인지 그리고 그 어느 요소에 가중치를 둘 것인지 등은 맥락과 주관에 따라 다양할 수 있기 때문이다. 셋째로, 설령 명확한 기준이 주어진다 하더라도 장단점을 모두 지닌 이론들 사이의 우열 비교는 대차대조표와 같이 정량적으로 떨어질 수 없는 문제이기 때문이다. 그럴진대 짐짓 엄밀한 체하면서 필자의 성급한 결론을 포장하는 것보다는 편안한 사담처럼 필자의 소견을 밝히는 편이 차라리 더 정직한 태도일 것이다.

말했듯이 폐기될 만큼 치명적인 단점을 가진 이론도 없거니와, 그러기에는 각각의 이론 모두가 너무나 아까운 통찰을 담고 있다. 예를 들어 요즘에는 정합론의 위세가 20세기 초와는 같지 않다고 하지만, 앞서 살펴본 것처럼 정합이 진리의 필수불가결한 본성이라는 것은 분명하다. 정합을 결여한 진리는 진리로서 정립할 수조차 없다. 실용론도 마찬가지이다. 이상화된 조건에서의 인식적 도달점이 객관적 진리라는 것은 매우 그럴듯한 선행 가정이다. 타르스키의 의미론적 정의는 현대 진리 이론의 곳곳에 포진해 있다. 진리가 정의될 수 없는 원초적 개념이라는 생각 또한, 진리가 발휘하는 풍부한 설명력과 그것이 지닌 개념적 자산을 감안하면 거부하기 힘든 제안이다. 축소주의는 우리더러 진리 표현과 진리 속성을 혼동하지 말라 경고한다. 정신이 번쩍 드는 할(喝)이다. <지구가 태양 주위를 돈다>와 <살인은 나쁘다>는 둘 다 참이지만 곰곰이 생각해 보면 다원주의자들의 말마따나 그 둘이 똑같은 방식으로 참일 것 같지는 않다. 그리고 동일론자들의 주장대로 명제의 참을 파헤치다 보면 돌고 돌아 결국 다다르는 종착점은 그 명제 그대로의 사실일 수밖에 없을 것 같다.

하근찬의 소설 『수난이대』의 주인공 만도는 전쟁터에 나갔던 아들 진수가 돌아오는 날, 고등어나 구워줄 요량으로 장터에 나간다. 하지만 장터에는 고등어 말고도 좋아 보이는 반찬거리가 자꾸만 눈에 밟힌다. 이것을 살까 하면 저것이 좋아 보이고, 그것을 사러 가면 또 그 옆의 것이 먹음직해 보인다. 이것도 들어보고 저것도 들어보는 만도, 하지만 결국 손에 쥔 것은 '고등어 한 손'이었다. 처음 고른 것이 답이라는 말도 있지 않던가? 다만 조금이라도 더 좋은 것을 먹일 수는 없을까 한참 망설이고 집었다 놨다를 반복했을 따름이다. 돌고 돌아 결국 아들에게 먹이려고 처음 마음먹었던 고등어 한 손을 들고 집으로 향한다. 2장에서 확인한 것처럼 진리 시장에서 철학자들이 처음에 사러 갔던 '고등어'는 대응이었다. 플라톤이 동굴의 비유를 들 무렵부터 철학자들은 진작에 대응으로서의 진리를 염두에 두고 있었다. 하지만 대응은 성에 차지 않았기에 이후 철학자들은 다른 것이 더 좋아 보여서 집었다가 내려놓기를 반복했다.

만족스러운 진리 이론이 되기 위한 조건들을 잠시 따져보자. 우선, 진리는 세계와의 연결에 의해 성립한다는 당연한 논제를 포괄해야 한다. 거의 모든 진리 이론들이 이 논제를 긍정함을 살펴보았다. 동일론자들은 이 논제가 얼마나 마음에 들었던지 아예 참인 명제가 사실과 동일하다고까지 말한다. 축소주의자들은 이 논제 앞에서 꽤 수줍어하는 듯 보이지만 결코 내치는 법은 없다. 유일한 예외가 타르스키의 의미론적 정의 정도이지만 필자가 강조했듯 이는 엄밀히 말하면 진리의 정의는 아니므로 논외로 보아야 한다. 다음으로, "참"이라는 말을 일상적으로 사용하는 화자들의 직관 및 언어 실행과 조화되어야 한다. 철학 이론이 쉬워질 수는 없는 노릇이다. 설명이 상세해질수록 일반인의 상식으로부터 멀어지는 것은 당연한 일이다. 그러나 철학 이론이 일상적 직관과 언어 실행을 통째로 뒤엎어서는 곤란하다. 물리학과 비교해 보자. 현대 물리학 특히 미시물리학의 통찰들은 일반인들이 세상에 대해서 가진 구도로 이해하면 너무나 생소해서 어떤 대목에서는 기괴하게 들리기까지 한다. 하지만 물리학자는 일반인들이 일상적으로 보고 느끼고 경험하는 것들을 결코 격하시키는 법이 없다. 일반인들이 경험하는 현상의 영역은 상식에 기초한 설명으로 소화하되, 그것만으로 설명되지 않는 더 넓은 영역의 현상까지 포괄적으로 설명하기 위해 보다 일반적인 이론을 구성하는 것이다. 이는 경제학의 원리가 일반적일수록 우리 가정의 한

달 경제생활의 실상과는 더욱 멀어지는 것과 똑같다. 그러나 멀지언정 충돌하지는 않는다. 축소주의나 다원주의와 같은 현대의 정교화된 첨단 이론들이 일반인들의 상식과 얼마나 근접해 있는지는 의문스럽지만, 그러한 모든 견해들이 사실과의 대응이라는 일상적 진리 개념의 일부를 중요한 축으로 삼는다는 것은 분명하다. 대응 직관을 명시적으로 긍정하고 또 조화시키려 애쓰는 호리치의 최소주의는 말할 나위도 없다. 이는 다원주의도 예외는 아니다. 라이트의 초주장가능성 개념에서 보듯 인식적 진리에는 이상화 조건이 전제되어야 한다. 그렇지 않으면 그것은 진리가 아니라 보증된 주장가능성에 지나지 않는다. 진리가 보증된 주장가능성을 넘어서야 한다는 요구는 진리가 사실에 대한 팽창적 존재론을 가정해야 한다는 것을 암시한다. 공유된 축으로서의 대응에는 철학에 물들지 않은 일반인들이 사용하는 "참"이라는 단어의 일상적 의미가 담겨 있다. 끝으로, 만족스러운 진리 이론은 동치 도식을 받아들여야 한다. 이것은 그야말로 기본 중의 기본이다. 그 조건이 충족되지 않는 진리 이론은 극단적인 반실재론적 형태를 지닌 실용론 정도를 제외하고는 아마 없을 것이다. 그러나 동치 도식의 수용을 넘어서, 왜 동치 도식의 예화들이 성립하는가까지 매끄럽게 설명할 수 있다면 금상첨화이다. 물론 개념적 기초성 논제를 받아들이는 축소주의자들은 그러한 설명을 요구하는 것이 논점 선취라고 반박할 것이다. 하지만 "참"의 의미를 사용 의미론으로 설명하는 한편으로 동치 도식에 대해서는 개념적 기초성 논제를 제시하는 이중의 설명 구조를 취하는 것보다는, 동치 도식의 예화의 좌변에 등장하는 명제가 우변에 등장하는 사실과 부합한다는 설명이 훨씬 더 쉽고 직관적이다. 게다가 그 설명은 동일론 논제처럼 불안정하지도 않다.

이상의 세 가지 요건은 모두 '대응'이라는 하나의 소실점에서 만난다. 어쩌면 이 책에서 소개한 여러 진리 견해들은 대응으로서의 진리의 다양한 변주이거나 그것에 대한 의도적 거리두기일지도 모른다. 만약 그렇다면 진리에 대한 기발한 해명을 모색하여 그것을 방어하는 것보다는 대응 개념을 발전시키는 것이 더 자연스러우며 전망이 있을 뿐 아니라 철학자들의 수고를 훨씬 덜어주는 선택일 것이다.

필자의 사견을 고전적 대응론에 대한 옹호로 오해하지 않았으면 한다. 참을 명제와 사실 사이의 대응 '관계'로 정의하는 고전적 대응론은 지탱할 수 없는 이론이라는 것은 명백하다. 필자의 제안은 '대응'과 '대응론'을 분리해서 바라보자는 것이다. 우리는 대응이라는 용어를 고전적인 형태의 대응론과 등치시키는 경향이 있지만, "진리"라는 말이 철학의 역사에서 숱한 개념 조정을 겪어온 것처럼, "대응"이라는 용어도 꼭 고전적인 대응론의 틀 안에 갇혀 있을 필요는 없다. 고전적인 대응론은 그 생명력을 잃은 지 오래지만, 대응은 수많은 대안적 이론 모두에서 공통 분모로 자리한다. 따라서 진리의 본질을 대응을 바탕으로 해명해 나가는 것이 앞으로 진리 이론을 연구하는 철학자들이 택해야 할 올바른 문제 풀이 방향이다. 이러한 필자의 개인적인 전망이 성급하고 경솔하다는 것은 인정한다. 그러나 3.1에서 흐릿하게 그린 것처럼, 플라톤과 아리스토텔레스가 첫 실을 꿰었던 대응 개념이 진리에 대한 철학자들의 지혜가 축적된 현대의 이론들 사이에서조차 비록 "대응"이라는 용어가 명시적으로 등장하진 않더라도 그와 유사한 직관이 여전히 유지되고 있다는 것을 우연이나 실수로만 볼 수 있을까? 진리 이론가들이 대응을 어떻게 이론화할 것인가는 앞으로 남겨진 숙제이며 아마도 그 최종 결과물은 전통적인 대응론과 많이 다를 것이다. 미래는 알 수 없지만, 어쩌면 지금까지 만난 그 어떤 이론과도 닮지 않을지도 모른다. 길을 잃었을 때는 왔던 길로 그대로 되돌아가는 것이 상책이다. 그 길은 대응이라는 방향을 향하고 있다.

> 위대함을 추구한다면 위대함은 잊어버리고 진리를 추구하라.
> 그러면 둘 다를 찾게 될 것이다.
>
> \- 호레이스 만

제7장

더 생각하기

[질문 1]

참임에도 대다수의 사람들이 현재 거짓이라고 믿고 있는 명제도 있고, 거짓인데도 대다수의 사람들이 현재 참이라고 믿고 있는 명제도 있다. 둘 중 어느 쪽이 더 많을까?

[내 생각]

[질문 2]

"우리는 '진리란 무엇인가?'라는 질문을 결코 이해할 수 없다."는 "진리란 무엇인가?"라는 질문에 적절한 답이 될 수 있을까?

[내 생각]

[질문 3]

특이점을 넘어선 인공지능과 우리 인간들 중, 어느 한쪽은 참이라고 판단하지만 다른 한쪽은 거짓이라고 판단할 명제가 있다면 어떤 것이 있을까?

[내 생각]

[질문 4]

인간이 모든 진리를 남김없이 발견하지는 못하게 막는 신은 선한 신인가, 악한 신인가?

[내 생각]

[질문 5]

비록 틀린 속설이지만, 에스키모 언어에는 눈의 색깔을 가리키는 다양한 단어가 있다는 이야기가 알려져 있다. 비슷하게 어떤 언어에 참을 가리키는 다양한 단어가 있다고 하자. 그 언어의 사용자들은 우리보다 더 많은 진리를 아는 것일까, 더 적은 진리를 아는 것일까?

[내 생각]

참고문헌

▮ 저자 문헌

김동현, (2010),「진리 조건적 의미론과 축소주의적 진리 개념」, 고려대학교 철학 박사학위논문, 고려대학교 대학원 철학과.

김동현, (2010),「축소주의적 진리론에 관한 선언적 결론에 대하여」,『범한철학』 제58집, pp. 159-183.

김동현, (2012),「실체적 속성으로서의 진리의 개념과 역할」,『논리연구』 15집 제1호, pp. 53-83.

김동현, (2013),「퍼스 - 퍼트넘 진리 이론과 모형 이론적 논증」, 고려대학교 철학 연구소,『철학연구』(47) pp. 245-269.

김동현, (2013),「원초적 해석의 축소주의적 이해」,『논리연구』 제58집, pp. 159-183.

김동현, (2015),「진리 기능주의와 혼합의 문제」,『과학철학』 제58집, pp. 159-183.

김동현, (2016),「다원성, 축소성, 진리의 공통개념」, 충남대학교 인문과학연구소,『인문학연구』 통권 104호, pp. 51-72.

김동현, (2017),「진리의 다원성과 본래적 가치」, 대한철학회,『철학연구』 143 pp. 27-46.

김동현, (2018),「진리담지자와 사실 사이의 동일성에 대하여」,『논리연구』 21집 2호, pp. 207-230.

김동현, (2019),「진리의 다원성과 일상적 직관」,『범한철학』 95(4) pp.199-226.

김동현 (2020),「논의 영역의 다원성과 다원적 진리」, 철학연구회,『철학연구』(130) pp. 221-246.

김동현, (2020), 「동어반복의 오류를 어떻게 가르쳐야 하는가?」, 한국교양교육학회, 『교양교육연구』 14(3) pp. 85-96.

김동현, (2021), 「은폐된 대응으로서의 동일성」, 『논리연구』 24집 3호, pp. 187-216.

김동현, (2022), 「탈진실 개념에 대한 한 가지 분석」, 철학연구회, 『철학연구』(138), pp. 33-60.

김동현, (2023), 「아리스토텔레스 진리 정의와 동일론」, 『논리연구』 26(1) pp. 43-76.

김동현, (2023), 「왜 미신을 믿는 것이 잘못인가?」, 『철학논총』 112(2) pp. 71-922.

김동현, (2024), 「숫자에의 호소는 왜 오류인가?」, 『범한철학』 113(2) pp. 229-260.

▮국내 문헌

강정인, 김용민, 황태연, (2007), 『서양 근대 정치사상사』, 서울: 책세상.

권대중, (2003), 「전통적 진리대응론의 전개 및 문제점들: 플라톤에서 칸트까지」, 『철학논총』, vol.3, no.33, pp. 39-68.

그렐링, A. C, (2005), 『철학적 논리학』, 이윤일 옮김, 서울: 선학사.

기현석, (2010), 「대의민주주의에서 보통선거의 원칙과 투표율 제고방안」, 『세계헌법연구』 16집 2호, pp. 1-14.

김기현, (2003), 『현대 인식론』, 민음사: 서울.

김동규, (2012),「한국의 미신담론 이해 - 타자(alterity)로서 무속의 창조과정」, 한국문화연구원, 『한국문화연구』 23, pp. 283-322.

김동식, (2003), 『프래그머티즘』, 아카넷.

김만권, (2021), 「'탈진실' 시대의 정치와 논쟁적 민주주의 모델」, 『철학』 147, pp. 137-156.

김분선, (2020), 「'탈진실'과 배려 주체의 거리두기 - 푸코의 진실과 저항의 문제를 중심으로」, 『현상학과 현대철학』87, pp. 71-91.

김선호, (2004), 「사이비과학과 점성술 비판」, 대한철학회, 『철학연구』 제89집, pp. 91-109.

나이젤 워버턴, (2020), 『논리적 생각의 핵심 개념들』, 유영범 옮김, 파주: 동녘.

대니얼 레비틴, (2017), 『무기화된 거짓말』, 박유진 옮김, 서울: 레디셋고.

루이스 메난드, (2001), 『프래그머티즘의 길잡이』, 김동식, 박우석, 이유선 옮김, 철학과현실사.

류지한 (2016), 「A. J. 에이어의 정의주의에 대한 비판적 고찰」, 『윤리연구』, 한국윤리학회, 제1권 제111호, pp. 1-30.

리 매킨타이어, (2019), 『포스트 트루스』, 김재경 옮김, 서울: 두리반.

뮤니츠, (1997), 『현대분석철학』, 박영태 역, 서광사.

미리암 르보 달론, (2019), 『청소년이 정치를 꼭 알아야 하나요?』, 이정은 옮김, 서울: 글담출판.

배식한 (2009), 『반실재론을 넘어서서』, 서울대학교출판문화원.

배식한 (2016), 「참의 실질적 속성으로서의 대응의 가능성", 『범한철학』 제81집, pp. 269-294.

버트런드 러셀, (2008), 『우리는 합리적 사고를 포기했는가』, 김경숙 옮김, 파주: 푸른숲.

송하석, (2010), 「무지로부터의 논증, 모두 오류인가?」, 『논리연구』 13집 2호, pp. 61-82.

송하석, (2017), 「부정적 사실은 존재하는가?」, 『철학적 분석』 38집, pp. 1-22.

스티븐 로, (2011), 『왜 똑똑한 사람들이 헛소리를 믿게 될까』, 윤경미 옮김, 서울: 와이즈베리.

양은석, (2015), 『논리철학 - 배중률에 대한 철학적 반성』, 전북대학교 출판문화원.

에드워드 데이머, 김회빈 옮김, 『논리의 오류』, 서울: 중원문화. 2012.

우종필, 신영준, 「학습자 특성에 따른 유사과학(Pseudo−Science)에 대한 초등학생들의 인식」, 한국초등과학교육학회, 『초등과학교육』 제28권 제1호, 2009, pp. 46-54.

윌리엄 닐, (2015), 『논리학의 역사 1』, 박우석 외 옮김, 파주: 한길사.

이대희, (2011), 「기술주의 윤리설에 대한 헤어의 비판”, 『철학논총』, vol.66, no.4, pp. 295-318.

이병덕, (2017), 『표상의 언어에서 추론의 언어로』, 서울: 성균관대학교출판부.

이병덕, (2020), 『현대 인식론: 정당화의 사회실천에 의한 접근』, 서울: 성균관대학교출판부.

이용범, (2005), 「민속신앙과 과학」, 비교민속학회, 『비교민속학』 (28), pp. 83-104.

이유선, (2003), 『리처드 로티』, 나눔.

이재경, (2005), 『결정적 논고 - (해제) 아베로에스, 이슬람에서 합리주의를 외치다』, 서울: 책세상.

이준연, (2020), 「에로스(eros)와 시민교육: 포스트-트루스(Post−Truth) 시대의 정치철학적 논고」, 『다문화사회연구』 13(1), pp. 185-216.

이창익, (2020), 「미신 개념의 계보학: 20세기 초 한국 사회의 종교, 과학, 미신」, 종교문화비평학회, 『종교문화비평』 통권 37호, pp. 218-284.

이태하, (2004),「참된 종교와 미신에 대한 흄의 견해」, 철학연구회, 『철학연구』 (67), pp. 73-91.

이하준, (2019), 「아도르노: 점성술의 사회정치학」, 한국하이데거학회, 『현대유럽철학연구』 제55집, pp. 95-120.

이현복, (2016), 「스피노자의 구원의 윤리학에서 미신의 위상」, 서강대학교 철학연구소, 『철학논집』 (45), pp. 199-224.

이화인문과학원 (2013), 『인간과 포스트휴머니즘』, 서울: 이화여자대학교출판문화원.
임마누엘 칸트, (2020), 『계몽이란 무엇인가』, 임홍배 옮김, 서울: 도서출판 길.
장욱, (1987), 「토마스 아퀴나스에 있어서 존재와 진리」, 『인문과학』 제58호, 연세대학교 인문과학연구소, pp. 101-138.
정소라, (2022), 「탈진실 시대의 이미지 조작과 다원적 소통 - 한나 아렌트의 정치 철학을 중심으로」, 『인간연구』46, pp. 119-141.
정해창, (2005), 『프래그마티시즘 :퍼스의 미완성 체계』, 청계출판사.
조지형, (2006), 『랑케 & 카 : 역사의 진실을 찾아서』, 파주: 김영사.
조현진, (2015), 「스피노자의 종교 비판의 의미와 그 함축 - 미신과 참된 종교의 구분, 비철학적 구원의 문제를 중심으로」, 강원대학교 인문과학연구소, 『인문과학연구』 (45), pp. 317-345.
최훈, (2006), 「오류 연구의 최근 동향」, 한국수사학회, 『수사학』 제5집, pp. 185-207.
최훈, (2003), 『논리는 나의 힘』, 서울: 세종서적.
추병완, (2021), 「포스트 트루스(Post-Truths) 시대에서 시민의 덕」, 『도덕윤리과교육』 72, pp. 145-168.
카쿠타니, M., (2019), 『진실 따위는 중요하지 않다: 거짓과 혐오는 어떻게 일상이 되었나』, 파주: 돌베개.
크립키, (1986), 정대현, 김영주 옮김,『이름과 필연』, 파주: 서광사.
편상범, (2002), 「아리스토텔레스에게 사유대상이란 무엇인가?」, 『철학』 73호, 한국철학회, pp. 75-100.
플라톤, (2010), 『플라톤의 대화편: 프로타고라스 / 라케스 / 메논』, 박종현 역주, 파주: 서광사.
플라톤, (2019), 『플라톤의 대화편: 소크라테스의 변명, 크리톤, 파이돈, 향연』, 박문재 옮김, 서울: 현대지성.
한길석, (2022), 「포스트 트루스 비판적 읽기」, 『시대와 철학』 33(1), 98, pp. 145-174.
해리 프랭크퍼트, (2016), 『개소리에 대하여』, 서울: 필로소픽.
홍경남, (2012), 「연역과 귀납의 분류」, 『철학탐구』 31권, pp. 181-231.
홍성방, (1994), 「민주주의에 있어서 다수결 원리」, 『한림법학포럼』 제3권, pp. 1-26.
홉스, (2008), 『퍼스의 기호학』, 김동식, 이유선 역, 나남.

▌국외 문헌

Aertsen, J. (2010), "Truth in the Middle Ages", in K. Pritzl (ed.), *Truth: Studies of a Robust Presence*, The Catholic University of America Press, pp. 127–146.

Alston, W. P. (1996), *A Realist Conception of Truth*, Cornell University Press.

Armour–Garb, B. and Beall J. C. (eds.) (2005), Deflationary Truth, Chicago and La Salle: Open Court Press, pp. 1–29.

Armstrong, D. (2001), "Truth and Truthmaker", in *What is Truth?* ed. by Richard Schantz, Walter de Gruyter GmbH&Co., pp. 27–37.

Asay, J. (2021) "Primitivism about Truth", in Lynch, Wyatt, Kim, and Kellen (eds.) *Theories of Truth* (2021), pp. 525–538.

Asay, J. (2025) "Truthmaker Theory", in Internet Encyclopedia of Philosophy, <https://iep.utm.edu/truth–ma/>.

Austin, J. L. (1950), "Truth", *Proceedings of the Aristotelian Society*, Supplement 24, pp. 111–128.

Austin, J. L. (1975), *How to Do Things with Words*, 2nd edition, Harvard University Press.

Bar–On, Horisk, and Lycan (2001a), "Deflationism, Meaning, and Truth–Condition", in Armour–Garb, B. and Beall J. C. (2005), pp. 321–343.

Bar–On, Horisk, and Lycan (2001b), "Postscript to 'Deflationism, Meaning, and Truth–Condition'", in Armour–Garb, B. and Beall J. C. (2005), pp. 344–352.

Beall, J. C. (2000), "On Mixed Inferences and Pluralism About Truth Predicates", *Philosophical Quarterly* 50(200): pp. 380–2.

Beall, J. C. and Armour–Garb, B. (2005), *Deflationism and Paradox*, Oxford: Clarendon Press.

Beebee, H. and Dodd, J. (eds.) (2008), *Truthmakers: The Contemporary Debate*, Clarendon Press: Oxford.

Blackburn, S. (2005), *Truth: A guide*, Oxford University Press.

Brandl, J. (2018), “Brentano’s Theory of Judgement”, <https://plato.stanford.edu/entries/brentano-judgement/>.

Brandom, R. B. (2005), “Expressive vs. Explanatory Deflationism about Truth”, in Armour-Garb, B. and Beall J. C. (2005), pp. 237-257.

Brandom, R. B. (1994), *Making It Explicit*, Cambridge: Harvard University Press.

Brandom, R. B. (2005), “Expressivism versus Explanatory Deflationism about Truth”, in Armour-Garb and Beall (eds.), *Deflationary Truth*, Open Court, pp. 237-257.

Brandom, R. B. (2008), *Between Saying And Doing*, Oxford University Press.

Burch, R. (2010), “Charles Sanders Peirce”, <http://plato.stanford.edu/entries/peirce/>.

Candlish, S. and Damnjanovic, N. (2018), “The Identity Theory of Truth”, in M. Glanzberg (ed.), *The Oxford Handbook of Truth*, Oxford University Press, pp. 257-282.

Caputo, S. (2012), “Three Dilemmas for Alethic Functionalism”, *The Philosophical Quaterly* 62(249): pp. 853-861.

Cotnoir, A. J. (2009), “Generic Truth and Mixed Conjunctions: Some Alternatives”, *Analysis* 69(3): pp. 473-479.

Crivelli, P. (2011), *Plato’s Account of Falsehood: A Study of the Sophist*, Cambridge University Press.

David, M. (2001), “Truth as Identity and Truth as Correspondence”, in M. P. Lynch (ed.), *The Nature of Truth*, The MIT Press, pp. 683-704.

David, M. (2005), “Minimalism and the Facts about Truth”, in Schantz (2002), pp. 161-175.

David, M. (2006), “Horwich's World”, in P. Greenough and M. P. Lynch, (eds.), *Truth and Realism*, Clarendon Press: Oxford, pp. 203-207.

David, M. (2013), “Lynch’s Functionalist Theory of Truth”, N. Pedersen, & C. D. Wright (eds.), *Truth and pluralism: Current*

Debates, New York:Oxford University Press, pp. 42–68.
David, M. (2015), "The Correspondence Theory of Truth", <https://plato.stanford.edu/entries/truth-correspondence/>.
Davidson, D. (1967), "Truth and Meaning", in Davidson (1984), pp. 17–36.
Davidson, D. (1982), "Empirical Content", in Davidson (2001), pp. 159–176.
Davidson, D. (1983), "A Coherence Theory of Truth and Knowledge", in *Subjective, Intersubjective, Objective*, Oxford University Press, pp. 298–322.
Davidson, D. (1984), *Inquiries into Truth and Interpretation*, Clarendon Press: Oxford.
Davidson, D. (1990), "The Structure and Content of Truth", *Journal of Philosophy*, 87, pp. 279–328.
Davidson, D. (1996), "The Folly of Trying to Define Truth", in D. Davidson, *Truth, Language, and History*, Oxford University Press, pp. 19–38.
Davidson, D. (2001), *Subjective, Intersubjective, Objective*, Clarendon Press: Oxford.
Davidson, D. (1988), *Epistemology and Truth*, in *Subjective, Intersubjective, Objective*, Oxford University Press, pp. 177–192.
Deutsch, M. "Intuitions, Counter-Examples, and Experimental Philosophy", *Review of Philosophy and Psychology* 1 (3):447–460. 2010.
Devitt, M. (1984), *Realism and Truth*, Princeton University Press.
Devitt, M. (2001), "The Metaphysics of Deflationary Truth", in Schantz, (2002), pp. 60–78.
Dewey, J. (1910), *The Influence of Darwin on Philosophy, and other essays in contemporary thought*, Southern Illinois University Press.
Dodd, J. (1999), "Hornsby on the Identity Theory of Truth", *Proceedings of the Aristotelian Society*, New Series, Vol. 99, pp. 225–232.
Dodd, J. (2008), *An Identity Theory of Truth*, Palgrave Mcmillan.

Dodd, J. (2013), "Deflationism Trumps Pluralism!", in Pedersen, N. J. L. L. and Wright, C. D. (eds.), *Truth and Pluralism: Current Debates*, Oxford University Press.

Douven, I. (1999), "Putnam's Model-theoretic Argument Reconstructed", *The Journal of Philosophy* 96 (9):479-490.

Dummett, M. (1999), "Of What Kind of Thing is Truth a Property?", in S. Blackburn and K. Simmons, (eds.), *Truth*, Oxford University Press, pp. 264-281.

Dummett, M. (2004), *Truth and the Past*, Columbia University Press.

Dummett, M. (2006), *Thought and Reality*, Oxford.

Edwards, D. (2008), "How to Solve the Problem of Mixed Conjunctions", *Analysis* 68(298): pp.143-9.

Edwards, D. (2009), "Truth-Conditionsand the Nature of Truth: Re-Solving Mixed Conjunctions", *Analysis* 69(4): pp. 684-8.

Edwards, D. (2013), "Truth, Winning, and Simple Determination Pluralism", in Pedersen and Wright, pp. 113-22.

Edwards, D. (2018), "The Metaphysics of Domains", in J. Wyatt, N. Pedersen, & C. D. Wright (eds.), *Pluralisms in Truth and Logic*, Palgrave:Macmillan, pp. 85-106.

Elsby, C. (2015), "Aristotle's Correspondence Theory of Truth and What does not Exist", *Logic and Logical Philosophy*, Aug. 22. 2015. pp. 1-16.

Engel, P. (2002), *Truth*, McGill-Queen's University Press.

Evnine, S. (1991), *Donald Davidson*, Stanford University Press.

Fodor, J. A. (1998) *Concept*, Clarendon Press: Oxford.

Frege, G. (1892), "On Sinn and Bedeutung", in M. Beaney (ed.), *The Frege Reader*, Blackwell, 1997.

Frege, G. (1918), "Thoughts", in M. Beaney (ed.), *The Frege Reader*, Blackwell, 1997.

Gaskin, R. (2016), "The Identity Theory of Truth", <https://plato.stanford.edu/entries/truth-identity/>.

Glanzberg, M. (2015), "Representation and the Modern Correspondence

Theory of Truth", in S. Gross, N. Tebben, M. Williams (eds.), *Meaning Without Representation*, Oxford University Press, pp. 81–102.

Glanzberg, M. (2018), "Truth", <https://plato.stanford.edu/entries/truth/>.

Gupta, Anil. (2005), "A Critique of Deflationism" in *Deflationary Truth*, eds. by Armour–Garb and Beall, Open Court, pp. 199–226.

Hookway, C. (2002), *Truth, Rationality, and Pragmatism: Themes from Peirce*, Oxford University Press.

Horgan, T. (2001), "Contextual Semantics and Metaphysical Realism: Truth as Indirect Correspondence", in M. P. Lynch (ed.), *The Nature of Truth*, The MIT Press, pp. 67–95.

Horgan, T. and Potrč, M., (2006), "Abundant Truth in an Austere World", in *Truth and Realism*, (eds). by Patrick Greenough and Michael P. Lynch, pp. 137–161. Oxford University Press.

Hornsby, J, (1997), "Truth: The Identity Theory", *Proceedings of the Aristotelian Society*, Vol. 97, pp. 1–24.

Hornsby, J, (2008), "Truth without Truthmaking Entities", in H. Beebee and J. Dodd (eds.), *Truthmakers: The Contemporary Debate*, Clarendon Press: Oxford.

Horwich, P. (1996), "Realism and Truth", *Noûs*, Vol. 30, Supplement: Philosophical Perspectives, 10, Metaphysics, pp. 187–197.

Horwich, P., (1998), *Truth*, Clarendon Press: Oxford.

Horwich, P. (2001), "Deflating Compositionality", in P. Kotatko, et al. (eds), *Interpreting Davidson*, CSLI, pp. 95–109.

Horwich, P. (2005), *Reflections on Meaning*, Oxford University Press.

Horwich, P. (2006), "A World Without Isms", in P. Greenough and M. P. Lynch, (eds.), *Truth and Realism*, Clarendon Press: Oxford, pp. 188–202.

Horwich, P. (2013), "Belief–Truth Norms", in T. Chan (ed.), *The Aim of Belief*, Oxford University Press, pp. 17–31.

Ichikawa, Jonathan., (2014), "Who Needs Intuitions?: Two Experimenta–list Critiques", in *Intuitions*, (eds.), Anthony Robert Booth and

Darrell P. Rowbottom, pp. 232–255, Oxford, UK: OXford Univer sity Press.

James, W. (1907), *Pragmatism*, Barnes & Noble.

Jung, J., (2016), "Conservatism and Uniqueness", *Philosophical Studies* 173 (8), pp. 2233–2248.

Kalderon, M. E. (1997), "The Transparency of Truth", *Mind*, New Series, Vol. 106, No. 423, pp. 475–497.

Kaspers, T., (2023) "Truth and its uses: deflationism and alethic plu–ralism", *Synthese*, vol. 202, article number 130.

Kemp, G. (1998), "Meaning and Truth–Condition", *The Philosophical Quarterly*, Vol.48, No.193, pp. 483–493.

Kirkham, R. L. (1995), *Theories of Truth: A Critical Introduction*, The MIT Press.

Kitcher, P. (2002), "On the Explanatory Role of Correspondence Truth", *Philosophy and Phenomenological Research*, Vol. 64, No. 2, pp. 346–364.

Kölbel, M. (2008) ""True" as Ambiguous", *Philosophy and Phenomenol–ogical Research* Vol.LXXVII No.2, pp. 359–383.

Kölbel, M. (2013) "Should We Be Pluralists about Truth?", in Pedersen and C.D. Wright, pp. 278–297.

Kvanvig, J. L. (1999) "Truth and Superassertibility", *Philosophical Studies* 93: pp. 1–19.

Lasmussen, J. (2014), *Defending the Correspondence Thoery of Truth*, Cambridge University Press.

Lewis, D. (1984), "Putnam's Paradox", *Australasian Journal of Philosophy*, 62: 221-36.

Lynch, M. P. (2001), *The Nature of Truth*, The MIT Press.

Lynch, M. P. (2004), "Truth and Multiple Realizability", *Australasian Journal of Philosophy* 82(3): pp. 384–408.

Lynch, M. P. (2005), *True to Life*, The MIT Press.

Lynch, M. P. (2009), *Truth as One and Many*, Oxford: Oxford University Press.

Lynch, M. P. (2013), "Three Questions for Truth Pluralism", in N. Pedersen, & C. D. Wright (eds.), *Truth and Pluralism: Current Debates,* New York:Oxford University Press, pp. 21－41.

Lynch, M. P. (2014), *In Praise of Reason: Why Rationality Matters for Democracy*, The MIT Press.

McDowell, J. (1994), *Mind and World*, Harvard University Press.

Merrill, G. H. (1980), "The Model－theoretic Argument Against Realism", *Philosophy of Science*, Vol.47, No.1, pp.69－81.

Milbank, J. (2010), "Truth and Identity: The Thomistic Telescope", in K. Pritzl (ed.), *Truth: Studies of a Robust Presence*, The Catholic University of America Press, pp. 277－309.

Miller, A. (1998), *Philosophy of Language*, UCL Press.

Mumford, S., (2007), "Negative Truth and Falsehood", *Proceedings of the Aristotelian Society*, 107, pp. 45－71.

Oppenheim, F. E., (1971), "Democracy - Characteristics Included and Excluded", *The Monist*, Vol. 55, No. 1, pp. 29－50.

Pedersen,N. J. L. L. (2006), "What Can the Problem of Mixed Inferences Teach Us About Alethic Pluralism?", *The Monist* 89(1): pp. 103－17.

Pedersen,N. J. L. L. (2010), "Stabilizing Alethic Pluralism", *Philosophical Quarterly* 60(238): pp. 92－108.

Pedersen, N. J. L. L. (2011), "Truth As One(s) and Many: On Lynch's Alethic Functionalism", *Analytic Philosophy* 52(3): pp. 213－30.

Pedersen, N. J. L. L. and Wright, C. D. (2013), *Truth and Pluralism: Current Debates*, (eds), Oxford University Press.

Peels, R. and van Woudenberg, R. (eds), (2021), *The Cambridge Companion to Common－sense Philosophy*, Cambridge University Press.

Peirce, C. S. (1877), "The Fixation of Belief", *Popular Science Monthly* 12 (November 1877), pp. 1－15.

Price, H. (2022). "Global Expressivism and Alethic Pluralism", *Syntheses* 200 (5):1－55.

Pritzl, K. (2010), "Aristotle's Door", in K. Pritzl (ed.), *Truth: Studies of a Robust Presence*, The Catholic University of America Press, pp. 15-39.

Putnam, H. (1976), "Realism and Reason", in P. Horwich, (ed.), *Theories of Truth*, Darthmouth, pp.389-404.

Putnam, H. (1981), *Reason, Truth and History*, Cambridge: Cambridge University Press.

Putnam, H. (1983), *Realism and Reason: Philosophical Papers, Volume 3*, Cambridge: Cambridge University Press.

Quine, W. V. O. (1960), *Word and Object,* Cambridge, MA: MIT Press.

Quine, W. V. O. (1970), *Philosophy of Logic*, Prentice-Hall, Inc.

Quine, W. V. O. (1990), *Pursuit of Truth*, Harvard University Press.

Ramsey, F. P. (1927), "Facts and Propositions", *Proceedings of the Aristotelian Society*, Supplement Volume 7 (1):153-170.

Russell, B. (1912), *The Problems of Philosophy*, Oxford: Oxford University Press.

Schantz, R. (2002), *What is Truth?*, Walter de Gruyter GmbH & Co.

Sellars, W. (1980), "Inference and Meaning", in J. F. Sicha (ed), *Pure Pragmatics and Possible Worlds: The Early Essays of Wilfrid Sellars*, pp. 321-358.

Sher, G. (2005), "Functional Pluralism", *Philosophical Books* 46, pp. 311-330.

Smart, J. J. (1986), "Realism vs. Idealism", *Philosophy*, Vol. 61, No. 237, pp.295-312

Soames, S. (1999), *Understanding Truth*, Oxford University Press.

Stoljar, D. and Damnjanovic, N. (2007), "The Deflationary Theory of Truth", <http://plato.stanford.edu/entries/truth-deflationary/>.

Strawson, P. (1950), "Truth", in M. P. Lynch (ed.), *The Nature of Truth*, The MIT Press, pp. 447-472.

Sullivan, P. (2022), "Facts and Propositions, Trueman-Style", *Aristotelian Society Supplementary*, Volume 96, Issue 1, June 2022, Pages 59-87.

Szaif, I. (2018), "Plato and Aristotle on Truth and Falsehood", in M. Glanzberg (ed.), *The Oxford Handbook of Truth*, Oxford University Press, pp. 9–49.

Tappolet, C. (1997), "Mixed Inferences: A Problem for Pluralism About Truth Predicates", *Analysis* 57(3): pp. 209–10.

Tappolet, C. (2010), "Review of Michael P. Lynch, Truth as One and Many", *Mind* 119: pp. 1193–8.

Tarski, Alfred., (1936) *Logic, Semantics, Metamathmatics*, second ed., trans. J. H. Woodger, Indianapolis Hackett, 1983.

Trueman, R. (2021), *Property and Proposition: The Metaphysics of Higher–Order Logic*, Cambridge: Cambridge University Press.

Trueman, R. (2022), "Truth without Dependence", *Aristotelian Society Supplementary*, Volume 96, Issue 1, June 2022, Pages 89-121.

Ulatowski, J. (2017), *Commonsense Pluralism about Truth: An Empirical Defense*, Palgrave Macmillan.

Ulatowski, J. & Wright, C. D., (2018), "Minimalism about truth: special issue introduction", *Synthese*, 195: special issue - Minimalism about truth, pp. 927-933.

Walker, R. (1989), *The Coherence Theory of Truth*, Oxford: Oxford University Press.

Williams, M. (1999), "Meaning and Deflationary Truth", *The Journal of Philosophy*, Vol. XCVI, No.11, pp. 545–564.

Williams, M. (2002), "On Some Critics of Deflationism", in Richard Schantz, *What is Truth?*, (ed), Walter de Gruyter GmbH & Co., pp. 146–158.

Wrenn, C. (2015), *Truth*, Polity Press.

Wright, C. (1992), *Truth and Objectivity*, Harvard University Press.

Wright, C. (2001), "Minimalism, Deflationism, Pragmatism, Pluralism", in M. P. Lynch (ed.), *The Nature of Truth*, Cambridge MA: MIT Press: pp. 751–89.

Wright, C. D. (2005), "On the Functionalization of Pluralist Approaches to Truth", *Synthese* 145(1): pp. 1–28.

Wyatt, J. (2013), "Domains, plural truth, and mixed atomic propositions", *Philosophical Studies*, 166, pp. 225–236.

Young, J. (2018), "The Coherence Theory of Truth", <https://plato.stanford.edu/entries/truth-coherence/>.

찾아보기

ㄱ

ㄴ

ㄷ

ㄹ

ㅁ

ㅂ

ㅅ

ㅇ

ㅈ

ㅊ

ㅋ

ㅌ

ㅍ

ㅎ

진리 철학의 견해들

초판발행 2025년 9월 10일

지은이 김동현
펴낸이 안종만 · 안상준

편 집 소다인
기획/마케팅 김한유
표지디자인 BEN STORY
제 작 고철민 · 김원표

펴낸곳 (주) 박영사
서울특별시 금천구 가산디지털2로 53, 210호(가산동, 한라시그마밸리)
등록 1959. 3. 11. 제300-1959-1호(倫)
전 화 02)733-6771
f a x 02)736-4818
e-mail pys@pybook.co.kr
homepage www.pybook.co.kr
ISBN 979-11-303-2361-9 93160

정 가 16,000원